Die Grenzen der Unternehmung

# Wirtschaftswissenschaftliche Beiträge

Band 1: Ch. Aignesberger, Die Innovationsbörse als Instrument zur Risikokapitalversorgung innovativer mittelständischer Unternehmen, XVIII/308 Seiten, 1987

Band 2: U. Neuerburg, Werbung im Privatfernsehen, XIII/302 Seiten, 1988

Band 3: J. Peters, Entwicklungsländerorientierte Internationalisierung von Industrieunternehmen, IX/155 Seiten, 1988

Band 4: G. Chaloupek, J. Lamel, J. Richter (Hrsg.), Bevölkerungsrückgang und Wirtschaft, VIII/470 Seiten, 1988

Band 5: P. J. J. Welfens, L. Balcerowicz (Hrsg.), Innovationsdynamik im Systemvergleich, XIX/446 Seiten, 1988

Band 6: K. Fischer, Oligopolistische Marktprozesse, XI/169 Seiten, 1988

Band 7: M. Laker, Das Mehrproduktunternehmen in einer sich ändernden unsicheren Umwelt, IX/209 Seiten, 1988

Band 8: I. von Bülow, Systemgrenzen im Management von Institutionen, XII/278 Seiten, 1989

Band 9: H. Neubauer, Lebenswegorientierte Planung technischer Systeme XII/171 Seiten, 1989

Band 10: P. M. Sälter, Externe Effekte: „Marktversagen" oder Systemmerkmal? VII/188 Seiten, 1989

Band 11: P. Ockenfels, Informationsbeschaffung auf homogenen Oligopolmärkten, X/163 Seiten, 1989

Band 12: O. Jacob, Aufgabenintegrierte Büroinformationssysteme, VII/177 Seiten, 1989

Band 13: J. Walter, Innovationsorientierte Umweltpolitik bei komplexen Umweltproblemen, IX/208 Seiten, 1989

Band 14: D. Bonneval, Kostenoptimale Verfahren in der statistischen Prozeßkontrolle, V/180 Seiten, 1989

Band 15: T. Rüdel, Kointegration und Fehlerkorrekturmodelle, VIII/138 Seiten, 1989

Band 16: K. Rentrup, Heinrich von Storch, das „Handbuch der Nationalwirtschaftslehre" und die Konzeption der „inneren Güter", X/146 Seiten, 1989

Band 17: M. A. Schöner: Überbetriebliche Vermögensbeteiligung, XVI/417 Seiten, 1989

Band 18: P. Haufs, DV-Controlling, IX/166 Seiten, 1989

Band 19: R. Völker, Innovationsentscheidungen und Marktstruktur, XI/221 Seiten, 1990

Band 20: P. Bollmann, Technischer Fortschritt und wirtschaftlicher Wandel, VIII/184 Seiten, 1990

Band 21: F. Hörmann, Das Automatisierte, Integrierte Rechnungswesen, XI/408 Seiten, 1990

Band 22: W. Böing, Interne Budgetierung im Krankenhaus, XIV/274 Seiten, 1990

Band 23: G. Nakhaeizadeh, K.-H. Vollmer (Hrsg.), Neuere Entwicklungen in der Angewandten Ökonometrie, X/248 Seiten, 1990

Band 24: T. Braun, Hedging mit fixen Termingeschäften und Optionen, VII/167 Seiten, 1990

Band 25: G. Inderst, P. Mooslechner, B. Unger, Das System der Sparförderung in Österreich, VIII/126 Seiten, 1990

Band 26: Th. Apolte, M. Kessler (Hrsg.), Regulierung und Deregulierung im Systemvergleich, XIII/313 Seiten, 1990

Band 27: J. Lamel, M. Mesch, J. Skolka (Hrsg.), Österreichs Außenhandel mit Dienstleistungen, X/335 Seiten, 1990

Band 28: I. Heinz, R. Klaaßen-Mielke, Krankheitskosten durch Luftverschmutzung, XVI/147 Seiten, 1990

Band 29: B. Kalkofen, Gleichgewichtsauswahl in strategischen Spielen, XIII/214 Seiten, 1990

Band 30: K. G. Grunert, Kognitive Strukturen in der Konsumforschung, X/290 Seiten, 1990

Band 31: S. Felder, Eine neo-österreichische Theorie des Vermögens, X/118 Seiten, 1990

Band 32: G. Uebe (Hrsg.), Zwei Festreden Joseph Langs, VII/116 Seiten, 1990

Band 33: U. Cantner, Technischer Fortschritt, neue Güter und internationaler Handel, XVI/289 Seiten, 1990

Band 34: W. Rosenthal, Der erweiterte Maskengenerator eines Software-Entwicklungs- Systems, XIV/275 Seiten, 1990

Band 35: U. Nessmayr, Die Kapitalsituation im Handwerk, XII/177 Seiten, 1990

Band 36: H. Wüster, Die sektorale Allokation von Arbeitskräften bei strukturellem Wandel, IV/148 Seiten, 1990

Band 37: R. Hammerschmid, Entwicklung technisch-wirtschaftlich optimierter regionaler Entsorgungsalternativen, X/239 Seiten, 1990

Band 38: P. Mitter, A. Wörgötter (Hrsg.), Austro-Keynesianismus, V/102 Seiten, 1990

Band 39: A. Katterl, K. Kratena, Reale Input-Output Tabelle und ökologischer Kreislauf, VIII/114 Seiten, 1990

Band 40: A. Gehrig, Strategischer Handel und seine Implikationen für Zollunionen, XII/174 Seiten, 1990

Band 41: G. Nakhaeizadeh, K.-H. Vollmer (Hrsg.), Anwendungsaspekte von Prognoseverfahren, IX/169 Seiten, 1991

Band 42: C. Fantapié Altobelli, Die Diffusion neuer Kommunikationstechniken in der Bundesrepublik Deutschland, XXIV/319 Seiten, 1991

Band 43: J. Richter, Aktualisierung und Prognose technischer Koeffizienten in gesamtwirtschaftlichen Input-Output Modellen, VII/376 Seiten, 1991

Band 44: E. Spranger, Expertensystem für Bilanzpolitik, VIII/228 Seiten, 1991

Band 45: F. Schneider, Corporate-Identity-orientierte Unternehmenspolitik, XXI/295 Seiten, 1991

Band 46: B. Gygi, Internationale Organisationen aus der Sicht der Neuen Politischen Ökonomie, XI/258 Seiten, 1991

Band 47: L. Hennicke, Wissensbasierte Erweiterung der Netzplantechnik, VII/194 Seiten, 1991

Band 48: T. Knappe, DV-Konzepte operativer Früherkennungssysteme, VII/176 Seiten, 1991

Band 49: P. Welzel, Strategische Handelspolitik, XIII/207 Seiten, 1991

Band 50: H. Wiethoff, Risk Management auf spekulativen Märkten, XIV/202 Seiten, 1991

Band 51: R. Riedl, Strategische Planung von Informationssystemen, XII/227 Seiten, 1991

Band 52: K. Sandmann, Arbitrage und die Bewertung von Zinssatzoptionen, VIII/172 Seiten, 1991

Band 53: P. Engelke, Integration von Forschung und Entwicklung in die unternehmerische Planung und Steuerung, XVII/352 Seiten, 1991

Band 54: F. Blumberg, Wissensbasierte Systeme in Produktionsplanung und -steuerung, XVII/268 Seiten, 1991

Fortsetzung auf Seite 199

Ralph Wagner

# Die Grenzen der Unternehmung

Beiträge zur ökonomischen
Theorie der Unternehmung

Mit 46 Abbildungen

Physica-Verlag
Ein Unternehmen
des Springer-Verlags

**Reihenherausgeber**
Werner A. Müller

**Autor**
Dipl.-Wirtsch.-Ing. Ralph Wagner
Seminar für Theorie und Politik der Einkommensverteilung
Volkswirtschaftliches Institut
Ludwig-Maximilians-Universität München
Schackstraße 4/IV
D-80539 München

ISBN 3-7908-0812-1 Physica-Verlag Heidelberg
zugl.: Diss. TH Darmstadt, D17
CIP-Titelaufnahme der Deutschen Bibliothek
Wagner, Ralph:
Die Grenzen der Unternehmung: Beiträge zur ökonomischen
Theorie der Unternehmung / Ralph Wagner. - Heidelberg:
Physica-Verl., 1994
(Wirtschaftswissenschaftliche Beiträge; Bd. 105)
ISBN 3-7908-0812-1
NE: GT

Dieses Werk ist urheberrechtlich geschützt. Die dadurch begründeten Rechte, insbesondere die der Übersetzung, des Nachdruckes, des Vortrags, der Entnahme von Abbildungen und Tabellen, der Funksendungen, der Mikroverfilmung oder der Vervielfältigung auf anderen Wegen und der Speicherung in Datenverarbeitungsanlagen, bleiben, auch bei nur auszugsweiser Verwertung, vorbehalten. Eine Vervielfältigung dieses Werkes oder von Teilen dieses Werkes ist auch im Einzelfall nur in den Grenzen der gesetzlichen Bestimmungen des Urheberrechtsgesetzes der Bundesrepublik Deutschland vom 9. September 1965 in der Fassung vom 24. Juni 1985 zulässig. Sie ist grundsätzlich vergütungspflichtig. Zuwiderhandlungen unterliegen den Strafbestimmungen des Urheberrechtsgesetzes.

© Physica-Verlag Heidelberg 1994
Printed in Germany

Die Wiedergabe von Gebrauchsnamen, Handelsnamen, Warenbezeichnungen usw. in diesem Werk berechtigt auch ohne besondere Kennzeichnung nicht zu der Annahme, daß solche Namen im Sinne der Warenzeichen- und Markenschutz-Gesetzgebung als frei zu betrachten wären und daher von jedermann benutzt werden dürften.

88/2202-543210 - Gedruckt auf säurefreiem Papier

*Für meine Eltern*

# Danksagungen

Mein besonderer Dank gilt Herrn Prof. Dr. Ekkehart Schlicht (Universität München) für seine vielfältigen Anregungen und seine große Unterstützung bei der Fertigstellung der Arbeit. Mein Dank für fortwährenden Beistand und konstruktive Kritik gilt ebenso Herrn Prof. Dr. Heiko Körner (TH Darmstadt).

Ein großer Teil des Abschnitts 3 dieser Arbeit wurde während eines Forschungsaufenthaltes an der London School of Economics geschrieben. Meinem Betreuer Herrn Prof. Patrick Bolton bin ich für seine freundliche Anleitung zu großem Dank verpflichtet.

Für anregende und kritische Diskussionen im Zusammenhang mit der Erstellung der Abschnitte 3.1 und 3.2 bin ich darüberhinaus Herrn Prof. Oliver Hart (MIT), Herrn Prof. John Moore (LSE), Herrn Prof. Michael Riordan (Boston University) und Herrn Prof. John Sutton (LSE) dankbar.

Äußerst herzlich möchte ich mich bei Frau Dr. Gisela Kubon-Gilke (TH Darmstadt) für ihre fortwährende Ermutigung und umfassende fachliche Beratung bedanken. Ebenso herzlich möchte ich mich bei Herrn Dipl. Mathematiker Andreas Nicolin (Universtät München) für seine äußerst detaillierte Kritik und seine zahlreichen konstruktiven Hinweise zu den Beweisen des Abschnitts 3 bedanken.

Für inhaltliche Anregungen und teils umfangreiche technische Unterstützung bin ich meinen Kollegen und Freunden Herrn Dipl. Volkswirt Robert Frank, Herrn Dipl. Volkswirt Dieter Grimm, Herrn Dipl. Physiker Thomas Lühmann, Herrn Dipl. Volkswirt Marcus Mirbach, Herrn Dipl. Wirtsch.-Ing Bernhard Weich und Herrn Dipl. Wirtsch.-Inf. Volker Wiscidlo sowie insbesondere meinem Bruder Herrn Dipl. Wirtsch.-Ing. Frank Wagner sehr dankbar.

Während des Zeitraums der Erstellung der Arbeit erhielt ich finanzielle Unterstützung von der Deutschen Forschungsgemeinschaft, der Graduiertenförderung des Landes Hessen und dem Deutschen Akademischen Austauschdienst. Für die dieser Arbeit zugute gekommenen Leistungen möchte ich mich bedanken.

Selbstverständlich geht die Verantwortung für den Inhalt und insbesondere für die verbliebenen Fehler zu meinen Lasten.

München, im Juli 1994                                                            Ralph Wagner

# Inhaltsverzeichnis

**1. Einleitung** ............................................................................................................. 1

**2. Zum Stand der Forschung** ................................................................................ 3

2.1 Der Erkenntnisgegenstand Unternehmung ......................................................... 3

2.2 Die grundlegende Fragestellung der Theorie der Unternehmung ....................... 4

2.3 Sichtweisen der Unternehmung in ökonomischen Theorien ............................... 5

2.4 Transaktionskostentheorie ................................................................................... 8

    2.4.1 Grundlagen der Transaktionskostentheorie ................................................. 8

    2.4.2 Der Ansatz nach Williamson ........................................................................ 9

    2.4.3 Der Ansatz nach Alchian et al. ................................................................... 12

    2.4.4 Zur Bedeutung der Transaktionskostentheorie .......................................... 15

    2.4.5 Zur Irrelevanz der Transaktionskostentheorie: Ein Beispiel ..................... 16

2.5 Theorie der Verträge beim Vorliegen asymmetrischer Informationen ............. 19

    2.5.1 Grundlagen der Analyse asymmetrischer Informationen ........................... 19

    2.5.2 Asymmetrische Informationen vor Vertragsabschluß ................................ 19

    2.5.3 Asymmetrische Informationen vor und nach Vertragsabschluß ................ 22

    2.5.4 Asymmetrische Informationen nach Vertragsabschluß bei eindimensionalen Aufgaben ...................................................................... 26

    2.5.5 Asymmetrische Informationen nach Vertragsabschluß bei mehrdimensionalen Aufgaben .................................................................... 32

    2.5.6 Zur Bedeutung asymmetrischer Informationen für die Theorie der Unternehmung .............................................................................................. 38

2.6 Theorie der unvollständigen Verträge ............................................................... 39

    2.6.1 Grundlagen der Theorie unvollständiger Verträge ..................................... 39

    2.6.2 Bilaterale Beziehungen ............................................................................... 40

    2.6.3 Multilaterale Beziehungen bei komplementären Investitionen .................. 44

    2.6.4 Multilaterale Beziehungen bei substitutionalen Investitionen ................... 53

2.6.5 Zur Bedeutung der Theorie unvollständiger Verträge ............................... 58

2.7 Theorie der Verträge bei wiederholten Transaktionen ........................................ 60

2.7.1 Grundlagen der Analyse wiederholter Transaktionen............................. 60

2.7.2 "Moral Hazard" zwischen einer Unternehmung und ihren Transaktionspartnern....................................................................................... 60

2.7.3 "Moral Hazard" zwischen den Angehörigen einer Unternehmung........... 62

2.7.4 "Moral Hazard" zwischen einer Unternehmung und ihren Arbeitnehmern ................................................................................................. 64

2.7.5 Zur Bedeutung der Theorie der Verträge bei wiederholten Transaktionen................................................................................................. 69

2.8 Ein Arbeitsprogramm ..................................................................................... 71

## 3. Multilaterale Beziehungen und Grenzen der Unternehmung ....................... 74

3.1 Asymmetrische Informationen, Wettbewerb und die Anreize zur vertikalen Integration ......................................................................................................... 74

3.1.1 Einführung ............................................................................................ 74

3.1.2 Das Modell ........................................................................................... 77

3.1.3 Die Bestimmung der Faktorqualitäten ................................................... 84

3.1.4 Die sozial optimalen Eigentums- und Lieferstrukturen ........................... 90

3.1.5 Die stabilen Eigentums- und Lieferstrukturen ....................................... 93

3.1.6 Die Effizienz von Eigentums- und Lieferstrukturen .............................. 102

3.1.7 Schlußfolgerungen .............................................................................. 105

3.2 Asymmetrische Informationen und horizontale Integration von Unternehmungen ............................................................................................... 107

3.2.1 Einführung .......................................................................................... 107

3.2.2 Produktdifferenzierung bei symmetrischer Informationslage ................ 108

3.2.3 Produktdifferenzierung bei asymmetrischer Informationslage ............. 109

3.2.4 Ein Modell .......................................................................................... 111

3.2.5 Eine Erweiterung des Modells auf den Mehrperiodenfall ..................... 121

3.2.6 Schlußfolgerungen .................................................................... 124

## 4. Wahrnehmung, Motivation und Unternehmensgrenzen: Über die Bedeutung der Unternehmensidentität .......................... 126

4.1 Einführung ............................................................................................ 126

4.2 Wahrnehmung und Unternehmensidentität ........................................... 128

    4.2.1 Zur Thematik ................................................................................ 128

    4.2.2 Die grundlegenden Prinzipien der Wahrnehmung ........................ 129

    4.2.3 Die Wahrnehmung von Personen und Gruppen ........................... 140

    4.2.4 Die Wahrnehmung der Institution Unternehmung ....................... 145

4.3 Unternehmensidentität und individuelle Motivation ............................. 152

    4.3.1 Zur Thematik ................................................................................ 152

    4.3.2 Die Motivation von Unternehmensangehörigen .......................... 153

        4.3.2.1 Das Autoritätsverhältnis ..................................................... 153

        4.3.2.2 Das Rollensystem ............................................................... 156

        4.3.2.3 Die Selbstkategorisierung .................................................. 158

        4.3.2.4 Der Einfluß der Unternehmensgröße ................................. 159

    4.3.3 Die Motivation von Transaktionspartnern .................................... 161

    4.3.4 Die Anreize zur Aufrechterhaltung der Unternehmensidentität ... 163

4.4 Identität und Integration von Unternehmungen ..................................... 164

    4.4.1 Zur Thematik ................................................................................ 164

    4.4.2 Horizontale Integration ................................................................. 169

    4.4.3 Vertikale Integration ..................................................................... 174

    4.4.4 Integration und Aufbau von Marken ............................................ 176

4.5 Schlußfolgerungen ................................................................................ 177

## 5. Abschließende Überlegungen .......................................................... 178

**Symbolverzeichnis** .................................................................................... 181

**Literaturverzeichnis** ................................................................................. 186

# 1. Einleitung

Unternehmen sind aus dem Leben der Industrieländer des 20. Jahrhunderts nicht wegzudenken. In der Bundesrepublik Deutschland gab es 1992 beispielsweise ungefähr 55000 Industrieunternehmen mit etwa 10 Millionen Beschäftigten, fast 40000 Großhandelsunternehmen mit über 1 Million Beschäftigten und annähernd 160000 Einzelhandelsunternehmen mit mehr als 2 Millionen Beschäftigten.[1] Die Einwohner der Industrieländer stellen tagtäglich den Unternehmen ihre Arbeitskraft und ihr Kapital zur Verfügung und konsumieren die von den Unternehmen produzierten materiellen Güter und Dienstleistungen.

Angesichts der Bedeutung, die Unternehmungen für den Wirtschaftsprozeß haben, ist es erstaunlich, daß seit Adam Smiths bahnbrechenden Überlegungen zum Wohlstand von Nationen im Mittelpunkt des wissenschaftlichen Interesses von Ökonomen sehr viel häufiger der Markt als die Unternehmung gestanden hat. Dies ist wohl nur durch die Faszination zu erklären, die das wundersame Funktionieren der "Unsichtbaren Hand" im Vergleich zum anscheinend selbstverständlichen Funktionieren der "Sichtbaren Hand" hervorruft.[2] Zum ersten Mal wurde von Coase mit Nachdruck darauf hingewiesen, daß Unternehmungen und Märkte alternative Institutionen zur Koordination ökonomischer Aktivitäten sind. Im Rahmen seines berühmten, 1937 erschienenen Aufsatzes "The Nature of the Firm" gelangte er zu der fundamentalen Einsicht, daß sowohl die zentrale Koordination in Unternehmungen als auch die dezentrale Koordination auf Märkten mit Kosten verbunden sind, aufgrund derer keine Koordinationsform - d.h. weder Unternehmung noch Markt - der anderen generell überlegen ist.

Bei genauerem Hinsehen ergibt sich bezüglich des dargelegten Arguments jedoch ein theoretisches Problem: Die zentralisierte Koordination ökonomischer Aktivitäten sollte mindestens so gut funktionieren wie die dezentralisierte Koordination, da bei zentraler Koordination die dezentrale Koordination durch Anweisung simuliert werden könnte. Mit anderen Worten bedeutet dies, die Unternehmung sollte immer dem Markt überlegen sein, weil es möglich sein müßte, zwei Unternehmungen zusammenzufassen und nur dann selektiv zu intervenieren, wenn es von Vorteil ist.[3] Die Tatsache, daß Grenzen von Unternehmungen existieren, zeigt jedoch, daß eine Integration nicht nur Vorteile haben kann. Dies zu begründen, ist eine zentrale Aufgabe der Theorie der Unternehmung.

---

[1] Vergleiche Institut der Deutschen Wirtschaft 1992.
[2] Vgl. zum Begriff "Invisible Hand" Smith 1986 und zum Begriff "Visible Hand" Chandler 1977.
[3] Deutlich formuliert wurde das Problem vor allem von Williamson 1975 und 1985. Vgl. Holmström und Tirole 1989 S. 66.

Die Untersuchung der Ursachen der Entstehung von Grenzen der Unternehmung ist nicht nur von rein theoretischem Interesse, sondern ist z.B. in Hinblick auf die Gestaltung des Wettbewerbsrechtes von wesentlicher Bedeutung. Dem Staat obliegt die Aufgabe, Integrationsentscheidungen von Unternehmungen mit Hilfe des Wettbewerbsrechtes dann zu beeinflussen, wenn ohne ein Eingreifen der ordnungsgemäße Ablauf des Wettbewerbs gefährdet ist. Die Theorie der Unternehmung muß daher Hinweise auf die Bedingungen geben, unter denen eine Integration von Unternehmungen erwünscht ist oder nicht.

Obwohl sich in der Vergangenheit viele Forschungsarbeiten mit der Frage nach den Grenzen von Unternehmungen beschäftigt haben, kann sie noch keinesfalls als geklärt angesehen werden. Die hier vorliegende Arbeit soll daher als Beitrag zur Lösung dieser Frage dienen.

Im folgenden wird zunächst der Stand der Forschung auf diesem Gebiet dargestellt. Dabei wird eine Übersicht über verschiedene Sichtweisen der Unternehmung und deren Probleme gegeben. Vor allem wird jedoch auf die moderne Vertragstheorie und ihre Bedeutung für die Theorie der Unternehmung eingegangen. Der vertragstheoretische Ansatz hat den Vorteil, daß er eine weitgehend systematische Analyse bezüglich der Grenzen von Unternehmungen ermöglicht, und konnte vor allem verdeutlichen, unter welchen Umständen spezifische Investitionen zu einer Integration von Unternehmungen führen.

Trotzdem lassen die bisherigen Beiträge zur Theorie der Unternehmung noch zahlreiche Fragen offen, so z.B. inwieweit sich aus vertragstheoretischer Sicht Kosten der vertikalen Integration beim Vorliegen von asymmetrischen Informationen und Wettbewerb erklären lassen. Bisher kaum untersucht wurde auch die Frage, welche Kosten bei horizontaler Integration entstehen. Daher werden im Rahmen dieser Arbeit Ansätze zur Analyse dieser Probleme entwickelt.

Die vertragstheoretischen Beiträge zur Theorie der Unternehmung können aber aufgrund ihrer Methodik - insbesondere wegen des streng individualistischen Ansatzes - nicht in der Lage sein, das Phänomen Unternehmung umfassend zu erklären. So scheint es kaum möglich zu sein, vertragstheoretisch zu begründen, weshalb Unternehmungen anscheinend häufig auch in Bereichen, in denen Sachkapital bei der Güter- und Leistungserstellung keine oder nur eine untergeordnete Rolle spielt, eine effizientere Koordination von Humankapital ermöglichen als Märkte. Daher wird versucht, diese Tatsache mit Hilfe von sozialpsychologischen Theorien zu erklären. Dabei wird intensiv auf die besondere Rolle der Unternehmensidentität für die Koordination von Humankapital eingegangen. Darüber hinaus wird gezeigt, daß eine vertikale bzw. horizontale Integration sich unter Umständen negativ auf die Unternehmensidentität und die Möglichkeit zu effizienter Koordination von Humankapital auswirken kann, weshalb identitätsbedingte Kosten einer vertikalen Integration entstehen können.

Ein Fazit bildet den Abschluß der Arbeit.

## 2. Zum Stand der Forschung

### 2.1 Der Erkenntnisgegenstand Unternehmung

Die Unternehmung ist eine besondere Form der Institutionen. Unter einer Institution soll hier eine beobachtbare Regelmäßigkeit im sozialen Kontext verstanden werden.[4] Daß es sehr unterschiedliche Ansichten darüber gibt, was eine Unternehmung ist bzw. was an einer Unternehmung wesentlich ist, zeigt sich deutlich an der Vielzahl der Definitionen für den Begriff Unternehmung. Um einen Eindruck davon zu geben, was als eine Unternehmung angesehen wird, sollen hier stellvertretend einige, wenige Definitionen aufgeführt werden.

Zunächst sei die sehr anschauliche Sicht des Wirtschaftshistorikers Chandler wiedergegeben: "Modern business enterprise is easily defined. (...) [I]t has two specific characteristics: it contains many distinct operating units and it is managed by a hierarchy of salaried executives."[5] Man kann aus dieser Definition schließen, daß sich Unternehmungen durch eine hierarchische bzw. zentralisierte Organisation auszeichnen.

Für die Vertreter der deutschen Betriebswirtschaftslehre ist dagegen die Tatsache, daß Unternehmungen der Güter- und Leistungserstellung dienen, sehr wesentlich. Wöhe sieht die Unternehmung "als historische Erscheinungsform des Betriebes" und "den Betrieb als eine planvoll organisierte Wirtschaftseinheit (...), in der Sachgüter und Dienstleistungen erstellt und abgesetzt werden."[6] Kuhn schreibt im Unterschied dazu: "In der Mehrzahl aller Begriffsbestimmungen wird die Unternehmung als rechtlich-organisatorische, selbständige Institution im Gegensatz zum Betrieb als dem Ort der technischen Leistungserstellung aufgefaßt."[7]

Eine etwas andere Sichtweise findet sich im Bereich der Neuen Institutionenökonomik. Diese möchte bezüglich von Unternehmungen erklären, wie deren Existenz die Koordination ökonomischer Aktivitäten beeinflußt. Das spiegelt sich in den Definitionen wider, die von den Vertretern dieser Forschungsrichtung gegeben werden. Jensen und Meckling umschreiben ihre vertragstheoretische Sicht der Unternehmung z.B. wie folgt: "The private corporation or firm is simply one form of *legal fiction which serves as a nexus for contracting relationships and which is also characterized by the existence of divisible residual claims on the assets and cash flows of the organization which can generally be sold without permission of*

---

4  Vgl. Kubon-Gilke und Schlicht 1993 S. 257 und Weber 1980 S. 14ff. Eine abweichende Definition gibt Richter 1990 S. 572.

5  Chandler 1977 S. 1.

6  Wöhe 1984 S. 12 und S. 2.

7  Kuhn 1982 S. 1.

*the other contracting individuals"*[8] Alchian wiederum schreibt: "A firm is a coalition of interspecific resources owned in common, and some generalized inputs, whose owners are paid, because of difficulty of output measurability according to some criteria other than directly measured marginal productivity, and the coalition is intended to increase the wealth of the owners of the inputs by producing salable products."[9]

Es wird häufig darüber diskutiert, welche Definition des Begriffs Unternehmung die richtige sei. Hier wird die Ansicht vertreten, daß solche Definitionsversuche bestenfalls wesentliche Eigenheiten des realen Phänomens erfassen können, durch die das Wesen eines typischen Vertreters der Kategorie Unternehmung beschrieben wird. Diese Auffassung wird im Abschnitt 4 ausführlicher begründet werden. Die Zweckmäßigkeit einer Definition leitet sich bei wissenschaftlichen Betrachtungen aus dem Ziel der Analyse ab. Im Rahmen dieser Arbeit soll als das wesentliche Kennzeichen des realen Phänomens Unternehmung die zentralisierte Koordination von Human- und Sachkapital angesehen werden. Wie an den folgenden Ausführungen deutlich werden wird, kann im Fall von Sachkapital eine solche zentralisierte Koordination innerhalb von Unternehmungen durch weitgehende Kontrollbefugnisse einer zentralen Instanz erreicht werden. Im Fall von Humankapital ist dies hingegen durch Annäherung der verhaltensrelevanten Ziele der Individuen an die Unternehmensziele möglich.

## 2.2 Die grundlegende Fragestellung der Theorie der Unternehmung

Gegenstand einer positiven Theorie der Unternehmung ist weniger eine Beschreibung des realen Phänomens Unternehmung - obwohl eine solche Beschreibung natürlich Voraussetzung ist - sondern eher eine Erklärung, warum dieses Phänomen überhaupt existiert und weshalb es eine bestimmte Form annimmt. Diese Problematik wurde erstmals von Coase im Rahmen seines berühmten, 1937 erschienenen Aufsatzes "The Nature of the Firm" aufgeworfen. So schreibt er bezüglich der Aufgaben der Theorie der Unternehmung einerseits: "Our task is to attempt to discover why a firm emerges at all in a specialised exchange economy", fragt andererseits aber auch: "[W]hy is not all production carried on by one big firm?"[10] Coase leitet diese Fragestellungen aus der Beobachtung ab, daß Markt und Unternehmung alternative Mechanismen zur Koordination ökonomischer Aktivitäten sind. Im Hinblick auf die von Coase thematisierte Problematik ist besonders die Frage, warum die Produktion nicht in einer großen "Superunternehmung" ausgeführt wird,

---

[8] Jensen/Meckling 1976 S. 311 (Kursivschrift wie im Original!).
[9] Alchian 1984 S. 39.
[10] Coase 1937 S. 388 und S. 394. Siehe auch Coase 1987.

interessant. Denn bei genauerem Hinsehen entpuppt sich die Beantwortung dieser Frage als sehr viel schwieriger als die der Frage nach den Gründen für die Existenz der Unternehmung. So stellen Holmström und Tirole fest:[11]

"While it is relatively easy to envision reasons for integration, it is substantially harder to articulate costs of increased size. Williamson (1975, 1985) has phrased the problem sharply. He asks why could one not merge two firms into one and, by selective intervention, accomplish more in the integrated case than in the decentralized case. In other words, let the two firms continue as before and interfere (from the top) only when it is obviously profitable. The fact that there are limits to firm size must imply that selective intervention is not always feasible. Trying to figure out why this is so provides a useful focus for theorizing about the nature of the firm."

Demzufolge stellt die Beantwortung der Frage nach den Gründen für die Existenz von Grenzen der Unternehmung ("Boundaries of the Firm") das Grundproblem der Theorie der Unternehmung dar. Deshalb wird die Untersuchung der Gründe dafür, daß Unternehmensgrenzen existieren, im weiteren im Mittelpunkt der Betrachtung stehen. Die Grenzen der Unternehmung werden hier als durch die innerhalb der Unternehmung koordinierten Transaktionen festgelegt gesehen. Williamson definiert eine Transaktion wie folgt: "[A] transaction occurs when a good or service is transferred across a technologically separable interface."[12] Die Frage nach den Grenzen der Unternehmung wird im Rahmen dieser Arbeit in der speziellen Frage konkretisiert, unter welchen Umständen es bei bestimmten gegebenen Randbedingungen zu einer vertikalen bzw. horizontalen Integration von Unternehmungen kommt oder nicht.

## 2.3 Sichtweisen der Unternehmung in ökonomischen Theorien

Im folgenden soll ein kurzer Überblick über einige wichtige, von Ökonomen entwickelte Sichtweisen der Unternehmung und deren Bedeutung gegeben werden.[13]

In den Mittelpunkt der Betrachtungen rückte die Unternehmung erst in jüngerer Zeit. Trotzdem finden sich auch bei den Vorfahren der modernen Ökonomen wesentliche Einsichten in Bezug auf das Wesen von Unternehmungen. So tragen nach der Ansicht von Adam Smith, dem Urvater der politischen Ökonomie, die nach Gewinn strebenden Unternehmer, koordiniert durch die unsichtbare Hand des Marktes, zum Wohlstand der Nationen bei. Im Rahmen seiner Diskussion der Arbeitsteilung geht Smith davon aus, daß sich die Teilung von Arbeitsprozessen innerhalb von Unternehmungen qualitativ von der Arbeitsteilung auf Märkten

---

[11] Holmström und Tirole 1989 S. 66.
[12] Williamson 1989 S. 142.
[13] Die hier getroffene Auswahl lehnt sich an Putterman 1986a und Kubon-Gilke 1991a an.

unterscheidet.[14] Eine noch deutlichere Trennung zwischen Markt und Unternehmung läßt die von Marx stammende Theorie des Kapitals erkennen. Dort wird zwischen der Teilung der Arbeit innerhalb der Manufaktur und der Teilung der Arbeit in der Gesellschaft unterschieden. Aus moderner Sicht wird jedoch weder von Smith noch von Marx hinreichend geklärt, unter welchen Bedingungen sich eine Koordination ökonomischer Prozesse innerhalb von Unternehmungen gegenüber einer Koordination durch Märkte durchsetzt.

Nachhaltig beeinflußt worden ist die moderne Auffassung von der Unternehmung durch Knights Ausführungen zu "Risk, Uncertainty and Profit" (1921). Im Mittelpunkt von Knights Theorie stehen Risiko und Unsicherheit, mit denen ökonomische Aktivitäten grundsätzlich verknüpft sind. Dieses Risiko wird in Unternehmungen unter den der Unternehmung angehörigen Individuen aufgeteilt. Einige Individuen sind risikoavers und deshalb an einem festen Einkommensstrom interessiert. Sie nehmen daher letztlich die Arbeitnehmerposition ein. Andere sind weniger risikoavers und bieten den Arbeitnehmern dadurch, daß sie die Unternehmerposition ausfüllen, eine Art Versicherung. Dieser Sicht ist entgegenzuhalten, daß durch Arbeitslosigkeit hervorgerufene Einkommensschwankungen sehr groß sein können und deren Risiko nicht abgedeckt ist. Auch könnten Versicherungsgesellschaften das Problem der Einkommensschwankungen durch ein entsprechendes Angebot an Versicherungen mindern.

Die von Viner (1932) stammende technische Begründung der Unternehmung ist ebenfalls von grundlegender Bedeutung. Sie erklärt die Existenz und Form von Unternehmungen durch "Economies of Scale" und "Economies of Scope". Aus theoretischer Sicht ist dazu festzustellen, daß größenbedingte Erträge auch über Märkte hinweg realisiert werden können.

Einer der wichtigsten Beiträge zur Unternehmenstheorie ist der Transaktionskostenansatz von Coase (1937). Er beantwortet die - wie schon erläutert, von ihm selbst aufgeworfene - Frage nach dem Grund für die Existenz von Unternehmungen damit, daß die Koordination ökonomischer Prozesse mit Kosten verbunden ist, die je nach Art der Prozesse durch hierarchische Organisation innerhalb von Unternehmen oder durch Abwicklung über Märkte günstiger ausfallen. Die Koordination über Märkte verursacht nach Coase Transaktionskosten und die Koordination in Unternehmungen Organisationskosten.[15] Die von Coase beispielhaft als Transaktionskosten angeführten Kosten der Vertragsanbahnung, des Vertragsabschlusses und der Vertragsdurchsetzung scheinen jedoch zu niedrig zu sein, um die Existenz von Unternehmungen zu erklären. Auch seine Begründung von Organisationskosten

---

14 Vgl. West 1990 S. 34ff. und S. 59.
15 Vgl. Bössmann 1981.

durch beschränkte Managementkapazitäten überzeugt nicht, da Führungsaufgaben deligiert werden können.

Häufig diskutiert wird auch der Ansatz von Simon (1951). Er argumentiert, daß es wegen begrenzter Rationalität von Individuen effizienzsteigernd ist, Verträge abzuschließen, die ein Autoritätsverhältnis begründen, das einer Partei, dem Arbeitgeber, das Weisungsrecht gibt und dieser somit ermöglicht, die andere Partei, d.h. den Arbeitnehmer, mit im voraus nicht genau festzulegenden Arbeiten zu betrauen. Allerdings ist unklar, weshalb es nur möglich sein soll, solche Verträge innerhalb von Unternehmungen zu verwirklichen.

Das neoklassische Arrow-Debreu-Modell einer Ökonomie unterscheidet zwei Arten von Wirtschaftssubjekten, nämlich Haushalte und Unternehmungen. Die Unternehmungen werden ausschließlich als Produktionsstätten betrachtet und durch Produktionsfunktionen beschrieben. Diese Abgrenzung dessen, was die Unternehmung darstellt, ist rein definitorischer Art und umgeht gänzlich die Frage, warum es überhaupt Unternehmungen gibt und weshalb diese eine bestimmte Struktur besitzen. Durch eine Produktionsfunktion lassen sich beliebige Kombinationen von Produktionsfaktoren beschreiben, so auch Teilbereiche oder Aggregate von Unternehmungen.

Nach wie vor wenig beachtet wird die Bedeutung von Informationsverarbeitungsprozessen. Williamson (1967), Marshak und Radner (1972) und in der Folge Calvo und Wellisz (1978) sowie Bolton und Dewatripont (1993) stellen diese Prozesse in den Mittelpunkt ihrer Betrachtung der Unternehmung. Williamson sowie Calvo und Wellisz begründen beispielsweise die Entstehung von Grenzen der Unternehmung durch Informationsverluste in Hierarchien. Diese Ansätze sind zwar angesichts der Bedeutung von Informationsverarbeitungsprozessen sehr interessant, Anreizverluste bleiben aber unberücksichtigt, und es wird nicht überzeugend geklärt, warum die Informationsverarbeitung in Unternehmen von der in Märkten abweichen sollte.

Ausführliche Beachtung findet in der Diskussion noch immer die Teamproblematik, die erstmals von Alchian und Demsetz (1972) analysiert wurde. Alchian und Demsetz sehen einen Hauptgrund für die Existenz von Unternehmungen darin, daß Teamproduktion ertragssteigernd wirkt. Diese Vorteile der Teamproduktion werden jedoch durch Trittbrettfahrerprobleme gefährdet. Zur Minderung dieser Probleme ist Überwachung notwendig. Einen optimalen Anreiz für den Überwacher stellt laut Alchian und Demsetz der Anspruch auf den Gewinn dar. Aus diesem Grund fungieren nach dieser Ansicht in Unternehmungen bestimmte Teammitglieder als Unternehmer, die zugleich Inhaber des Rechts auf Gewinn sind. Allerdings könnte das Überwachungsproblem auch durch Überwachungsgesellschaften oder spezielle Anreizmechanismen gelöst werden und kann somit nicht entscheidend für die Existenz von Unternehmungen sein.[16]

Im Rahmen der weiteren Ausführungen wird in erster Linie jener Ansatz diskutiert, der die Existenz und Grenzen von Unternehmungen durch unzulängliche Möglichkeiten der vertraglichen Absicherung von Ansprüchen und daraus entstehenden Problemen bei der Realisierung von Erträgen aus spezifischen Investitionen erklärt. Dabei wird zwischen der nichtformalen Transaktionskostentheorie und der formalen Theorie der unvollständigen Verträge unterschieden. Abgesehen von der Darstellung dieser Ansätze wird im folgenden auch ein Überblick über die Theorie der Verträge beim Vorliegen asymmetrischer Informationen und die Theorie der Verträge bei wiederholten Transaktionen gegeben, weil das im Rahmen dieser Theorien entwickelte Instrumentarium unter anderem für die vorliegende Arbeit von grundlegender Bedeutung ist.

Zunächst sollen aber noch einige moderne, nicht in direktem Zusammenhang zur Vertragstheorie stehende Ansätze zur Erklärung von Grenzen der Unternehmung erwähnt werden. Camacho (1991) entwickelt eine Theorie, bei der sich die Grenzen der Unternehmung aus einem Tradeoff von sich bei Umweltänderungen ergebenden Adaptions- und Koordinationskosten ergeben. Lewis und Sappington (1991) untersuchen die sich bei technologischem Fortschritt ergebenden Einflüsse auf die Grenzen von Unternehmungen. Und Choi (1992) entwickelt eine Theorie, bei der Unternehmungen, die in oligopolistischem Wettbewerb stehen, dann strategische Vorteile haben, wenn sie durch Integration ihre wahren Faktorkosten verheimlichen können.

## 2.4 Transaktionskostentheorie

### 2.4.1 Grundlagen der Transaktionskostentheorie

Gegenstand der modernen Transaktionskostentheorie ist die Weiterentwicklung des von Coase eingeführten Ansatzes. Wie erläutert betont Coase, daß die Koordination ökonomischer Prozesse mit Kosten verbunden ist, die je nach Art der Prozesse durch hierarchische Organisation innerhalb von Unternehmen oder durch Abwicklung über Märkte günstiger ausfallen. Die Koordination über Märkte verursacht nach Coase Transaktionskosten und die Koordination in Unternehmungen Organisationskosten. Die moderne Transaktionskostentheorie möchte, über die von Coase angestrebte Erklärung der Determinanten der Existenz von Unternehmungen und Märkten hinaus, umfassend die Entstehung ökonomischer Institutionen erklären.

---

[16] Vgl. zur Existenz eines geeigneten Anreizmechanismus' Holmström 1982.

Bezüglich der Fassung des Begriffs der Transaktionskosten bestehen unterschiedliche Ansichten. Teilweise werden - anders als hier - Organisationskosten ebenfalls als Transaktionskosten aufgefaßt.[17] Als Transaktionskosten im Sinne von Kosten der Marktbenutzung gelten jedoch nach allgemeiner Auffassung:[18]

> "a.) Kosten der Anbahnung von Verträgen (Such- und Informationskosten im engeren Sinne)
> b.) Kosten des Abschlusses von Verträgen (Verhandlungs-, Entscheidungskosten usw.)
> c.) Kosten der Überwachung und Durchsetzung von Leistungspflichten."

Die von Coase ursprünglich betrachteten Transaktionskosten - insbesondere die Informationsbeschaffungs- und die Vertragsabschlußkosten - erscheinen aus moderner Sicht zu gering zu sein, um die Entstehung von alternativen ökonomischen Institutionen hinreichend zu erklären. Daher konzentriert sich die moderne Transaktionskostentheorie auf die aus der Möglichkeit von nachvertraglichem Opportunismus resultierenden Kosten.

**2.4.2 Der Ansatz nach Williamson**

Oliver E. Williamson legt seine Überlegungen zur Theorie der Unternehmung in seinem sehr bekannt gewordenen, 1975 erschienen Buch "Markets and Hierarchies" und in seinem 1985 veröffentlichten Buch "The Economic Institutions of Capitalism" dar.[19] Basis seiner Argumentation ist vor allem der dargestellte Ansatz von Coase.[20] Es werden aber auch Elemente der Theorien von Simon sowie Alchian und Demsetz berücksichtigt.

Williamson stellt den Vertrag in den Mittelpunkt seiner Betrachtungen und untersucht, wie sich die mit vertraglichen Vereinbarungen verbundenen Kosten, wie z.B. Informations-, Verhandlungs-, Abschluß- und Durchsetzungskosten, auf die Herausbildung ökonomischer Institutionen auswirken. Ökonomische Institutionen bilden sich nach seiner Theorie derart, daß sie möglichst effizient sind, wobei Transaktions- und Produktionskosten eine Rolle spielen.[21] Da die Entstehung bestimmter ökonomischer Institutionen, insbesondere die der Unternehmungen, erklärt werden soll, wird von den vertragschließenden, diese Institutionen bildenden Individuen ausgegangen.

---

[17] Vgl. zu dieser Sicht Richter 1990 S. 577. Anders Bössmann 1981.
[18] Richter 1990 S. 577.
[19] Die deutsche Ausgabe von "The Economic Institutions of Capitalism" erschien 1990. Alchian und Woodward 1988 diskutieren den Beitrag Williamsons.
[20] Vgl. Williamson 1990a S. 17ff.
[21] Vgl. Williamson 1990a S. 96ff.

Aus diesem Grund spielen Verhaltensannahmen eine wichtige Rolle. Eine von Williamsons Annahmen ist, daß Individuen nur begrenzt rational sind. Das soll bedeuten, daß sie zwar beabsichtigen, rational zu handeln, dazu jedoch nur begrenzt fähig sind.[22] Williamson vertritt die Meinung, daß diese Annahme unabdingbar ist, da die Individuen andernfalls in der Lage wären, vollständige Verträge abzuschließen, durch die Konflikte zwischen den Vertragspartnern von vornherein ausgeschlossen wären. Zu dieser Ansicht ist anzumerken, daß der Abschluß solcher Kontrakte das Vorliegen vollkommener Information erfordert. Ein solcher Informationsstand wird zum Zeitpunkt des Vertragsabschlusses auch bei unbegrenzter Rationalität nicht vorliegen, da die zukünftige Entwicklung in aller Regel mit Unsicherheit behaftet sein wird und die Erlangung von Informationen mit Kosten verbunden ist.[23] Von einer ausführlichen Kritik der Annahme von begrenzter Rationalität ("Bounded Rationality") sei an dieser Stelle abgesehen.[24] Es ist jedoch festzustellen, daß Williamson die mit diesem Ansatz verbundene Problematik stark vereinfacht.

Eine weitere aus Williamsons Sicht wichtige Annahme ist das Vorliegen von Opportunismus, d.h. "die Verfolgung des Eigeninteresses unter Zuhilfenahme von List".[25] Ohne das Vorhandensein von Opportunismus wäre es trotz Vertragslücken, die wegen der Nichterreichbarkeit von vollkommener Information auftreten können, möglich, sich auf eine Generalklausel zu einigen, die z.B. besagen könnte, daß der Vertrag effizient zu erfüllen ist und die sich aus dem Vertrag ergebenden Erträge fair verteilt werden.[26]

Das Verhalten von Individuen spielt im Zusammenhang mit Verträgen jedoch nur dann eine Rolle, wenn transaktionsspezifische Investitionen getätigt werden. Transaktionsspezifische Investitionen zeichnen sich dadurch aus, daß ihr Wert im Zusammenhang mit derjenigen Transaktion, zu der sie spezifisch sind, höher ist, als er in Verbindung mit anderen Transaktionen wäre.[27] Werden keine solchen Investitionen getätigt, so ist es unwichtig, mit welchem Vertragspartner in Zukunft kontrahiert wird. In diesem Fall ist daher auch das Verhalten von Vertragspartnern unwesentlich. Eine effizientere Produktion ist jedoch oft dann möglich, wenn die Wirtschaftssubjekte, die Leistungen austauschen, längerfristig zusammenarbeiten

---

[22] Vgl. Williamson 1990a S. 50ff.

[23] Williamson weist in einer Fußnote selbst auf diese Tatsache hin, vgl. Williamson 1990a S. 52. Dies hindert ihn jedoch nicht in seiner Argumentation, fortwährend die Annahme unbegrenzter Rationalität mit der Annahme des Vorliegens vollkommener Information gleichzusetzen.

[24] Vgl. dazu Schlicht 1990b. Bezüglich grundlegender Überlegungen zur Rationalitätsannahme vgl. Becker 1962 und Sen 1977.

[25] Vgl. Williamson 1990a S. 54.

[26] Vgl. Williamson 1990a S. 35.

[27] Vgl. Williamson 1990a S. 60ff.

und transaktionsspezifische Investitionen tätigen. Wegen möglicher Kostenersparnisse können also spezifische Investitionen, z.B. in eine Einzwecktechnologie anstatt in eine Mehrzwecktechnologie, vorteilhaft sein. Daher ist gemäß Williamsons Argumentation zu untersuchen, wie Faktorspezifität mit den gemachten Verhaltensannahmen zusammenwirkt.

Jeder Vertragspartner, der transaktionsspezifische Investitionen getätigt hat, wird versuchen, deren Wert abzusichern. Da es einerseits nicht möglich ist, einen vollständigen, alle Eventualitäten berücksichtigenden Vertrag abzuschließen, andererseits aber wegen des möglichen opportunistischen Verhaltens von Vertragspartnern damit gerechnet werden muß, daß diese versuchen, sich die aus den spezifischen Investitionen erwachsenden Erträge anzueignen, werden sich solche "Beherrschungs- und Überwachungssysteme" herausbilden, die für eine insgesamt effiziente Absicherung sorgen. Eine unteroptimale Absicherung führt zu erhöhten Kosten aufgrund des opportunistischen Verhaltens von Vertragspartnern. Bei überoptimaler Absicherung entstehen erhöhte Kosten durch Anreiz- und Bürokratiemängel.

Welches Kontrollsystem sich bildet, hängt laut Williamson von der Transaktionshäufigkeit und dem Grad der Spezifität ab.[28] Grob kann man sagen, daß er der Ansicht ist, daß bei einer Zunahme von Häufigkeit und Spezifität erst ein Übergang von einer Marktkontrolle zu einer dreiseitigen Kontrolle stattfindet, bei der Streitigkeiten durch Schiedsgerichte geschlichtet werden. Bei höheren Häufigkeits- und Spezifitätswerten ergibt sich typischerweise eine zweiseitige Kontrolle in der Form von Unternehmenskooperationen, welche bei noch höheren Werten in eine vereinheitlichte Kontrolle innerhalb einer Unternehmung übergeht. Zunehmende Gefahr von Opportunismus, zunehmende Transaktionshäufigkeit und vor allem zunehmende Faktorspezifität führen demnach zu stärkerer Integration.

Williamson betont, daß es in Unternehmungen im Gegensatz zum Markt mit seinen starken Anreizen ("high powered incentives") lediglich schwache Leistungsanreize ("low powered incentives") geben kann. Dies ist seiner Ansicht nach unter anderem dadurch bedingt, daß in Unternehmen Fehler eher verziehen werden als in Märkten.[29] Das Vorliegen von Bürokratiemängeln begründet er mit irrationalen Fehleinschätzungen von Entscheidungsträgern bezüglich ihrer Fähigkeit, komplexe Probleme zu bewältigen, und mit der Tatsache, daß innerhalb von Organisationen ineffiziente wechselseitige Gefälligkeiten üblich sind. Insgesamt läßt sich feststellen, daß Williamson sich viel zu wenig mit der Begründung von Kosten einer Integration beschäftigt und seine Argumente nur bedingt überzeugen.

---

[28] Vgl. Williamson 1990a S. 77ff. Zu empirischen Untersuchungen bezüglich der hier dargelegten Argumentation vgl. z.B. Picot/Franck 1993.

[29] Vgl. Williamson 1990a S. 171.

Williamson untersucht auf der Basis des geschilderten Ansatzes eine Vielzahl von Phänomenen. Hier soll exemplarisch kurz dargestellt werden, wie er erklärt, daß in Marktwirtschaften Unternehmungen typischerweise über das Kapital und nicht über die Arbeit organisiert sind.[30]

Er betrachtet zur Untersuchung dieser Problematik die Aktiengesellschaft als typische Kapitalgesellschaft und geht der Frage nach, welchen Zwecken letztlich das Board of Directors dient. Die Antwort darauf lautet, daß diese Einrichtung im Prinzip eine effiziente Absicherung spezifischer Investitionen ermöglichen soll. Grundsätzlich können solche Investitionen von Seiten der Individuen, die den Faktor Arbeit zur Verfügung stellen, als auch von Seiten derjenigen, die das Kapital bereitstellen, geleistet werden. Williamson ist jedoch letztlich der Meinung, daß das Risiko der Kapitalseite, ihre spezifischen Investitionen zu verlieren, größer ist als das der Arbeitsseite und daher das Kapital im Board of Directors vorrangig vertreten sein muß. Seine Begründungen für diese Behauptung sind allerdings etwas einseitig. Sie gehen teilweise von gegebenen institutionstypischen Regelungen aus. So zum Beispiel diejenige, daß die Kapitaleigner das größere Risiko tragen, weil sie im Falle einer Liquidation zuletzt befriedigt werden.

Schwerwiegender ist allerdings das Argument, daß die Spezität des Kapitals, bei dem allerdings zwischen haftendem und nichthaftendem Kapital unterschieden werden muß, in der Regel größer ist als die der Arbeit. Bezüglich der Aktiengesellschaft stellt Williamson fest: "Durch den diffusen Charakter ihrer Investitionen sind die Aktionäre außerordentlich im Hintertreffen".[31] Die Bedeutung dieser Aussage wird noch deutlicher durch die Begründung, die er dafür gibt, daß eine Vertretung des haftenden Kapitals im Board of Directors wichtiger ist als die des nichthaftenden Kapitals. Diese lautet, daß die Eigner des haftenden Kapitals, in der Aktiengesellschaft also die Aktionäre, im Gegensatz zu den Gläubigern, die sich in der Regel Ansprüche auf dauerhafte Vermögensgegenstände sichern, nur Ansprüche haben, die von unklarem Wert sind.[32]

### 2.4.3 Der Ansatz nach Alchian et al.

Neben Williamson leistete auch Armen E. Alchian allein oder gemeinsam mit anderen Autoren entscheidende Beiträge zur Transaktionskostentheorie. Bedeutend ist vor allem der gemeinsame Beitrag von Klein, Crawford und Alchian (1978). Die Autoren untersuchen ähnlich wie Williamson, wie sich eine spezielle Kategorie von Transaktionskosten, nämlich diejenige Art von Kosten, die aus der Möglichkeit von

---

[30] Vgl. Williamson 1990a S. 265ff., Putterman 1986a S. 9ff, Putterman 1986b sowie Bonin und Putterman 1987.
[31] Williamson 1990a S. 273.
[32] Vgl. Williamson 1990a S. 275.

nachvertraglichem opportunistischen Verhalten entsteht, auf die Anreize zur vertikalen Integration auswirkt. Opportunistisches Verhalten wird möglich, wenn mindestens eine Vertragspartei spezifische Investitionen in einen Produktionsfaktor tätigt, dessen Wert in alternativen Verwendungen geringer ist.[33] In diesem Fall entsteht eine ökonomische Quasirente - diese ist definiert als die Differenz zwischen dem Wert, den der Produktionsfaktor in seiner spezifischen Verwendung hat, und dem Wert, den er in seiner zweitbesten Verwendung hat -, die sich die anderen Vertragsparteien aneignen können.

Der Gefahr von Opportunismus kann nach Klein, Crawford und Alchian außer durch vertikale Integration auch durch langfristige Verträge zwischen selbständigen Wirtschaftssubjekten begegnet werden. Die Autoren betonen damit schon früher als Williamson, daß neben Hierarchien auch andere Formen von Institutionen dazu geeignet sind, das Opportunismusproblem zu mildern. Wesentlich ist auch ihre Erkenntnis, daß Verträge explizit oder implizit abgeschlossen werden können. Explizite Verträge sind, wegen der Schwierigkeit, alle relevanten Eventualitäten zu erfassen, oft mit hohen Kosten verbunden. Daher dominieren im Geschäftsleben nichtformale und rechtlich nichtdurchsetzbare vertragsähnliche Praktiken, die als implizite Verträge aufgefaßt werden können. Diese Praktiken beruhen auf einem Reputationsmechanismus, den man sich derart vorstellen kann, daß derjenige Vertragspartner, der die Möglichkeit zu opportunistischem Verhalten hat, von den anderen Vertragsparteien einen Prämienaufschlag auf den Preis seiner Leistungen erhält.[34] Im Falle von opportunistischem Verhalten werden die betroffenen Vertragsparteien einen neuen Vertragspartner suchen, was bedeutet, daß der Prämienstrom abbricht. Opportunistisches Verhalten wird dann nicht auftreten, wenn der diskontierte Wert des Prämienstroms größer ist als derjenige Ertrag, der im Falle von opportunistischem Verhalten entsteht. Im Falle von vollkommener Konkurrenz werden die Gewinne dadurch auf Null sinken, daß ex ante spezifische Investitionen in ein Signal notwendig sind, das potentiellen Partnern zeigt, daß der Wille, einen impliziten Kontrakt abzuschließen, vorhanden ist.

Ob explizite oder implizite langfristige Verträge abgeschlossen werden, hängt wiederum von den jeweiligen Kosten ab. Die Autoren weisen darauf hin, daß die Kosten impliziter Verträge bei wachsenden Märkten geringer sind als bei stagnierenden oder schrumpfenden Märkten, was ihrer Meinung nach dazu führt, daß dann in stärkerem Maße implizite Kontrakte abgeschlossen werden. Als Beispiel führen sie die japanische Industrie an. Klein, Crawford und Alchian sind weiterhin der Auffassung, daß sich explizite oder implizite vertragliche Regelungen tendenziell

---

[33] Klein, Crawford und Alchian verwenden den Begriff des spezialisierten Produktionsfaktors, vgl. Klein, Crawford und Alchian 1978 S. 299.

[34] Vgl. auch Klein und Leffler 1981. Der Reputationsmechanismus wird in Abschnitt 2.7 ausführlich dargestellt.

dann finden, wenn das Ausmaß der durch Enteignung gefährdeten Quasirente gering ist, d.h. wenn die Spezifität niedrig ist, während im entgegengesetzten Fall vertikale Integration erfolgt. Allerdings begründen sie nicht, was die Kosten einer Integration sind, sondern unterstellen einfach, daß diese existieren. Damit vernachlässigen sie die Beantwortung der Frage nach den Ursachen von Grenzen der Unternehmung.

Die Autoren geben als Beleg für ihre Theorie mehrere Beispiele an. Besonders einleuchtend erscheint ein Beispiel aus der amerikanischen Automobilindustrie, das große Bekanntheit erlangte. Dieses Beispiel betrifft den Aufkauf des Karosserieherstellers Fisher Body durch General Motors im Jahre 1926. Etwa im Jahre 1919 erfolgte in der Automobilproduktion die Umstellung von Holzkarosserien auf Stahlkarosserien, zu deren Produktion Pressen notwendig sind, die speziell auf bestimmte Karosserieformen zugeschnitten sind. Damit mußte es in der Folge zu spezifischen Investitionen seitens der Karosseriehersteller kommen, die besondere vertragliche Regelungen notwendig machten. Anfangs wurde im hier betrachteten Fall vereinbart, daß Fisher Body exklusiv die Lieferrechte für geschlossene Karosserien erhält, für die die Kosten zuzüglich eines bestimmten prozentualen Gewinnzuschlags berechnet wurden. Doch als die Nachfrage nach geschlossenen Fahrzeugen stark stieg und Fisher Body ein sehr wichtiger Lieferant wurde, erschienen General Motors die vereinbarten Preise zu hoch, weil Fisher Body durch die erhöhten Stückzahlen anteilsmäßig geringere Fixkosten hatte. Da Fisher Body zudem auch nicht bereit war, wie von General Motors gewünscht, seine Produktionsstätten in die Nähe der GM-Produktion zu verlegen, kaufte General Motors Fisher Body letztlich auf.

In einem späteren Beitrag führt Alchian (1984) die dargestellten Überlegungen zur Theorie der Unternehmung mit dem früher gemeinsam mit Demsetz entwickelten Teamgedanken zusammen. Grundlegend ist nach diesem Ansatz, daß das durch Zusammenarbeit von Individuen erzielbare Teamergebnis prinzipiell größer sein kann als die Summe der durch Einzelarbeit erreichbaren Ergebnisse.

Die Effizienz von Teams kann dadurch gesteigert werden, daß die Teammitglieder spezifische Investitionen tätigen. Durch diese entsteht Ressourcenspezifität. Spezifische Investitionen sind dadurch gekennzeichnet, daß der Wert der Ressource, in die investiert wird, höher ist, wenn sie im Zusammenhang mit einer bestimmten Konfiguration anderer Ressourcen verwendet wird, anstatt anderweitig in Verbindung mit einer zweitbesten Konfiguration. Investitionen können zu gesamten Koalitionen oder nur zu bestimmten anderen Ressourcen spezifisch sein. Die spezifische ökonomische "Quasirente" ist - wie schon ausgeführt - die Differenz zwischen dem Wert, der sich ergibt, wenn die Ressource im Zusammenhang mit derjenigen Konfiguration verwendet wird, zu der sie spezifisch ist, und demjenigen Wert, der sich in der zweitbesten Verwendung ergibt. Der Eigner derjenigen Ressource, zu der andere spezifisch sind, kann die Quasirente an sich ziehen, wenn er die Effekte seiner Ressource auf die anderen Ressourcen steuern kann. Dagegen versuchen sich die Eigner der spezifischen Ressourcen durch langfristige vertragliche Arrangements, die impliziter oder expliziter Art sein können, abzusichern. Interessant ist Alchians Hinweis darauf, daß auch die Zusammenstellung einer Gruppe eine spezifische Investition darstellt. Denn wie groß der durch Teamarbeit erzielbare zusätzliche Gewinn ist, hängt davon ab, inwieweit eine Gruppe erfolgreich zusammengestellt wurde. Die Zusammenstellung ist ein mit Unsicherheit behafteter Prozeß. Der erwartete Erfolg muß, Risikoneutralität vorausgesetzt, die Suchkosten mindestens decken.

Teams, bei denen die Mitglieder zusammenarbeiten, um das Gruppenergebnis zu maximieren, aber miteinander um die Anteile am Ergebnis konkurrieren, bezeichnet Alchian als Koalitionen. Er sieht Koalitionen als Vertragsformationen an, bei denen Erzwingungsprobleme bestehen. Unternehmungen sind laut Alchian lediglich eine spezielle Art von Koalitionen. Unternehmungen werden gekennzeichnet durch interspezifische Investitionen, durch die Schwierigkeit, marginale Produkte zu messen, einer daraus folgenden festen Entlohnung einiger Koalitionsmitglieder und dem Ziel, den Wohlstand der Koalitionsmitglieder durch die Herstellung verkaufbarer Produkte zu mehren. Spezifisch können in Unternehmungen grundsätzlich alle vertretenen Faktoren sein, d.h. sowohl das Kapital als auch die Arbeit. Allerdings geht Alchian davon aus, daß normalerweise das Kapital spezifischer sein wird. Diese Annahme wird aber nicht weiter begründet. Die Kontrolle steht grundsätzlich den Eignern derjenigen Faktoren zu, die spezifischer sind. Wichtig ist die Überlegung, daß sich dann, wenn die Arbeit mehrerer Arbeitnehmer zueinander interspezifisch ist, Partnerschaften, wie z.B. Sozietäten bei Anwälten bilden.

Zusammenfassend läßt sich zu den dargelegten Ausführungen sagen, daß Alchian et al. sich zwar intensiv mit der Frage nach den Gründen für die Existenz von Unternehmungen auseinandersetzen, jedoch nicht auf die Ursachen von Grenzen der Unternehmung eingehen.

### 2.4.4 Zur Bedeutung der Transaktionskostentheorie

Eine wesentliche Kritik an dem von Williamson und Alchian et al. vertretenen Transaktionskostenansatz lautet, daß er zu unpräzise ist. Ein Problem des Transaktionskostenansatzes besteht darin, daß die Herrschaftsstrukturen unzureichend definiert werden. Das Kennzeichen von Märkten ist aus Williamsons Sicht, daß sie starke Anreize bieten, während sich die Unternehmung durch eine adaptive, sequentielle und zentralisierte Entscheidungsfindung auszeichnet. Daraus folgt dann fast tautologisch, daß Unternehmen dort zu finden sind, wo wegen spezifischer Investitionen eine zentralisierte Entscheidungsfindung notwendig ist, und Märkte dort, wo starke Anreize vorteilhaft sind. Williamson und Alchian et al. machen zwar deutlich, was die Nachteile von Märkten sind - nämlich die Gefahr der Enteignung spezifischer Quasirenten -, geben aber allenfalls grobe Hinweise auf die Quellen der Kosten einer zentralisierten Organisation. Hier nennt Williamson insbesondere die Kosten des Bürokratismus. Wie diese zwangsläufig aus den getroffenen Annahmen bezüglich des Verhaltens der Individuen und der Umwelt entstehen, ist unklar.

In zahlreichen Beiträgen zu der mittlerweile recht ausgebauten Implementierungstheorie wurde darüber hinaus gezeigt, daß es unter den von der Transaktionskostentheorie vorausgesetzten Bedingungen - nämlich Vorliegen von Unsicherheit, opportunistischem Verhalten und spezifischen Investitionen - durchaus einfache, auch von begrenzt rationalen Individuen zu erstellende Verträge geben kann, die eine effiziente Lösung ermöglichen. Ein Beispiel wird in Abschnitt 2.4.5 dargestellt. Als Voraussetzung dafür, daß es solche Verträge gibt, nennt die Implementierungstheorie die folgenden Bedingungen:[35]

- Es müssen quasilineare Präferenzen vorliegen, das heißt, keine Partei darf risikoavers sein.
- Bei Vertragsabschluß dürfen keine asymmetrischen Informationen vorliegen.
- Es darf keine Externalitäten bei den Investitionen geben.
- Bezüglich der Verteilungsfunktionen müssen symmetrische Informationen vorliegen.
- Jede der vertragschließenden Parteien hält den Vertrag ein.
- Es darf keine Neuverhandlungen geben.

Da bisher noch nicht feststeht, daß sämtliche genannten Voraussetzungen auch notwendig sind, lassen sich eventuell auch bei einer Abschwächung der Annahmen effiziente Verträge finden.[36] Der Verdienst der Implementierungstheorie ist darin zu sehen, daß sie die Bedingungen verdeutlicht, unter denen durch Verträge allein keine Effizienz zu erreichen ist. Die in dem Abschnitt über die Theorie der unvollständigen Verträge dargestellten Modelle weichen dementsprechend alle von den genannten Voraussetzungen für effiziente Vertragslösungen ab. Damit spiegeln sie die Tatsache wider, daß die von der Implementierungstheorie beschriebenen Mechanismen in der Realität nicht verwendet werden, auch wenn theoretisch noch nicht geklärt ist, warum dies nicht der Fall ist. Der Gegenstand der Theorie der unvollständigen Verträge ist daher unter anderem auch eine Präzisierung der Transaktionskostentheorie.

### 2.4.5 Zur Irrelevanz der Transaktionskostentheorie: Ein Beispiel

In dieser Arbeit soll nicht auf die formalen Details der Implementierungstheorie eingegangen werden. Daher wird lediglich ein einfaches Beispiel für eine

---

[35] Vgl. Rogerson 1990 S. 25 und Hermalin/Katz 1992.
[36] Vgl. Rogerson 1990 S. 26.

Lieferbeziehung gegeben, in der trotz des Vorliegens von Spezifität, Unsicherheit und opportunistischem Verhalten eine effiziente vertragliche Lösung möglich ist und es daher irrelevant ist, ob eine Integration erfolgt oder nicht.[37]

Die Lieferbeziehung, die analysiert werden soll, entspricht ihrem Wesen nach den Transaktionsbeziehungen, die im Mittelpunkt der Betrachtungen der Transaktionskostentheorie stehen. Es wird daher nur eine kurze Beschreibung des sehr einfachen Modells gegeben.

Ein Käufer frage eine Einheit eines Gutes nach: $q \in \{0,1\}$. Seine Wertschätzung v ($v \in [0,\infty)$) für das Gut sei von dem zukünftigen Zustand der Welt abhängig. Die Dichtefunktion der Verteilung sei f(v) und die kumulierte Verteilungsfunktion F(v). Die Realisation von v sei für den Verkäufer nicht beobachtbar. Die Kosten c ($c \in [0,\infty)$) des Verkäufers seien ebenfalls zufallsabhängig. Der Verkäufer hat jedoch die Möglichkeit, die Kosten durch eine spezifische Investition y zu reduzieren. Es sei g(c|y) die Dichtefunktion der bedingten Verteilung und G(c|y) die kumulative Verteilungsfunktion. Es gelte: G(c|y) sei monoton wachsend in y. Weder c noch y seien für den Käufer beobachtbar.

Die ex post effiziente Regel für Handel und Produktion lautet für die dargestellte Situation: q(v,c) = 1 für $v \geq c$ und q(v,c) = 0 für v < c. Die Bedingung für eine ex ante effiziente spezifische Investition lautet, daß die Investition den gemeinsamen Ertrag maximieren soll:

$$y \in \underset{y'}{\operatorname{argmax}} \int_0^\infty \int_0^v (v-c) g(c|y') f(v) \, dc \, dv - y' \qquad (2.4.5.1)$$

bzw. nach Umformung:

$$y \in \underset{y'}{\operatorname{argmax}} \int_0^\infty [1-F(c)] G(c|y') \, dc - y' \qquad (2.4.5.2)$$

Es wird angenommen, daß ein eindeutiges Maximum bei y* existiert. Unter den dargestellten Annahmen läßt sich, wie gezeigt werden soll, mit Hilfe eines Vertrages das effiziente Ergebnis implementieren. Im Rahmen dieses Vertrages wird das folgende Preisschema vereinbart:

$$p(q,\hat{v}) = \hat{v}q - \int_0^{\hat{v}} G(a|y^*) \, da - A. \qquad (2.4.5.3)$$

---

[37] Die Darstellung folgt Riordan 1992. Vgl. Riordan 1984a und Rogerson 1990.

Dabei ist $\hat{v}$ der vom Käufer nach Erhalt der privaten Information gegebene Bericht über seine Wertschätzung und A eine Konstante, die die Verteilung der erwarteten Wohlfahrt bestimmt. Der Verkäufer kann dann über die Produktion entscheiden.

Um zu zeigen, daß der Vertrag das effiziente Ergebnis implementiert, ist zuerst nachzuweisen, daß der Verkäufer die effiziente Produktionsentscheidung trifft, wenn $y = y^*$ und $\hat{v} = v$. Der Verkäufer erhält den vereinbarten Preis als Bezahlung für das Gut und muß die Produktionskosten tragen. Sein Nutzen beträgt demnach unter den genannten Bedingungen:

$$U^S = (v-c)q - \int_0^v G(a|y^*)da - A. \qquad (2.4.5.4)$$

Der Verkäufer will mit der Wahl von q seinen Nutzen maximieren. Seine Entscheidungsregel wird daher "q = 1 wenn v ≥ c und q = 0 für v < c" lauten und ist damit ex post effizient.

Nunmehr ist zu prüfen, ob der Käufer den entsprechenden Anreiz hat, die Wahrheit zu sagen, wenn $y = y^*$. Sein Nutzenniveau darf also bei wahrheitsgemäßer Berichterstattung nie geringer sein als bei nichtwahrheitsgemäßer Berichterstattung:

$$(v - \hat{v})G(\hat{v}|y^*) + \int_0^{\hat{v}} G(a|y^*)da + A \leq \int_0^v G(a|y^*)da + A \quad \forall \hat{v}. \qquad (2.4.5.5)$$

Diese Bedingung läßt sich durch Umformung vereinfachen:

$$\int_v^{\hat{v}} G(\hat{v}|y^*) - G(a|y^*)da \geq 0. \qquad (2.4.5.6)$$

Da $G(\hat{v}|y^*) \geq G(a|y^*)$ für $a \in [v,\hat{v}]$ und $G(\hat{v}|y^*) \leq G(a|y^*)$ für $a \in [\hat{v},v]$ ist die Bedingung immer erfüllt. Das heißt, der Käufer hat nie einen Anreiz zu lügen.

Um letztlich zu sehen, daß der Verkäufer auch ex ante optimale Anreize hat, muß dessen erwarteter Nutzen zum Investitionszeitpunkt berechnet werden:

$$U^S = \int_0^\infty \int_0^v (v-c)g(c|y)f(v)dcdv - \int_0^\infty \int_0^v [G(a|y^*)da]f(v)dv - A - y. \qquad (2.4.5.7)$$

Durch Umformung erhält man das Optimierungsproblem des Verkäufers:

$$y \in \underset{y'}{\mathrm{argmax}} \int_0^\infty [1-F(c)][G(c|y') - G(c|y^*)]dc - A - y'. \qquad (2.4.5.8)$$

Da dieses Problem lediglich eine lineare Transformation des sozialen Optimierungsproblems darstellt, wird auch die individuelle ex ante Wahl des Investitionsniveaus effizient sein. Somit ist gezeigt, daß der dargestellte Kontrakt das Problem des "Hold up" beseitigt. Entsprechende Kontrakte lassen sich auch für wesentlich allgemeinere Situationen finden.

## 2.5 Theorie der Verträge beim Vorliegen asymmetrischer Informationen

### 2.5.1 Grundlagen der Analyse asymmetrischer Informationen[38]

Im Rahmen der "Prinzipal-Agent-Theorie" werden die Auswirkungen einer asymmetrischen Verteilung von Informationen zwischen Wirtschaftssubjekten untersucht. Dabei wird üblicherweise vereinfachend unterstellt, daß der Agent über Informationen verfügt, die dem Prinzipal nicht zugänglich sind. Dies ist ein Extremfall. In der Realität wird es immer so sein, daß ein Informationsdifferential vorliegt, d.h. der Agent verfügt über ein Mehr an Informationen bzw. erhält bestimmte Informationen leichter und daher kostengünstiger. Die Literatur zur Prinzipal-Agent-Theorie hat mittlerweile einen so großen Umfang, daß hier nur ein ganz kleiner, zentraler Ausschnitt der Beiträge und behandelten Themen dargestellt werden kann. Mit Hilfe dieser Betrachtung soll beispielhaft verdeutlicht werden, wie das Vorliegen asymmetrischer Informationen die Vertragsgestaltung beeinflußt.

Die im folgenden dargestellten Modelle unterscheiden sich hinsichtlich der Informationsverteilung zum Zeitpunkt des Vertragsschlusses. Liegt zu diesem Zeitpunkt eine asymmetrische Informationsverteilung vor, handelt es sich um die Problematik der adversen Selektion. Entstehen erst nach Vertragschließung asymmetrische Informationen, spricht man von der Problematik des "Moral Hazard". Treten sowohl vor als auch nach dem Zeitpunkt des Vertragsabschlusses Informationsasymmetrien auf, liegt eine Kombination beider Probleme vor.

### 2.5.2 Asymmetrische Informationen vor Vertragsabschluß

In diesem Abschnitt wird untersucht werden, wie optimale Verträge aussehen, wenn vertragsrelevante Eigenschaften einer Vertragspartei für die andere Partei nicht beobachtbar sind. Dazu soll ein Modell von Baron und Myerson (1982)

---

[38] Vgl. auch Blickle-Liebersbach 1990, Fama 1980, Holmström und Hart 1987, Kotowitz 1987 sowie Milgrom und Roberts 1992.

dargestellt werden.[39] In diesem Modell steht ein Monopsonist - man kann hier an eine staatliche Beschaffungsstelle denken - einem Monopolisten gegenüber, dessen Kostenparameter c für andere nicht beobachtbar ist. Das heißt, es liegen zum Zeitpunkt des Vertragsabschlusses asymmetrische Informationen vor. Diese Problematik wird in der Literatur unter dem Stichwort "Adverse Selektion" behandelt.

Der Monopsonist brauche von einem Gut eine Mengeneinheit, das heißt $q \in \{0,1\}$. Das Gut habe für ihn einen festen Wert v, wobei $v \in [0,1]$ gelten soll. Der Kostenparameter des Monopolisten sei durch $c \in [0,1]$ gegeben. Bezüglich der zufallsabhängigen Verteilung des Parameters sei die Dichtefunktion f(c) und die kumulative Verteilungsfunktion F(c) bekannt. Es gelte: $c + F(c)/f(c)$ sei monoton wachsend in c. Aus diesen Annahmen folgt, daß eine Produktion des Gutes dann effizient ist, wenn $c < v$. Die effiziente Entscheidungsregel läßt sich jedoch aufgrund der Informationsasymmetrie nicht implementieren.

Der Monopsonist kann sich von dem Monopolist lediglich einen Bericht $\hat{c}$ über dessen Kostenparameter geben lassen und seine Produktionsentscheidung q und die Transferzahlung t an den Monopolisten von $\hat{c}$ abhängig machen: $q(\hat{c})$, $t(\hat{c})$. Aufgrund des Revelationsprinzips läßt sich jedes Ergebnis, das sich mit Hilfe eines Mechanismus' implementieren läßt, bei dem der Monopolist lügt, auch mit Hilfe eines solchen Mechanismus' erreichen, bei dem der Monopolist die Wahrheit sagt. Deshalb läßt sich das Optimierungsproblem des Monopsonisten wie folgt formulieren:

$$\max_{t(c),q(c)} \int_0^1 [vq(c) - t(c)]f(c)dc \qquad (2.5.2.1)$$

s.t. (AB) $\quad t(c) - cq(c) \geq t(\hat{c}) - cq(\hat{c}) \quad \forall c, \hat{c} \in [0,1]$
(PB) $\quad t(c) - cq(c) \geq 0. \quad \forall c$

Um dieses Problem einfacher lösen zu können, werden zuerst die Anreizkompatibilitätsbedingungen (AB) und die Partizipationsbedingungen (PB) umgeformt. Seien c' und c zwei beliebige Kostenwerte für die $c' > c$ gelte:

$$\pi(c) = t(c) - cq(c) \geq t(c') - cq(c') = \pi(c') + (c' - c) q(c')$$
$$\pi(c') = t(c') - c'q(c') \geq t(c) - c'q(c) = \pi(c) - (c' - c) q(c)$$
(2.5.2.2)

Nach Umformung erhält man: $-q(c) \leq [\pi(c') - \pi(c)]/(c' - c) \leq -q(c')$, woraus nach einer Grenzwertbetrachtung ($c' \to c$) folgt: $\pi'(c) = -q(c)$. Durch Integration und Umformung ergibt sich schließlich:

---

[39] Die Darstellung hier folgt Riordan 1992.

$$\pi(c) = A + \int_c^1 q(b)db \qquad (2.5.2.3)$$

$\pi(c)$ läßt sich interpretieren als derjenige Anteil der Transferzahlung $t(c) = \pi(c) + cq(c)$, der über die Erstattung der Produktionskosten hinausgeht und daher lediglich dazu dient, den Anreiz für eine wahrheitsgemäße Berichterstattung zu geben. Die Anreizkompatibilitätsbedingung läßt sich nun vereinfachen. Einsetzen ergibt für alle $\hat{c}$: $\pi(c) \geq \pi(\hat{c}) + (\hat{c} - c)q(\hat{c})$, woraus nach Umformung folgt:

$$\int_c^{\hat{c}} [q(b) - q(\hat{c})]db \geq 0 \qquad \forall \hat{c}. \qquad (2.5.2.4)$$

Diese Bedingung - und damit die Anreizkompatibilitätsbedingung - ist erfüllt, wenn $q(c)$ monoton fallend in c ist.

Auch die Partizipationsbedingung kann stark vereinfacht werden. Sie läßt sich nun schreiben als:

$$\pi(c) = A + \int_c^1 q(b)db \geq 0 \qquad \forall c. \qquad (2.5.2.5)$$

Diese Bedingung ist erfüllt, wenn $A \geq 0$ gilt. Da die Zielfunktion des Monopolisten monoton in A fällt, wird er $A = 0$ setzen.

Das Optimierungsproblem läßt sich nun mit Hilfe der vereinfachten Nebenbedingungen und einer Umformung des Maximanden nach den Regeln der partiellen Integration wie folgt formulieren:

$$\max_{q(c)} \int_0^1 \{[v - c - F(c)/f(c)]f(c)q(c)\}dc \qquad (2.5.2.6)$$

unter der Nebenbedingung, daß $q(c)$ monoton in c fällt.

Aufgrund der Annahme, daß $c + F(c)/f(c)$ monoton wachsend in c ist, existiert ein $\overline{c}$, bei dem gilt: $v - \overline{c} - F(\overline{c})/f(\overline{c}) = 0$. Es ist damit optimal $q(c)$ so zu setzen, daß $q(c) = 1$ für $c \leq \overline{c}$ und $q(c) = 0$ für $c > \overline{c}$. Im Ergebnis bedeutet diese Regel, daß nicht immer produziert wird, wenn es effizient wäre. Der Monopolist erhält über die Transferzahlung neben der Erstattung der Produktionskosten eine Informationsrente $\pi(c)$. Diese beträgt für $c = 1$, das heißt, wenn der Monopolist sehr kostenintensiv produziert, gerade Null.

Im Gegensatz zu den später geschilderten Problemen des "Moral-Hazard" ergibt sich bei Problemen der adversen Selektion ein Effizienzverlust, ohne daß

Risikoaversion vorliegen muß. Dieses Ergebnis ist jedoch sehr stark von den Annahmen bezüglich der Informationsstruktur abhängig. Riordan (1984b) argumentiert beispielsweise, daß es durchaus realistisch ist anzunehmen, daß der Alleinnachfrager nach Abschluß des Vertrages und Erhalt des Berichtes bezüglich des Kostenparameters ein Signal s beobachten kann, das von dem Kostenparameter c abhängt. Sei zum Beispiel $s \in \{0,1\}$ und $\lambda(c) = \text{Prob}\{s=1\}$ mit $\lambda'(c) > 0$. Falls $\lambda'' < 0$ gilt, läßt sich zeigen, daß das erstbeste Ergebnis erreichbar ist.

Dazu ist es nur notwendig, die Zahlung an den Agenten von dem beobachteten Signal abhängig zu machen. Für $s = 1$ soll er $t_1(\hat{c})$ erhalten und für $s = 0$ $t_0(\hat{c})$. Darüber hinaus bekommt er noch eine ebenfalls von seinem Bericht abhängige Kostenerstattung $\bar{t}(\hat{c}) = \hat{c}q^*(\hat{c})$. Die Produktionsregel laute $q^*(\hat{c}) = 0$ für $v < \hat{c}$. Damit ergibt sich unter Berücksichtigung der Produktionskosten $cq^*(\hat{c})$ folgender erwarteter Payoff für den Agenten:

$$\pi(\hat{c},c,s) = (\hat{c} - c)q^*(\hat{c}) + \lambda(c)t_1(\hat{c}) + (1-\lambda(c))t_0(\hat{c}) \qquad (2.5.2.7)$$

Der Prinzipal wird $t_1(\hat{c})$ und $t_0(\hat{c})$ optimal so wählen, daß $\pi(c,c,s) = 0$ ist. Es folgt $t_1(c) = -[1-\lambda(c)]t_0(c)/\lambda(c)$ und nach Einsetzen:

$$\pi(\hat{c},c,s) = (\hat{c} - c)q^*(\hat{c}) + [\lambda(\hat{c}) - \lambda(c)]t_0(\hat{c})/\lambda(\hat{c}) \qquad (2.5.2.8)$$

Damit $\pi(\hat{c},c,s)$ in $\hat{c} = c$ maximal wird, muß gelten:

$$\pi'(\hat{c},c,s)|_{\hat{c}=c} = -q^*(c) - \lambda'(c)t_0(c)/\lambda(c) = 0 \qquad (2.5.2.9)$$

Es ergibt sich $t_0(c) = -\lambda(c)q^*(c)/\lambda'(c)$. Durch Einsetzen in $\pi(\hat{c},c,s)$ erhält man:

$$\pi(\hat{c},c,s) = (\hat{c} - c)q^*(\hat{c}) - [\lambda(\hat{c}) - \lambda(c)]q^*(\hat{c})/\lambda'(\hat{c}) \qquad (2.5.2.10)$$

Für $\hat{c} > v$ gilt wegen $q^*(\hat{c}) = 0$ $\pi(\hat{c},c,s) = 0$. Für $\hat{c} \leq v$ läßt sich (2.5.2.10) umformen zu: $\pi(\hat{c},c,s) = (\hat{c} - c)/\lambda'(\hat{c}) [\lambda'(\hat{c}) - (\lambda(\hat{c})-\lambda(c))/(\hat{c}-c)] \leq 0$. Aufgrund der Konkavität von $\lambda(c)$ folgt global $\pi(\hat{c},c,s) \leq 0$. Das heißt, Lügen lohnt sich für den Agenten nicht. Insofern ist gezeigt, daß die Ergebnisse der Modelle der adversen Selektion sehr stark von der unterstellten Informationsstruktur abhängen.

### 2.5.3 Asymmetrische Informationen vor und nach Vertragsabschluß

Mit Hilfe des von der Vertragstheorie entwickelten Instrumentariums ist es auch möglich, Situationen zu analysieren, in denen vor und nach Vertragsabschluß Informationsasymmetrien auftreten. Dies soll anhand eines Beispiels verdeutlicht werden, bei dem der Prinzipal ein staatlicher Planer ist, der Produktionsaufträge an ein privates Monopolunternehmen vergibt. Es handelt sich dabei um eine vereinfachte Version eines Modells von Laffont/Tirole[40].

Die Unternehmung, d.h. der Agent, produziere eine Einheit eines öffentlichen Gutes, durch das den Konsumenten ein Gesamtnutzen von S entsteht. Die Kostenfunktion des Agenten für die Produktion des Gutes lautet $C = \beta - e$, wobei $\beta$ ein für den Planer nicht beobachtbarer Parameter ist und e die nicht beobachtbare Anstrengung des Agenten. Die privaten Kosten der Anstrengung betragen $\psi(e)$. Der Vertrag zwischen Prinzipal und Agent kann abhängig sein von der Aussage $\hat{\beta}$ des Agenten über seinen Parameter $\beta$ und den beobachteten Kosten C: $T = T(\hat{\beta}, C)$. Er legt außer einer Transferzahlung t als Entschädigung für die Anstrengung des Agenten fest, daß der Agent die Kosten C erstattet bekommt. Der Nutzen des Agenten sei: $u = t - \psi(e) \geq 0$. Bei der Ermittlung der Konsumentenwohlfahrt ist zu beachten, daß die Mittel, die zur "Beschaffung" des öffentlichen Gutes benötigt werden, durch Steuern erhoben werden. Die Steuererhebung ist mit Kosten verbunden und ruft Störungen im Wirtschaftsprozeß hervor, was hier pauschal durch einen Störfaktor $\lambda$ berücksichtigt wird. Die Konsumentenwohlfahrt beträgt also: $V = S - (1+\lambda)(C+t)$.

Zunächst soll als Referenzfall die effiziente Anstrengung des Agenten ermittelt werden. Das Optimierungsproblem lautet, wenn es nur einen Typ $\beta$ von Unternehmung gibt:

$$\max_{t,e} V = S - (1+\lambda)(\beta - e + \psi(e)) - \lambda(t - \psi(e))) \quad \text{s.t.} \quad t - \psi(e) \geq 0. \quad (2.5.3.1)$$

Der Prinzipal wird t so wählen, daß die Partizipationsbedingung gerade bindet, d.h. $t = \psi(e)$. Das Anstrengungsniveau e wird dann so gewählt, daß $\psi'(e) = 1$ und $e = e^*$. In diesem Fall wird also der erstbeste Zustand erreicht, weil keine Anreizproblematik besteht.

Im weiteren wird angenommen, daß die Unternehmung entweder hocheffizient ($\underline{\beta}$) oder niedrigeffizient ($\bar{\beta}$) sein kann: $\beta \in \{\underline{\beta}, \bar{\beta}\}$. In diesem Fall bestehen Anreizprobleme. Die Firma sei hocheffizient mit der Wahrscheinlichkeit $\upsilon = \text{Prob}(\beta = \underline{\beta})$.

Der Vertrag T legt im allgemeinen fest, welche Transferzahlungen die Unternehmung in Abhängigkeit von den beobachteten Kosten erhält: $T = T(C)$. In dem speziellen Fall, daß der Parameter $\beta$ nur zwei Werte annehmen kann, braucht der Vertrag nur zwei Punkte festzulegen: $T = \{(t(\underline{\beta}), C(\underline{\beta})), (t(\bar{\beta}), C(\bar{\beta}))\} = \{(\underline{t}, \underline{C}), (\bar{t}, \bar{C})\}$. Graphisch läßt sich ein Vertrag T(C) zum Beispiel wie folgt darstellen:

---

[40] Vgl. Laffont/Tirole 1986. Die Darstellung hier folgt Holmström 1991.

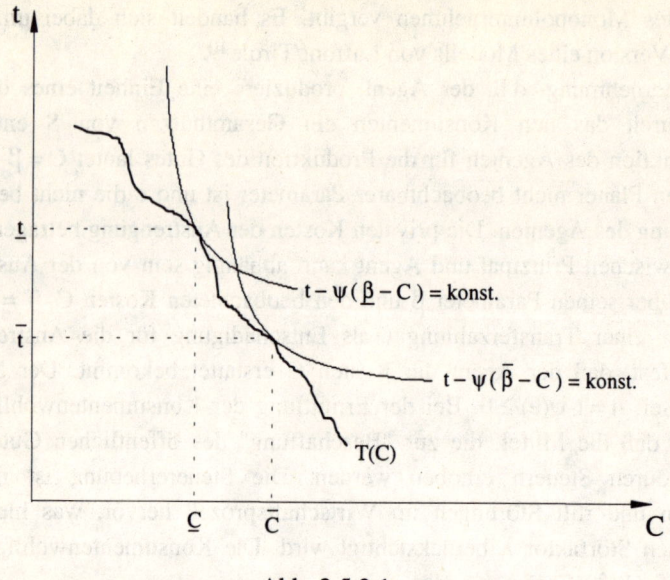

[Abbildung: Indifferenzkurven im $t$-$C$-Diagramm mit $t = \psi(\underline{\beta}-C) = \text{konst.}$, $t = \psi(\bar{\beta}-C) = \text{konst.}$, Punkten $\underline{t}$, $\bar{t}$ auf der $t$-Achse, $\underline{C}$, $\bar{C}$ auf der $C$-Achse, und Kurve $T(C)$]

Abb. 2.5.3.1

Die Kurven $t = \psi(\beta-C)+\text{const.}$ sind Indifferenzkurven. Um mathematisch eindeutige und sinnvolle Lösungen zu erreichen, wird bezüglich der Nutzenfunktion des Agenten die "Single-Crossing-Property" (SCP) vorausgesetzt. Formal lautet diese: $(dt/dC)\big|_{\underline{\beta}} = -\psi'(\underline{\beta}-C) > -\psi'(\bar{\beta}-C) = (dt/dC)\big|_{\bar{\beta}}$. Sie wird durch Konvexität impliziert und stellt sicher, daß sich die Indifferenzkurven bei unterschiedlichen Parametern $\beta$ nur einmal schneiden. Im weiteren sei $\underline{u} = \underline{t}-\psi(\underline{\beta}-\underline{C})$ und $\bar{u} = \bar{t}-\psi(\bar{\beta}-\bar{C})$. Damit läßt sich das Optimierungsproblem des Prinzipals wie folgt formulieren:

$$\max_{\underline{e},\bar{e},\underline{u},\bar{u}} S - \upsilon[(1+\lambda)(\underline{C}+\psi(\underline{\beta}-\underline{C}))+\lambda\underline{u}] - (1-\upsilon)[(1+\lambda)(\bar{C}+\psi(\bar{\beta}-\bar{C}))+\lambda\bar{u}] \quad (2.5.3.2)$$

s.t.  (i)     $\underline{u} \geq 0$
      (ii)    $\bar{u} \geq 0$
      (iii)   $\underline{u} \geq \bar{t}-\psi(\underline{\beta}-\bar{C})$
      (iv)    $\bar{u} \geq \underline{t}-\psi(\bar{\beta}-\underline{C})$

Da die Einhaltung der Nebenbedingung (iv) weniger problematisch erscheint, wird sie zur Vereinfachung zunächst weggelassen. Es muß dann für die Lösung des vereinfachten Programms geprüft werden, daß sie erfüllt ist. Die Anreizkompatibilitätsbedingung (iii) kann wie folgt umgeformt werden: $\underline{u} \geq \bar{t}-\psi(\underline{\beta}-\bar{C}) = \bar{u}+\psi(\bar{\beta}-\bar{C})-\psi(\underline{\beta}-\bar{C}) \geq \bar{u} \geq 0$. Da die Zielfunktion mit zunehmendem $\underline{u}$ abnimmt und $\underline{u}$ nur auf der linken Seite der Nebenbedingungen des vereinfachten Programms auftaucht, wird (iii) bindend sein. Es folgt: $\underline{u} = \bar{u}+\psi(\bar{\beta}-\bar{C})-\psi(\underline{\beta}-\bar{C}) = \bar{u}+\psi(\bar{e})-\psi(\bar{e}-\Delta\beta)$

= ū+Φ(ē). Aus der Umformung läßt sich ablesen, daß die Unternehmung aufgrund der Anreizproblematik eine Rente Φ(ē) erhält, wenn sie hocheffizient ist. Für die Funktion Φ gilt Φ > 0 und Φ' > 0. Wird u = ū+Φ(ē) in die Zielfunktion eingesetzt, erkennt man sofort, daß diese in ū monoton fällt. Es folgt, daß ū = 0 optimal ist, da so die Bedingung (ii) erfüllt wird und die Zielfunktion in ū beschränkt maximiert wird. Da u͟ > ū gilt, ist die Einhaltung von Nebenbedingung (i) ebenfalls gesichert. Man erhält also ein vereinfachtes Optimierungsproblem der Form:

$$\text{Max}_{\underline{e},\bar{e}} \; S - \upsilon[(1+\lambda)(\underline{C}+\psi(\underline{\beta}-\underline{C}))+\lambda\Phi(\bar{\beta}-\bar{C})] - (1-\upsilon)[(1+\lambda)(\bar{C}+\psi(\bar{\beta}-\bar{C}))]. \quad (2.5.3.3)$$

Die Bedingungen erster Ordnung lauten dann:

$$\psi'(\underline{\beta}-\underline{C}) = 1,$$

$$\psi'(\bar{\beta}-\bar{C}) = 1 - \frac{\lambda}{1+\lambda}\frac{\upsilon}{1-\upsilon}\Phi'.$$

Es folgt, daß e͟ effizient ist (e͟ = e*) und ē wegen $(\lambda/(1+\lambda))(\upsilon/(1-\upsilon))\Phi' > 0$ unter dem effizienten Niveau liegt (ē < e*). Graphisch läßt sich das Ergebnis wie folgt darstellen:

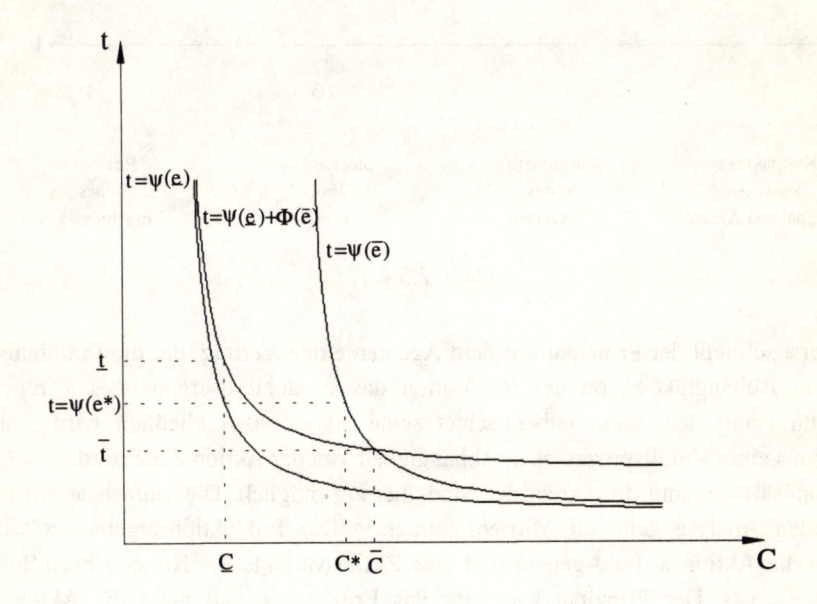

Abb. 2.5.3.2

Ohne Anreizproblematik wäre das erstbeste Ergebnis durch $t = \psi(e^*)$ und das Kostenniveau $\underline{C}^*$ bzw. $\overline{C}^*$ erreichbar. Da dies nicht möglich ist, wird das Anreizschema optimal so gewählt, daß für $\overline{C} \geq \overline{C}^*$ $\overline{t}$ und für $\underline{C} = \underline{C}^*$ $\underline{t}$ bezahlt wird. Für den Fall, daß die Unternehmung hocheffizient ist, erhält sie eine Rente $\Phi(\underline{e})$, die sie davon abhält, sich nur so anzustrengen, daß $\overline{C}$ eintritt und $\overline{t}$ bezahlt wird. Das beschriebene Ergebnis bleibt auch dann qualitativ bestehen, wenn davon ausgegangen wird, daß die Unternehmung ein Typ eines Kontinuums $\beta \in [\underline{\beta},\overline{\beta}]$ ist.[41] Im Vergleich zu der in Abschnitt 2.5.3 analysierten Situation, in der ausschließlich vor Vertragsabschluß Informationsasymmetrien bestanden, bleibt das Resultat bestehen, daß effizientere Typen eine Informationsrente erhalten. Neu ist hingegen das Ergebnis bezüglich des nach Vertragsabschluß gewählten Anstrengungsniveaus: nur der hocheffiziente Typ wird das erstbeste Anstrengungsniveau wählen.

### 2.5.4 Asymmetrische Informationen nach Vertragsabschluß bei eindimensionalen Aufgaben

In diesem Abschnitt wird auf die traditionellen Modelle des sogenannten "Moral Hazard" eingegangen. Die chronologische Struktur der Modelle sieht wie folgt aus:

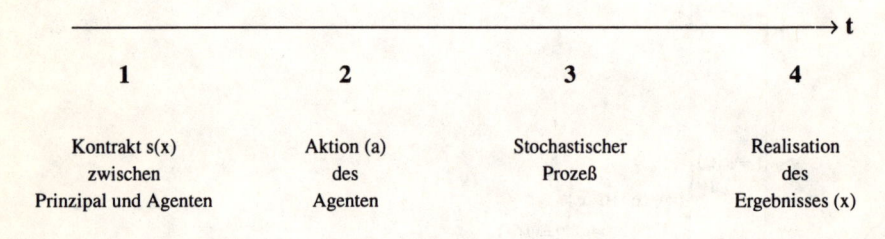

```
─────────────────────────────────────────────────→ t
  1              2              3              4

Kontrakt s(x)   Aktion (a)   Stochastischer   Realisation
zwischen        des          Prozeß           des
Prinzipal und   Agenten                       Ergebnisses (x)
Agenten
```

Abb. 2.5.4.1

Zuerst schließt der Prinzipal mit dem Agenten einen Vertrag, der die Entlohnung s(x) in Abhängigkeit von der Realisation des Produktionsergebnisses x regelt. Sodann wählt der Agent unbeobachtet seine Aktion a. Schließlich wird x als Ergebnis eines Zufallsprozesses in Abhängigkeit von der Aktion a realisiert.

Grundsätzlich sind drei Arten der Modellierung möglich. Die einfachste Art der formalen Analyse geht auf Mirrlees zurück.[42] Das Produktionsergebnis x wird durch die Aktion a des Agenten und eine Zufallsvariable $\theta \sim N(0,\sigma^2)$ beeinflußt: $x(a,\theta) = a + \theta$. Der Prinzipal kann nur das Ergebnis x und nicht die Aktion a

---

[41] Vgl. Laffont und Tirole 1986.
[42] Vgl. Mirrlees 1974.

beobachten. Daher ist sein einziges Instrument zur Beeinflussung der Wahl a des Agenten das vertraglich festzulegende Entlohnungsschema s(x). Dem Agenten entstehen durch seine Aktion Kosten in Höhe von C(a). Er wählt a bei gegebenem s(x) so, daß sein Nutzen ũ(s(x),C(a)) maximal wird. Der Principal wird daher das Entlohnungsschema s(x) und indirekt die Wahl a des Agenten so festsetzen, daß sein Payoff v(x-s(x)) maximiert wird unter den Nebenbedingungen, daß der erwartete Nutzen $E_x^a$ũ(s(x),C(a)) des Agenten dessen Reservationsnutzen übersteigt und die Wahl a für den Agenten optimal ist.

Äquivalent zu dieser Modellierung, aber intuitiv zugänglicher ist es zu unterstellen, daß x normalverteilt ist und den Mittelwert a hat: x ~ N(a,$\sigma^2$). Dies bedeutet, daß der Agent durch seine Aktion den Mittelwert der Verteilung festlegt. Der allgemeinste Ansatz ist es anzunehmen, daß der Agent durch seine Aktion eine beliebige Verteilungsfunktion F aus einer Menge von Verteilungsfunktionen festlegt.

Die Wahl der Terminologie und die Tatsache, daß Prinzipal-Agent-Modelle oft mathematisch so formuliert werden, als würde der Prinzipal den Agenten "ausbeuten", kann zu Fehlschlüssen führen. Aus ökonomischer Sicht ist es äquivalent, die Zielfunktion des Prinzipals oder die des Agenten bezüglich der Aktion bzw. der Kompensationsfunktion unter den Nebenbedingungen zu maximieren, daß die jeweils andere Partei ihren Reservationsnutzen erhält und das Kompensationsschema anreizkompatibel ist. Von Interesse ist lediglich, ob eine effiziente Lösung gefunden werden kann, d.h. ob der Rand der Nutzenmöglichkeitsmenge erreicht werden kann (vgl. Abb. 2.5.4.2 a). Diese Nutzenmöglichkeitsmenge muß nicht konvex sein (vgl. Abb. 2.5.4.2 b).[43]

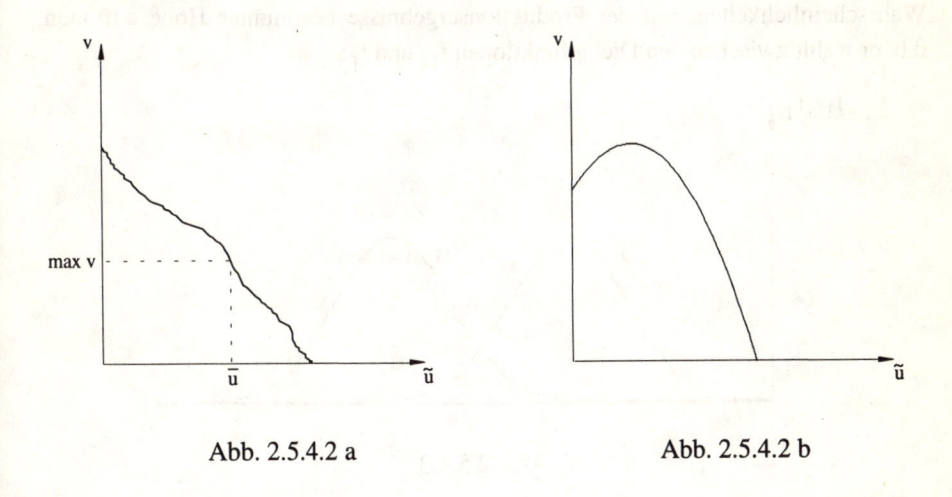

Abb. 2.5.4.2 a              Abb. 2.5.4.2 b

---

[43] Dieser Fall ist mit den Effizienzlohnmodellen verwandt.

Im folgenden habe der Prinzipal (P) die Nutzenfunktion v(x-s(x)) und der Agent (A) eine in s(x) und C(a) separable Nutzenfunktion $\tilde{u}(s(x),C(a)) = u(s(x))-C(a)$. Das Problem des "Moral Hazard" läßt sich dann für den Fall, daß der Agent durch seine Aktion a eine Verteilungsfunktion F(x,a) bzw. die zugehörige Dichtefunktion f(x,a) beeinflußt, wie folgt formulieren:

$$\operatorname*{Max}_{a,s(x)} \int v(x-s(x))f(x,a)dx \qquad (2.5.4.1)$$

s.t. (AB) $a \in \operatorname*{argmax}_{a'} \int u(s(x))f(x,a')dx - C(a')$

(PB) $\int u(s(x))f(x,a)dx - C(a) \geq \bar{u}$

Die erste Nebenbedingung stellt die Anreizverträglichkeit sicher (Anreizverträglichkeitsbedingung (AB)). Diese wird bei eindimensionaler Aktion des Agenten auch oft geschrieben als: $\int u(s(x))f_a(x,a)dx = C'(a)$.[44] Dieser sogenannte "First-Order-Approach" stellt allerdings nur eine notwendige Bedingung für ein Nutzenmaximum des Agenten dar und ist nur in speziellen Fällen zulässig. Die zweite Nebenbedingung ist die sogenannte Partizipationsbedingung (PB), durch die sichergestellt wird, daß der Agent mindestens seinen Reservationsnutzen erreicht und daher den Vertrag mit dem Prinzipal abschließt.

Die grundlegende Charakteristik von "Moral Hazard"-Modellen läßt sich anhand eines sehr einfachen Falls erläutern, bei dem der Agent nur die Möglichkeit hat, hart zu arbeiten (H) oder faul zu sein (L). Dabei beeinflußt er durch seine Wahl die Wahrscheinlichkeiten, mit der Produktionsergebnisse bestimmter Höhe auftreten, d.h. er wählt zwischen den Dichtefunktionen $f_H$ und $f_L$:

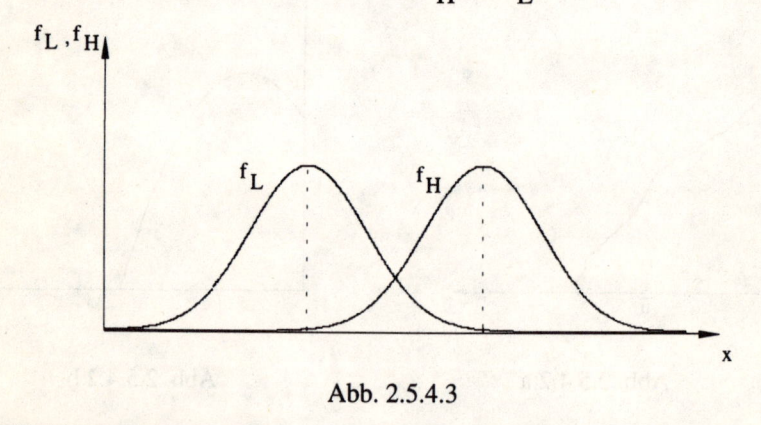

Abb. 2.5.4.3

---

[44] Vgl. dazu Rogerson 1985 und Jewitt 1988; siehe auch Grossman/Hart 1983, die allerdings erst einen allgemeinen Ansatz wählen, den sie später einschränken.

Die dem Agenten entstehenden privaten Kosten des harten Arbeitens seien höher als die Kosten des Faulenzens $C_H > C_L$. Bezüglich der Nutzenfunktionen wird angenommen, daß der Prinzipal risikoneutral ($v(x-s(x)) = x-s(x)$) und der Agent risikoavers (u ist konkav) seien.

Der Fall, indem es optimal ist, $f_L$ zu implementieren, wird nicht weiter untersucht, da hier die Anreizproblematik entfällt und somit lediglich eine optimale Versicherung gewählt werden muß. Dies bedeutet bei den gegebenen Nutzenfunktionen $s(x) = $ const. Für den Fall, daß es effizient ist, $f_H$ zu implementieren, tritt dagegen der für Modelle des "Moral Hazard" typische Zielkonflikt zwischen Arbeitsanreiz und Risikoteilung auf. Formal lautet das Problem:

$$\underset{s(x)}{\text{Max}} \int (x-s(x)) f_H(x) dx \qquad (2.5.4.2)$$

s.t. (AB) $\int u(s(x)) f_H(x) dx - C_H \geq \int u(s(x)) f_L(x) dx - C_L$

(PB) $\int u(s(x)) f_H(x) dx - C_H \geq \bar{u}$

Die Lösung erfolgt mit Hilfe der Lagrange-Gleichung:

$$L = \int (x-s(x)) f_H(x) dx + \lambda (\int u(s(x)) f_H(x) dx - C_H - \bar{u}) \qquad (2.5.4.3)$$
$$+ \mu (\int u(s(x)) f_H(x) dx - C_H - \int u(s(x)) f_L(x) dx + C_L)$$

Durch Ableiten nach s und Auflösen erhält man:

$$1/u'(s(x)) = \lambda + \mu [1 - f_L(x)/f_H(x)]. \qquad (2.5.4.4)$$

Da $\mu > 0$ gelten muß, folgt: s steigt mit steigendem Likelihood-Verhältnis $f_H(x)/f_L(x)$ (vgl. Abb. 2.5.4.4).

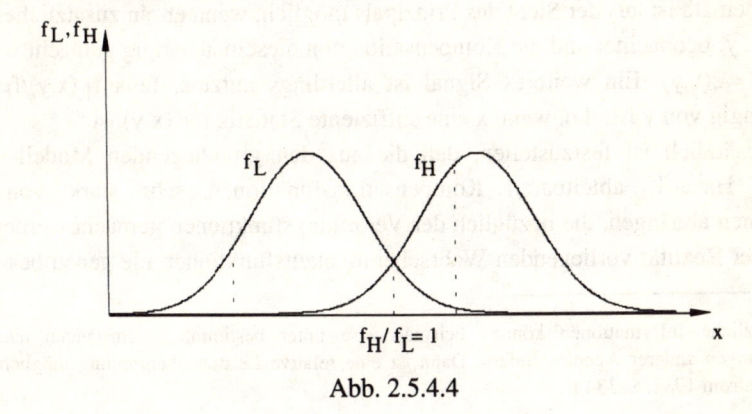

Abb. 2.5.4.4

In Worten bedeutet diese Bedingung: "Bezahle dem Agenten umso mehr, je wahrscheinlicher es ist, daß er hart arbeitet". Aus dieser Bedingung folgt im allgemeinen nicht, daß s mit x ansteigt! Dies zeigt folgendes Beispiel: Es sei $x = a + \theta$ mit $a \in \{a_H, a_L\}$ und $a_H > a_L$. Die resultierenden Wahrscheinlichkeitsverteilungen sollen wie folgt aussehen:

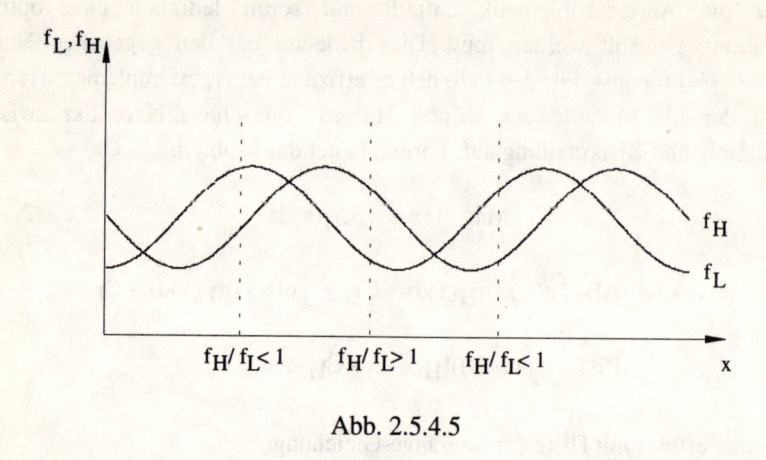

Abb. 2.5.4.5

Wie leicht zu erkennen ist, ergibt sich für dieses Beispiel keine monotone Entlohnungsfunktion s(x). Die Funktion s(x) ist nur monoton in x, wenn das Likelihood-Verhältnis monoton in x ist, d.h. wenn die sogenannte "Monoton Likelihood Ratio Property (MLRP)" erfüllt ist. Dies ist z.B. für Normalverteilungen der Fall.

Die Relevanz der vorstehenden Erläuterungen zeigt sich etwa beim Problem der Bestimmung optimaler Feuerversicherungsprämien (ähnlich ist die Problematik bei Autoversicherungen). Die Höhe des eintretenden Schadens ist hier in der Regel beispielsweise nicht davon abhängig, wie oft jemand raucht. Das heißt, die MLRP ist hier nicht erfüllt. Um trotzdem Anreize zu geben, sich vorsichtig zu verhalten, existieren Selbstbeteiligungen ("Deductibles"). Eine Verbesserung der Kompensationsschemata ist aus der Sicht des Prinzipals möglich, wenn er ein zusätzliches Signal, z.B. y, beobachtet und die Kompensation von diesem abhängig gemacht werden kann: s = s(x,y). Ein weiteres Signal ist allerdings nutzlos, falls $f_L(x,y)/f_H(x,y)$ unabhängig von y ist, d.h. wenn x eine suffiziente Statistik für (x,y) ist.[45]

Grundsätzlich ist festzustellen, daß die aus den grundlegenden Modellen des "Moral Hazard" ableitbaren Kompensationsfunktionen sehr stark von den Annahmen abhängen, die bezüglich der Verteilungsfunktionen gemacht werden. Da die in der Realität vorliegenden Wahrscheinlichkeitsfunktionen nie genau bestimmt

---

[45] Zusätzliche Informationen können beispielsweise unter bestimmtem Umständen auch die Leistungen anderer Agenten liefern. Dann ist eine relative Leistungsbeurteilung möglich. Vgl. Holmström 1982, S. 334 ff.

werden können, lassen sich für praktische Beispiele auch kaum die optimalen Kompensationsfunktionen bestimmen. So kann die in der Realität beim "Share Cropping" oft beobachtete Teilungsregel 50:50 wohl nicht durch die Prinzipal-Agent-Theorie erklärt werden.

Ein weiteres wichtiges Problem der Prinzipal-Agent-Theorie besteht darin zu erklären, weshalb Entlohnungsschemata häufig linear sind. Mirrlees (1974)[46] zeigte, daß für eine einfache Klasse von Problemen des "Moral Hazard", bei der der Agent den Mittelwert einer Normalverteilung wählt, kein optimales Entlohnungsschema existiert. Wenn der Prinzipal risikoneutral und der Agent streng risikoavers ist, die Nutzenfunktion des Agenten additiv bzw. multiplikativ separabel in Konsum und Aktion sowie von unten unbeschränkt im Konsum ist, kann die erstbeste Lösung durch ein Zweilohnschema annähernd erreicht werden. Bei diesem Schema erhält der Agent in einem weiten Bereich von Arbeitsergebnissen einen konstanten Lohn. Nur bei sehr niedrigen Ergebnissen, die bei geringer Anstrengung mit wesentlich größerer Wahrscheinlichkeit auftreten, wird der Agent durch eine niedrige Entlohnung bestraft (z.B. "Sending to Sibiria").

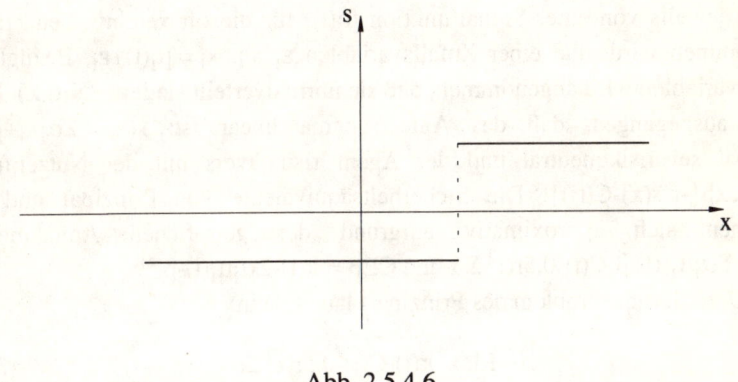

Abb. 2.5.4.6

Kritisch für dieses Resultat ist die Annahme, daß das Anstrengungsniveau einmalig gewählt wird. In der Realität kann der Agent oftmals seinen Arbeitseinsatz im Verlauf der Zeit unter Beobachtung der bis dahin erzielten Teilergebnisse wählen. In diesem Fall kann der Agent gerade so hart arbeiten, daß er die Bestrafung vermeidet. Aus diesem Grund wird das Zweilohnschema für den Prinzipal sehr schlechte Ergebnisse erzielen. Holmström und Milgrom (1987) zeigen, daß unter diesen Bedingungen in bestimmten Fällen lineare Entlohnungsschemata, wie sie auch in der Realität anzutreffen sind, optimal sein können. Allerdings hängt dieses Ergebnis sehr stark von der Annahme ab, daß exponentielle Nutzen-

---

[46] Vgl. Mirrlees 1974.

funktionen vorliegen. Insofern kann man feststellen, daß noch immer ungeklärt ist, weshalb man in der Realität häufig lineare Entlohnungsschemata findet.

### 2.5.5 Asymmetrische Informationen nach Vertragsabschluß bei mehrdimensionalen Aufgaben

Im Gegensatz zu den vorhergehenden Überlegungen, wird nunmehr der Frage nachgegangen, wie Anreizschemata aussehen, wenn nach Vertragsabschluß Informationsasymmetrien auftreten und der Agent mehrere Aufgaben auszuführen hat bzw. wenn seine Aufgabe mehrere wesentliche Dimensionen hat. Diese Analyse wird von Holmström und Milgrom als "Multi-Task Principal-Agent Analysis" bezeichnet.[47] Das Problem, das sich dann zusätzlich stellt, liegt darin, die Anstrengung in die richtige Richtung, d.h. zu den wesentlichen Aufgaben, zu leiten.

Das bisherige Modell wird abgewandelt: Der Vektor der persönlichen Anstrengung des Agenten in den verschiedenen Aufgaben sei $t = (t_1,...,t_n)$ und die privaten Kosten $C(t)$ (z.B. $C(\Sigma t_j)$), wobei $C(t)$ als konvex angenommen wird. Dem Prinzipal entsteht durch die Arbeit des Agenten ein Ertrag in Höhe von $\pi(t)$. Die Beobachtungen $x_i$, die der Prinzipal bezüglich der Aktivitäten des Agenten macht, hängen jeweils von einer Signalfunktion $\mu_i(t)$, für die oft vereinfachend $\mu_i(t) = t_i$ angenommen wird, und einer Zufallsvariablen $\varepsilon_i$ ab: $x_i = \mu_i(t) + \varepsilon_i$. Bezüglich der Zufallsvariablen wird angenommen, daß sie normalverteilt sind: $\varepsilon \sim N(0,\Sigma)$. Es wird davon ausgegangen, daß das Anreizschema linear ist: $s(x) = \Sigma \alpha_i x_i + \beta$. Der Prinzipal sei risikoneutral und der Agent risikoavers mit der Nutzenfunktion $u(w) = -\exp\{-r(s(x)-C(t))\}$. Die Sicherheitsäquivalente von Prinzipal und Agent berechnen sich approximativ aufgrund der getroffenen Annahmen zu: $CE_A = \Sigma \alpha_i \mu_i(t) + \beta - C(t) - 0.5 r \alpha^T \Sigma \alpha$ und $CE_P = \pi(t) - \Sigma \alpha_i \mu_i(t) - \beta$.[48]

Das Optimierungsproblem des Prinzipals lautet dann:

$$\underset{\alpha,t}{\text{Max}}\ \pi(t) - C(t) - 0.5 r \alpha^T \Sigma \alpha \qquad (2.5.5.1)$$

$$\text{s.t.}\ t \in \underset{t}{\text{argmax}}\ \Sigma \alpha_i \mu_i(t') - C(t')$$

Die Partizipationsbedingung wurde hier nicht explizit berücksichtigt, da sie wie bekannt durch geeignete Wahl von $\beta$ sichergestellt werden kann. Die Anreizkompatibilitätsbedingung kann für $\mu_i(t) = t_i$ als Bedingung erster Ordnung formuliert werden: $\alpha_i = C_i(t) = \partial C/\partial t_i$ für $i=1,...,n$. Es folgt mit $c_{ij} = \partial^2 C/(\partial t_i \partial t_j)$: $\partial \alpha/\partial t = [C_{ij}] \Longleftrightarrow \partial t/\partial \alpha = [C_{ij}]^{-1}$.

Durch Ableiten der Zielfunktion, Nullsetzen und Einsetzen erhält man für $t \gg 0$:

---

[47] Vgl. Holmström/Milgrom 1990 und zu einem generalisierten Modell Bergemann 1993.
[48] Die Berechnung kann mit Hilfe einer Taylor-Entwicklung erfolgen.

$$\alpha = (I + r[C_{ij}]\Sigma)^{-1}\pi', \text{ wobei } \pi' = (\partial\pi/\partial t_1,...,\partial\pi/\partial t_n). \tag{2.5.5.2}$$

Die Eigenschaften des Grundmodells lassen sich an einigen Extremfällen verdeutlichen, für die $\pi(t) = t_1+t_2$ gesetzt wird. Im ersten Fall seien die Beobachtungen $x_1 = t_1+\epsilon_1$ und $x_2 = t_2+\epsilon_2$. Die privaten Kosten des Agenten für die einzelnen Tätigkeiten seien voneinander separiert ($C_{12} = 0$) und die Zufallseinflüsse auf die Beobachtungen der Tätigkeiten ($\epsilon_i$) ebenfalls ($\sigma_{12} = 0$). Für $t \gg 0$ folgt: $\alpha_i = 1/(1+r\sigma_i^2 C_{ii})$, d.h. die Anreize für die einzelnen Tätigkeiten werden unabhängig voneinander gesetzt. Dies ist Folge der beschriebenen Annahmen ($C_{12} = 0, \sigma_{12} = 0$) sowie der Tatsache, daß es aufgrund der vorausgesetzten exponentiellen Nutzenfunktion keine Diversifikationsvorteile gibt. Zu beachten ist jedoch eine grundsätzliche Eigenschaft der Anreizschemata: In die Lösung $\alpha$ gehen Komplementaritäten der Profitfunktion $\pi(t)$ nicht ein, sondern lediglich Komplementaritäten der Beobachtungen und der Kosten des Agenten.

Im zweiten Fall sei eine Beobachtung vergleichsweise genau (Extremfall $\epsilon_1 = 0$) und die andere ungenau ($\sigma_2^2 \gg 0$): $x_1 = t_1$ und $x_2 = t_2+\epsilon_2$. Die Kosten für die Aktivitäten seien Substitute in Kostenfunktion des Agenten: $C_{12} > 0$. Das optimale Anreizschema für $t \gg 0$ berechnet sich zu: $\alpha_1 = 1-r\sigma_2^2 C_{12}\alpha_2$ und $\alpha_2 = 1/(1+r\sigma_2^2 C_{22})$.

Wird $t_2$ als eine Aktivität zur Qualitätssteigerung interpretiert, läßt sich anhand des ermittelten Schemas folgendes feststellen: Es gibt grundsätzlich zwei Möglichkeiten, Qualität sicherzustellen, nämlich zum einen, durch $\alpha_2$ einen direkten Qualitätsanreiz zu setzen, und zum anderen, durch Senkung von $\alpha_1$ die Opportunitätskosten zu senken, d.h. weniger direkte Quantitätsanreize für andere Tätigkeiten zu geben. Je schlechter die Beobachtbarkeit der Qualität ist, desto geringer wird der direkte Anreiz gesetzt und desto höher ist die Senkung der Opportunitätskosten. Daß die Senkung direkter Quantitätsanreize zu höherer Qualität führen kann, spielt in der Realität eine wichtige Rolle. So sind bei dem Franchise-Unternehmen McDonalds 30% der Niederlassungen in eigener Hand und werden von Managern mit festem Gehalt geleitet. Dies ist insbesondere in Gebieten mit einem hohen Anteil an Laufkundschaft der Fall. Zur Zeit wird in den USA auch diskutiert, ob Lehrergehälter von den Testergebnissen ihrer Schüler abhängig gemacht werden sollen. Aus der vorstehenden Analyse folgt, daß dies in Bereichen, in denen sich die Unterrichtsqualität nicht in Testergebnissen niederschlägt, besser unterbleiben sollte.

Grundsätzlich zeigt die Analyse, daß bei der Steuerung der Anreize des Agenten die Wechselwirkungen zwischen verschiedenen Aktivitäten sehr wesentlich sein können. Die Analyse läßt sich durch weitere, speziellere Annahmen noch vertiefen. Die wichtigste Annahme, die Holmström und Milgrom dabei machen, ist, daß die

Kostenfunktion die Form $C(t) = C(\Sigma t_j)$ hat und die Grenzkosten der Arbeit bis zu einem gewissen Punkt $\bar{t}$ fallend sind: $C'(\bar{t}) = 0, \bar{t} > 0$.

Abb. 2.5.5.1

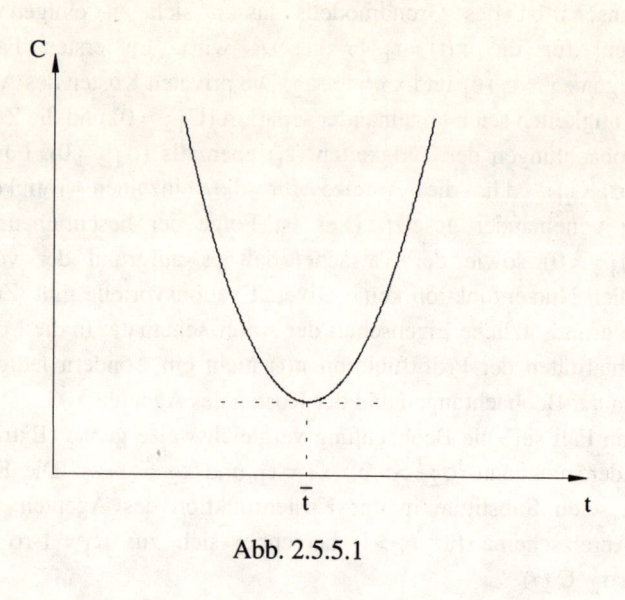

Diese Annahme ist so zu interpretieren, daß der Agent, wenn ihm ein Fixlohn gezahlt wird, dessen Nutzen seinen Reservationsnutzen übersteigt, bis zum Punkt $\bar{t}$ "freiwillig" arbeitet.

Mit Hilfe dieser zusätzlichen Annahme lassen sich, wie hier dargestellt werden soll, verschiedene Phänomene analysieren.

a.) Fehlende Anreizklauseln in Verträgen: Von zwei Dimensionen $t_1$ und $t_2$ einer Arbeit, die dem Prinzipal $\pi(t_1, t_2)$ wert ist, sei $t_1$ eine wesentliche Dimension: $\pi(0, t_2) = 0$ für alle $t_2 \geq 0$. Nur die zweite Dimension, z.B. die Zeit, die für die Ausführung der Arbeit benötigt wird, sei beobachtbar ($x_2 = \mu(t_2) + \varepsilon$). Die wesentliche Dimension, die z.B. die Qualität sein könnte, sei nicht beobachtbar.

Die Entlohnung kann nur von der Beobachtung $x_2$ abhängig gemacht werden. Wird aber ein direkter Anreiz $\alpha_2$ gegeben, so wird der Agent bis zum Punkt $\bar{t}$, der als die Gesamtzeit interpretiert werden kann, die der Agent "freiwillig" arbeitet, ausschließlich danach streben, ein möglichst hohes Niveau der zweiten Dimension zu erreichen. Das heißt, der Agent wird $t_1 = 0$ wählen. Für den Prinzipal ist es besser, keinen direkten Anreiz $\alpha_2$ zu geben, denn dann kann er durch Anweisung $t_1$ und $t_2 = \bar{t} - t_1$ so setzen, daß sein Nutzen maximiert wird, weil der Agent in diesem Fall bis zum Punkt $\bar{t}$ indifferent bezüglich der Aufteilung seiner gesamten Anstrengungen (bzw. Arbeitszeit) ist. Dies könnte erklären, warum in realen Arbeitsverträgen direkte Anreize eine nur untergeordnete Rolle spielen.

b.) **Schwache Anreize in Unternehmungen und vertikale Integration:** Mit Hilfe der von Holmström und Milgrom vorgeschlagenen Analyse läßt sich auch ableiten, warum es vorteilhaft ist, in Unternehmen keine direkten Anreize zu geben. Daß die Art der gegebenen Anreize in Hierarchien andere Formen annimmt als im Markt, wurde insbesondere von Williamson betont.[49] Im folgenden soll unterschieden werden zwischen einem Anstellungsverhältnis und Verträgen mit einem selbständigen Agenten. Beim Anstellungsverhältnis gehören die zur Leistungserstellung benötigten Aktiva dem Prinzipal, und der Agent bestimmt demzufolge durch seine Tätigkeit, die auch den Wert der Aktiva beeinflußt, den Nutzen mit, der dem Prinzipal durch den Besitz der Aktiva entsteht. Ein selbständiger Agent ist Eigentümer der Aktiva, mit denen Leistungen für den Prinzipal erstellt werden. Die Aktivitäten des Agenten dienen der direkten Output-Erstellung ($t_1$) und der Pflege von Produktionsanlagen ($t_2$), deren Erfolg kurzfristig nicht kontrolliert werden kann. Die einzige verifizierbare Beobachtung sei $x = \mu(t_1) + \varepsilon_1$. Die Erträge aus den Tätigkeiten sind $\pi(t_1)$ und $v(t_2)$, wobei $\pi(t_1)$ dem Prinzipal zufließt und $v(t_2)$ demjenigen, dem die Aktiva gehören. Es gelte $\mu(t_1) = \pi(t_1)$. Die Varianz der Beobachtung ist $\sigma_1^2$ und die Varianz des Ertrags $v(t_2)$ $\sigma_v^2$.

Theoretisch interessant ist nur der Fall, in dem die Ausführung beider Aktivitäten ($t_1$ und $t_2$) gleichzeitig optimal ist. Formal bedeutet dies mit $\pi^1 = \text{Max}\{\pi(t_1)-C(t_1)|t_1 \geq 0\}$, $\pi^2 = \text{Max}\{v(t_2)-C(t_2)|t_2 \geq 0\}$ und $\pi^{12} = \text{Max}\{\pi(t_1)+v(\bar{t}-t_1)-C(\bar{t})|t_1 \geq 0\}$, daß $\pi^{12} > \text{Max}(\pi^1,\pi^2)$.

Für den Fall des Angestelltenverhältnisses und den Fall des Vertrages unter Selbständigen ergeben sich unterschiedliche Optimierungsprobleme, da der Ertrag $v(t_2)$ einmal dem Prinzipal und das andere Mal dem Agenten zufließt. Ist der Agent angestellt, gilt:

$$\underset{t_1,t_2,\alpha_1}{\text{Max}}\ [\pi(t_1)+v(t_2)-C(t_1+t_2)-0.5r\sigma_1^2\alpha_1^2] \qquad (2.5.5.3)$$

s.t. (i) $t_1,t_2 = \underset{t_1',t_2'}{\text{argmax}}\ \alpha_1\mu(t_1')+\beta-C(t_1'+t_2')-0.5r\sigma_1^2\alpha_1^2$

(ii) $\alpha_1\mu(t_1)+\beta-C(t_1+t_2)-0.5r\sigma_1^2\alpha_1^2 \geq \bar{u}$.

Die Partizipationsbedingung kann durch entsprechende Wahl von $\beta$ sichergestellt werden und wird deshalb nicht weiter beachtet. Wird $\alpha_1 > 0$ gesetzt, wählt der Agent $t_1$ so, daß $\alpha\mu'(t_1) = \alpha\pi'(t_1) = C'(t_1)$ gilt, was aufgrund der Voraussetzungen nicht optimal ist. Für $\alpha_1 = 0$ ist der Agent bezüglich der Aufteilung von $\bar{t}$ auf die Aktivitäten indifferent. Der Prinzipal kann dann $t_1$ und $t_2$ so festlegen, daß $\pi^{12}$ realisiert wird. Für den Fall des Angestelltenverhältnisses sind also Verträge ohne explizite Anreize optimal ("low powered incentives").

---

[49] Vgl. z. B. Williamson 1985.

Wenn der Agent selbständig ist, lautet das Optimierungsproblem (unter Vernachlässigung der Partizipationsbedingung):

$$\underset{t_1,t_2,\alpha_1}{\text{Max}} \; [\pi(t_1)+v(t_2)-C(t_1+t_2)-0.5r(\sigma_1^2\alpha_1^2+\sigma_v^2)] \quad (2.5.5.4)$$

s.t. $\quad t_1,t_2 = \underset{t_1',t_2'}{\text{argmax}} \; \alpha_1\mu(t_1')+\beta+v(t_2')-C(t_1'+t_2')-0.5r(\sigma_1^2\alpha_1^2+\sigma_v^2)$.

Wird $\alpha_1 = 0$ gesetzt, wählt der Agent $t_2 = t_2^*$, was wegen $\pi^{12} > \pi^2$ nicht optimal sein kann. Für den Fall des unabhängigen Agenten wird also immer $\alpha_1 > 0$ gelten.

Ob es vorteilhaft ist, einen angestellten oder einen unabhängigen Agenten zu haben, hängt von der Höhe des erreichbaren gesamten Sicherheitsäquivalents in den beiden Fällen ab. Für einen risikoneutralen Agenten bzw. $\sigma_1^2 = 0$ und $\sigma_v^2 = 0$ wird für $\alpha_1 = 1$ und einen Vertrag unter Unabhängigen der erstbeste Zustand erreicht, der bei einem Angestelltenverhältnis nicht erreicht werden kann. Für große Werte von v, $\sigma_1^2$ und $\sigma_v^2$ ist dagegen ein Angestelltenverhältnis vorteilhaft.

Dies Ergebnis wird durch empirische Untersuchungen von Anderson und Schmittlein (1984) bestätigt, die für die amerikanische Elektronikindustrie untersuchten, unter welchen Umständen Verkaufskräfte in größerem Maße angestellt sind. Sie wiesen nach, daß der Anteil der angestellten Verkäufer wächst, wenn die Beobachtbarkeit der Verkaufsaktivitäten nachläßt ($\sigma_1^2$ wächst!). Spezifität erwies sich dagegen als unsignifikant.

c.) Verbot privater Aktivitäten während der Arbeitszeit: In der hier verwendeten Modellvariante kann der Agent neben der Arbeit t, die er für den Prinzipal ausführt, eine Reihe von persönlichen Aufgaben $t_k$ ($k \in K$) erledigen. Während der Prinzipal die Beobachtung $x = t+\varepsilon$ ($\varepsilon \sim N(0,\sigma^2)$) bzgl. t macht, kann er die persönlichen Tätigkeiten nicht überwachen. Er hat lediglich die Möglichkeit, diese Tätigkeiten durch Verbot auszuschließen, d.h. er wählt eine Menge $A \subset K$ der zulässigen persönlichen Tätigkeiten. Die Erträge aus den Tätigkeiten seien $\pi(t) = pt$ für den Prinzipal und $\Sigma v_k(t_k)$ für den Agenten. $v_k$ sei konkav. Die privaten Kosten des Agenten betragen $C(t+\Sigma t_k)$. Das aus diesen Annahmen resultierende Optimierungsproblem lautet unter Vernachlässigung der Partizipationsbedingung:

$$\underset{t,t_k,\alpha,A}{\text{Max}} \; pt+\Sigma_A v_k(t_k)-C(t+\Sigma t_k)-0.5r\sigma^2\alpha^2 \quad (2.5.5.4)$$

s.t. $\quad t,t_k \underset{t',t_k'}{\text{argmax}} \; \Sigma_A v_k(t_k')+\alpha t+\beta-C(t'+\Sigma t_k')-0.5r\sigma^2\alpha^2$.

Die Anreizkompatibilitätsbedingung kann durch die folgenden zwei Bedingungen erster Ordnung dargestellt werden: (i) $\alpha = C'(t+\Sigma t_k)$, (ii) $\alpha = v'(t_k)$. Wird Bedingung (i) in die Zielfunktion eingesetzt und die Bedingung erster Ordnung nach t hergeleitet, so erhält man:

$$p-\alpha(1+rC''\sigma^2) = 0 \quad <=> \quad \alpha = p/(1+rC''\sigma^2).  \tag{2.5.5.5}$$

Der Anreizfaktor $\alpha$ kann bei diesem Problem unabhängig von den anderen Variablen bestimmt werden. Dies liegt an der linearen Ertragsfunktion $\pi(t)$ und der speziellen Kostenstruktur, durch die sichergestellt wird, daß die marginalen Erträge und die marginalen Kosten unabhängig vom Umfang der privaten Tätigkeiten des Agenten sind. Die Bestimmung der optimalen Menge der zulässigen Tätigkeiten A kann daher für gegebenes $\alpha$ erfolgen. Aus den Bedingungen erster Ordnung des Maximierungsproblems des Agenten folgt, daß $t_k$ nur von $\alpha$ abhängt ($t_k = t_k(\alpha)$) und mit zunehmenden $\alpha$ abnimmt. Die gesamte Arbeitszeit $t+\Sigma t_k$ hängt ebenfalls nur von $\alpha$ ab. Es folgt, daß eine Ausweitung der persönlichen Tätigkeiten ($\Sigma t_k$ steigt) voll zu Lasten der Arbeit für den Prinzipal geht (t fällt in gleichem Umfang). Wird eine private Tätigkeit k verboten, so wird $t_k(\alpha)$ mehr für die Arbeit des Prinzipals verwendet. Der Gewinn aus einem Verbot ist folglich $pt_k(\alpha)$, während die Opportunitätskosten $v_k(t_k(\alpha))$ sind. Man erkennt, daß sich die optimale Menge $A(\alpha)$ wie folgt bestimmt:

$$A(\alpha) = \{k \in K \mid v_k(t_k(\alpha)) > pt_k(\alpha)\}. \tag{2.5.5.6}$$

Graphisch läßt sich dies Ergebnis anhand eines Beispiels wie folgt darstellen:

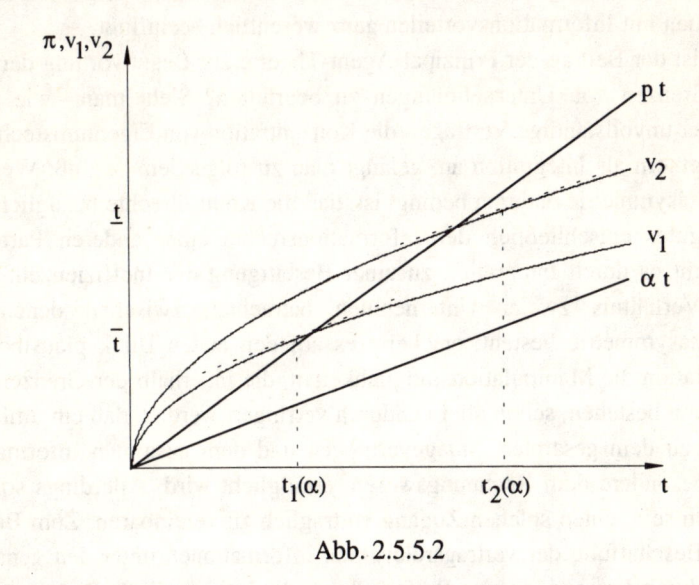

Abb. 2.5.5.2

Im Beispiel sollte von den zwei persönlichen Tätigkeiten $t_1$ erlaubt und $t_2$ verboten werden, weil $pt_2(\alpha) > v_2(t_2(\alpha))$ gilt. Da für größere $\alpha$ $t_k(\alpha)$ sinkt und $v_k$ konkav ist, folgt, daß die Anzahl der zugelassenen Tätigkeiten mit steigendem $\alpha$ wächst. Dies ist der Fall bei besserer Beobachtbarkeit der Arbeit des Agenten

($\sigma^2$ sinkt) oder geringerer Risikoaversion des Agenten. Man kann daraus schließen, daß die Anzahl bürokratischer Regelungen (Verbote von privaten Tätigkeiten) zunimmt, wenn die Arbeit des Agenten schlecht kontrollierbar ist. Ein Beispiel für solche privaten Tätigkeiten können außer privaten Telefonaten, Essen usw. auch Einflußaktivitäten sein, die die Arbeitnehmer ausführen, um "gut auszusehen" und so ihre Karriere zu beschleunigen. Solche Aktivitäten können durch feste Regeln, wie z.B. den Senioritätsvorrang, eingeschränkt werden.

### 2.5.6 Zur Bedeutung asymmetrischer Informationen für die Theorie der Unternehmung

Asymmetrische Informationen spielen in der Realität eine große Rolle. Die Prinzipal-Agent-Theorie analysiert die Auswirkungen asymmetrischer Informationen auf die vertragliche Gestaltung von Austauschbeziehungen. Da die Ergebnisse jedoch sehr stark von den unterstellten Informationsbedingungen abhängen - insbesondere von den Annahmen bezüglich der Wahrscheinlichkeitsverteilungen -, wäre es illusorisch zu meinen, daß optimale Anreizschemata für reale Situationen exakt bestimmbar sind. Trotzdem lassen sich interessante qualitative Ergebnisse erzielen. Die Analyse von asymmetrischen Informationen bei multidimensionalen Aufgaben verdeutlicht z.B., daß das Job Design die Anreize von Individuen mit Informationsvorteilen ganz wesentlich beeinflußt.

Wie aber ist der Beitrag der Prinzipal-Agent-Theorie zur Beantwortung der Frage nach den Grenzen von Unternehmungen zu beurteilen? Sieht man - wie in der Literatur über unvollständige Verträge - die Konzentration von Eigentumsrechten an Sachkapitalgütern als Integration an, gelangt man zu folgendem Schluß: Wenn die Informationsasymmetrie dadurch bedingt ist, daß die Kontrollrechte bezüglich eines Sachkapitalgutes einschließlich der Informationsrechte einer anderen Partei gehören, kommt es durch Integration zu einer Beseitigung der Ineffizienzen. Wenn man das Verhältnis zweier Unternehmen betrachtet, zwischen denen eine Informationsasymmetrie besteht, erscheint es auf den ersten Blick plausibel, daß durch Integration die Manipulationsmöglichkeiten, die innerhalb der Grenzen einer Unternehmung bestehen, schon allein dadurch verringert werden, daß ein umfassender Zugang zu dem gesamten Anlagevermögen und dem gesamten Informationssystem, insbesondere dem Rechnungswesen, ermöglicht wird. Allerdings sollte es auch möglich sein, einen solchen Zugang vertraglich zu vereinbaren. Zum Beispiel könnte die Beschaffung der vertragsrelevanten Informationen unter den genannten Annahmen durch Entsendung von Prüfern durch die benachteiligte Partei erfolgen. Nur wenn die Informationsbeschaffung bei Nichtintegration kostenintensiver ist als bei Integration, ist Integration vorteilhaft. Insofern erscheint das manchmal geäußerte Argument, daß Integration aufgrund von Informationsasymmetrien erfolgt, nicht ohne weiteres plausibel.⁵⁰ Die Annahme, daß Informationsasymmetrien vorliegen, die sich nicht durch die Übertragung vertraglicher Informationsrechte beseitigen lassen, ist im Zusammenhang mit Humankapital eher nachvollziehbar. Die Überwachung von geistigen Tätigkeiten ist beispielsweise äußerst schwierig. Diese Informationsasymmetrien bestehen aber in jedem Fall, ganz egal, ob ein Individuum einem Unternehmen als Angestellter angehört oder nicht.

Selbst wenn man unterstellt, daß durch Integration die aus Informationsasymmetrien resultierenden Probleme verringert werden, bleibt die Frage offen, was die Kosten einer Integration sind. Interessant scheint hier der von Holmström und Milgrom vorgeschlagene Weg zu sein. Sie zeigen, wie dargestellt, daß bei komplementären Dimensionen einer Aufgabenstellung je nach Art der vorliegenden Bedingungen entweder Integration oder Nichtintegration die Anreiz- und Versicherungsproblematik besser lösen kann. Integration ist allerdings nur deshalb vorteilhaft, weil sie die einzige Möglichkeit zur Versicherung des risikoaversen Agenten bietet. Nichtintegration kann überlegen sein, weil eine der Tätigkeiten sehr schlecht beobachtbar ist und der Agent nur dann Anreize zur Ausübung dieser Tätigkeit erhält, wenn er die resultierenden Erträge bekommt. Diese Abhängigkeit der Ergebnisse von der Risikoaversion des Agenten scheint problematisch zu sein.

## 2.6 Theorie der unvollständigen Verträge

### 2.6.1 Grundlagen der Theorie unvollständiger Verträge⁵¹

Zum Zeitpunkt des Vertragsschlusses ist für die Transaktionspartner nicht vorhersehbar, welcher Umweltzustand eintritt. Die Feststellung des zukünftigen Zustandes ist unmöglich bzw. - was für die theoretische Betrachtung äquivalent ist - zu kostenintensiv. Daher können im Vertrag nicht für alle möglichen Eventualitäten die von den Vertragsparteien nach der Realisierung des Umweltzustandes zu ergreifenden Maßnahmen festgelegt werden. Es gibt Vertragslücken. Diese wirken sich dann auf die Effizienz der Vertragserfüllung aus, wenn sich die Parteien nicht auf die ex post effizienten Maßnahmen einigen können bzw. wenn eine solche Einigung zwar möglich ist, es aber wegen der Notwendigkeit zur Teilung der Erträge zu Verzerrungen bei den transaktionsspezifischen Investitionen kommt. In den Modellen zur Analyse der Auswirkungen von unvollständigen Verträgen wird üblicherweise vorausgesetzt, daß es ex ante überhaupt nicht möglich ist, Verträge zu schreiben. Dies ist ein Extremfall. Die Annahme ist so zu interpretieren, daß

---

50 Vgl. zum Beispiel Arrow 1975.
51 Zu einer analytischen Endogenisierung der Unvollständigkeit von Verträgen vgl. Anderlini und Felli 1992.

lediglich unterstellt wird, in der Realität bestehende Vertragslücken hätten einen entscheidenden Einfluß auf die Koordination ökonomischer Aktivitäten.

**2.6.2 Bilaterale Beziehungen**

Grossman und Hart (1986) untersuchen, unter welchen Umständen es im Rahmen einer Beziehung von Unternehmungen, in der Sachkapitalgüter zur Erzielung von Erträgen verwendet werden, zu einer vertikalen Integration kommt. Die Autoren gehen davon aus, daß durch Verträge entweder ganz bestimmte, fest definierte Rechte oder sogenannte Residualrechte, d.h. alle Rechte bis auf diejenigen, die aufgrund vertraglicher oder gesetzlicher Regelungen ausgenommen sind, von einem Wirtschaftssubjekt auf ein anderes übertragen werden können. Der Übergang von Eigentum auf eine Partei wird von Grossman und Hart dem Erwerb der residualen Verfügungsrechte durch diese Partei gleichgesetzt. Eigentum an Sachkapitalgütern ermöglicht letztlich deren "Kontrolle".[52] Die Autoren definieren die Unternehmung durch die ihr gehörenden Sachkapitalgüter und beschreiben dementsprechend Integration durch das Ausmaß an Eigentum von Sachkapitalgütern. Im Zusammenhang mit Integration ist folgende Fragestellung entscheidend: Es besteht allein die Alternative zwischen Verträgen, die entweder der einen oder der anderen Seite die residualen Verfügungsrechte zuweisen. Welche Seite wird sie letztlich erhalten? Die Grundannahme von Grossman und Hart ist, daß sich diejenige Konstellation ergibt, die insgesamt Effizienzvorteile hat.

Zur Untersuchung der aufgeworfenen Fragen wird ein Modell verwendet, in dem zwei jeweils von unterschiedlichen Managern geleitete Unternehmen zwei Perioden lang in einer Leistungsaustauschbeziehung stehen. Es bestehen keinerlei Informationsasymmetrien. Im Zeitpunkt 0 wird eine vertragliche Vereinbarung darüber getroffen, welche Unternehmung die letzten Verfügungsrechte bezüglich der Sachkapitalgüter erhält. Diese Regelung ist notwendig, da angenommen wird, daß es unmöglich ist, im voraus die im Zeitpunkt 1 durchzuführenden Aktionen $q_i$ für alle möglichen Zustände der Welt festzulegen. Beide Parteien stehen zu diesem Zeitpunkt im Wettbewerb mit anderen potentiellen Vertragsparteien, so daß die ex ante Vertragsbedingungen durch den Wettbewerb festgelegt werden. Anschließend werden umgehend die beziehungsspezifischen ex ante Investitionen $a_i$ getätigt, die vertraglich nicht festlegbar sind, weil sie entweder zu komplex für eine Beschreibung oder nicht verifizierbar sind.

Im Zeitpunkt 1 ist der eingetretene Zustand der Welt bekannt, und es ist daher möglich, noch bevor die Aktionen $q_i$ durchgeführt werden, eine vertragliche Regelung über diese zu treffen. Nachdem die Aktionen erfolgt sind, stellen sich die

---

[52] Das deutsche Wort "Kontrolle" ist leider nur eine sehr unzureichende Übersetzung des englischen Worts "control".

Nettonutzen $B_i\{a_i, \phi_i[q_1,q_2]\}$ bei den Managern der Unternehmungen ein. Dabei ist $\phi_i$ eine Funktion von $q_1$ und $q_2$. Es gelte $\partial B_i/\partial \phi_i > 0$ für i=1,2. Weiterhin wird angenommen, daß ein Interessenkonflikt vorliegt, d.h. $\partial \phi_i/\partial q_i > 0$ und $\partial \phi_i/\partial q_j < 0$. Die Nutzen sind privat, das bedeutet, sie können ebenfalls nicht Gegenstand von Verträgen sein. Deshalb ist eine Übertragung der Nutzen, die eine Beseitigung des Interessenkonflikts zur Folge hätte, ausgeschlossen.

Eine effiziente Situation ist dadurch gekennzeichnet, daß die Summe $B_1+B_2$ im Zeitpunkt 1 maximal wird. Ein idealer, erstbester Vertrag würde ex ante im Zeitpunkt 0 festlegen, daß die Manager die als eindeutig angenommenen Maximierer von $B_1+B_2$ $a^* = (a_1^*, a_2^*)$ und $q^* = (q_1^*, q_2^*)$ wählen müssen. Da jedoch weder $a_i^*$ noch $q_i^*$ ex ante vertraglich regelbar sind, wird der erstbeste Zustand in der Regel nicht erreicht werden.

Die Bedingungen erster Ordnung für optimale ex ante Investitionen lauten:

$$\partial B_i\{a_i, \phi_i[q(a)]\}/\partial a_i = 0 \qquad i = 1, 2. \qquad (2.6.2.1)$$

Die Investitionsentscheidungen der Subjekte werden jedoch mit dem Ziel der Maximierung individueller Vorteile gefällt. Die Bedingungen erster Ordnung für individuell optimale Investitionsentscheidungen erhält man aus folgender Überlegung: Die Individuen werden im Zeitpunkt 1 die $q_i$'s, über die sie Verfügungsgewalt haben, nichtkooperativ so wählen, daß ihr Nutzen $B_i$ maximiert wird. Es ergibt sich ein Paar $(\hat{q}_1, \hat{q}_2)$. Im Fall von Nichtintegration wird angenommen, daß ein eindeutiges Nash-Gleichgewicht $(\hat{q}_1, \hat{q}_2)$ existiert: $\hat{q}_1$ maximiert $\phi_1(q_1, \hat{q}_2)$ und $\hat{q}_2$ maximiert $\phi_2(\hat{q}_1, q_2)$. Die Annahme für den Fall von Integration lautet dagegen, daß die herrschende Unternehmung i ein Paar $(\bar{q}_1, \bar{q}_2)$ wählt, das eindeutiger Maximierer von $B_i$ ist. Da im Zeitpunkt 1 $q_1$ und $q_2$ vertraglich festgelegt werden können, besteht die Möglichkeit, sich auf eine ex post effiziente, d.h. im Hinblick auf die im Zeitpunkt 0 gewählten $a_i$'s optimale Lösung $q(a) = (q_1(a_1, a_2), q_2(a_1, a_2))$ zu einigen. Zur Vereinfachung wird angenommen, daß der Gewinn, der durch die Vertragslösung zusätzlich entsteht, halbiert wird. Es ergeben sich für die Partner folgende Gesamt-Payoffs:

$$\zeta_1(a,\hat{q}) = B_1[a_1, \phi_1(\hat{q})] \qquad (2.6.2.2)$$
$$+ 0.5(B_1\{a_1, \phi_1[q(a)]\} + B_2\{a_2, \phi_2[q(a)]\} - B_1[a_1, \phi_1(\hat{q})] - B_2[a_2, \phi_2(\hat{q})])$$

$$\zeta_2(a,\hat{q}) = B_2[a_2, \phi_2(\hat{q})] \qquad (2.6.2.3)$$
$$+ 0.5(B_1\{a_1, \phi_1[q(a)]\} + B_2\{a_2, \phi_2[q(a)]\} - B_1[a_1, \phi_1(\hat{q})] - B_2[a_2, \phi_2(\hat{q})])$$

Die Individuen werden im Zeitpunkt 0 ihre Investitionen so wählen, daß diese Gesamt-Payoffs maximiert werden, d.h. die Bedingungen erster Ordnung lauten unter Beachtung des Umhüllendensatzes:

$$\partial \zeta_i / \partial a_i = 0.5 \partial B_i\{a_i, \phi_i[\hat{q}]\}/\partial a_i) + 0.5 \partial B_i\{a_i, \phi_i[q(a)]\}/\partial a_i) = 0 \quad i = 1, 2. \quad (2.6.2.4)$$

Ein Vergleich mit den Bedingungen erster Ordnung für die erstbeste Lösung zeigt, daß die Individuen bei der Festlegung der ex ante Investitionen 50% des Gewichts auf die im allgemeinen ineffiziente nichtkooperative Lösung legen. Die $a_i$'s werden daher im allgemeinen ineffizient sein.

Im Hinblick auf die Frage, welche Eigentümerstruktur vorteilhaft ist, sollen zuerst die Fälle untersucht werden, bei denen $(\hat{q}_1, \hat{q}_2)$ und $(\bar{q}_1, \bar{q}_2)$ nahe bei $(q_1(a), q_2(a))$ liegen, wodurch die erstbeste Lösung annähernd erreicht werden kann. Diese Fälle sind dadurch gekennzeichnet, daß die ex ante vertraglich nicht regelbaren $q_1$ und $q_2$ jeweils nur für eine Partei von Interesse sind. Im ersten dieser Fälle hängen die $\phi_i$ hauptsächlich von $q_i$ ab, d.h. $\phi_i[q_1, q_2] \approx \phi_i[q_i]$. Die Individuen wählen in diesem Fall im Zeitpunkt 1 auch nichtkooperativ ex post effiziente q's, wenn jedes i die Verfügungsgewalt über $q_i$ hat, also Nichtintegration vorliegt. Im zweiten Fall hängt $\phi_j$ zumindest annähernd weder von $q_i$ noch von $q_j$ ab. Da in diesem Fall ein ineffizientes Ergebnis entstehen könnte, wenn $q_i$ und $q_j$ nicht so gesetzt werden, daß $\phi_i$ maximiert wird, ist insgesamt eine Integration unter der Leitung durch Unternehmen i vorteilhaft.

Diese Überlegungen zeigen nur, daß bestimmte Eigentumsstrukturen unter den genannten Bedingungen vorteilhaft sind, aber nicht wie groß dieser Vorteil ist. Das bedeutet, er kann unter bestimmten Umständen auch vernachlässigbar klein sein. Im allgemeinen hängt der Payoff der Parteien jedoch von sämtlichen Aktionen $q_i$ ab, d.h. $(\hat{q}_1, \hat{q}_2)$ und $(\bar{q}_1, \bar{q}_2)$ liegen weit von $(q_1(a), q_2(a))$ entfernt. Um hier zu einer Aussage zu gelangen, sind folgende, zusätzliche Annahmen notwendig:

- Investitionsentscheidungen sind reelle Skalare.
- $\partial^2 B_i\{a_i, \phi_i\}/\partial \phi_i \partial a_i > 0$.
- $\partial^2 B_i\{a_i, \phi_i\}/\partial a_i^2 < 0$.
- Die ex post effizienten $q_i$'s sind unabhängig von den $a_i$'s, d.h. $(q_1^*, q_2^*)$.

Die letztgenannte Annahme ist äußerst restriktiv, dient aber laut Grossman und Hart nur der rechnerischen Vereinfachung. Die daraus resultierenden Ergebnisse sind nach ihrer Aussage auch mit realistischeren Annahmen zu erzielen.

Mit $\tilde{\phi}_i$ als Vorverhandlungswert und $\tilde{a}_i$ als der im Zeitpunkt 0 gewählten Investitionsentscheidung lautet die Bedingung 1. Ordnung:

$$\partial B_i\{\tilde{a}_i, \tilde{\phi}_i\}/\partial a_i + \partial B_i\{\tilde{a}_i, \phi_i^*\}/\partial a_i = 0. \quad (2.6.2.5)$$

Setzt man in diese Gleichung die erstbeste Investitionsentscheidung $a_i^*$ ein, die gekennzeichnet ist durch $\partial B_i\{a_i^*,\phi_i^*\}/\partial a_i = 0$, so sieht man, daß die linke Seite für $\tilde{\phi}_i > \phi_i^*$ positiv und für $\tilde{\phi}_i < \phi_i^*$ negativ wäre. Daraus folgt wiederum, daß $\tilde{a}_i < a_i^*$ für $\tilde{\phi}_i < \phi_i^*$ und $\tilde{a}_i > a_i^*$ für $\tilde{\phi}_i > \phi_i^*$ gilt. Das folgende Schaubild gibt die effizienten Ergebnisse $\phi_1$ und $\phi_2$ wieder.

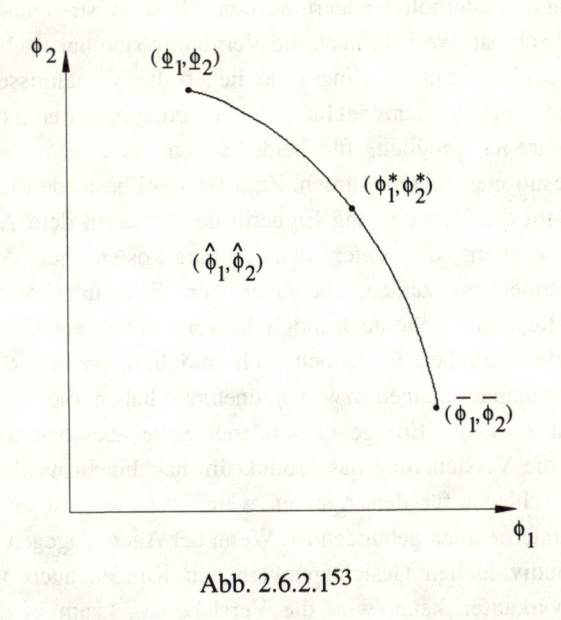

Abb. 2.6.2.1[53]

Im Kurvenpunkt am rechten unteren Kurvenende ist Unternehmung 1 Eigentümerin. Hier gilt: $\bar{\phi}_1 > \phi_1^*$ und $\bar{\phi}_2 < \phi_2^*$ woraus $\bar{a}_1 > a_1^*$ und $\bar{a}_2 < a_2^*$ folgt. Im linken oberen Kurvenpunkt liegen umgekehrte Verhältnisse vor, Unternehmung 2 ist Eigentümerin. Nichtintegration kann ineffizient sein, da in der Regel gelten wird: $\hat{\phi}_1 < \phi_1^*$ und $\hat{\phi}_2 < \phi_2^*$ haben $\hat{a}_1 < a_1^*$ und $\hat{a}_2 < a_2^*$ zur Folge. Das heißt, es herrscht Unterinvestition bei beiden Unternehmungen.

Im allgemeinen kann man folgern, daß Kontrolle durch Unternehmung 1 vorteilhaft ist, wenn deren ex ante Investition wichtiger ist als die der Unternehmung 2. Diese Aussage gilt umgekehrt entsprechend. Wenn die ex ante Investitionen beider Unternehmungen wichtig sind, ist Nichtintegration vorteilhaft.

Abschließend soll noch ein von Grossman und Hart gegebenes Beispiel dargestellt werden. Versicherungsgesellschaften verkaufen Versicherungen durch Agenten. Diese können entweder angestellte bzw. selbständige Vertreter sein, d.h. sie verkaufen lediglich Verträge einer bestimmten Versicherung, oder selbständige Makler,

---

[53] Erstellt nach Grossman und Hart 1986 S. 708.

was bedeutet, sie bieten Verträge unterschiedlicher Versicherungen an. Entscheidend ist hier die Frage, wem die Kundenliste gehört.

Die Agenten können sich generell entweder wenig anstrengen, was dazu führt, daß die Kunden zwar Verträge abschließen, aber nicht langfristig bei derselben Versicherung bleiben, oder durch größeren Aufwand die Kunden derart "bearbeiten", daß die Verträge wiederholt erneuert werden. Diese Anstrengungen der Agenten sind nicht beobachtbar, weshalb auch die Vergütung sich nur nach Anzahl und Art der Vertragsabschlüsse richtet. Umgekehrt liegen die Verhältnisse ähnlich, da die Versicherung in die Produktentwicklung und Werbung investieren muß.

Prinzipiell wäre es möglich, für beide Seiten Anreize zu schaffen, die zu optimalen Investitionen führen würden. Zum Beispiel bestände die Möglichkeit, in dem Fall, in dem die Versicherung Eignerin der Liste ist, dem Agenten erst eine Prämie zu gewähren, die unter den Anfangskosten liegt, aber zusätzlich Erneuerungsprämien zu zahlen, die über den Erhaltungskosten liegen. Eine entsprechende Regelung wäre auch möglich, wenn der Agent Eigner der Liste ist. Das geschilderte Vorgehen ist jedoch nicht möglich, wenn die Vertragspartner Handlungen vornehmen können bzw. vorzunehmen haben, die vertraglich nicht im voraus regelbar sind, die Erträge der anderen Seite aber beeinflussen. So kann beispielsweise die Versicherung das Produkt im nachhinein wettbewerbsnachteilig gestalten, was schlecht für den Agenten wäre, wenn er fest an ein bestimmtes Versicherungsunternehmen gebunden ist. Wenn der Agent dagegen Eigner der Liste ist und nach individuellen Gesichtspunkten den Kunden auch Verträge anderer Unternehmen verkaufen kann, wird die Versicherung kaum in den Aufbau von Listen investieren.

Es folgt aus dem Gesagten, daß die Verteilung der Eigentumsrechte die Anreize beeinflußt. Kann die Versicherung über die Liste verfügen, wird sie in den Aufbau überinvestieren, während der Agent in den Aufbau eines langfristigen Kundenstamms unterinvestiert.

Entsprechend weisen Grossman und Hart empirisch für die Versicherungsbranche nach, daß der Anteil von Agenten, die Eigner der Kundenliste sind, dort höher ist, wo die Erneuerung von Versicherungen stärker durch die Aktionen des Agenten beeinflußt wird. So ist beispielsweise im Bereich der Kfz-Versicherungen, der durch periodische Vertragserneuerungen gekennzeichnet ist, der Anteil von Agenten mit eigener Kundenliste größer als im Bereich der Lebensversicherungen, in dem keine periodischen Vertragserneuerungen stattfinden.

### 2.6.3 Multilaterale Beziehungen bei komplementären Investitionen

Das Modell von Hart und Moore (1990) erweitert das zuvor dargestellte Modell von Grossman und Hart auf eine Ökonomie, die aus einer Menge $\underline{S}$ von I risikoneutralen Individuen i=1, ..., I und einer Menge $\underline{A}$ von N Sachkapitalgütern

$a_1, ..., a_n, ..., a_N$ besteht. Auch im Modell von Hart und Moore führt die Unmöglichkeit von vollständigen Verträgen zu einer Verzerrung der ex ante bestehenden Investitionsanreize, wobei jedoch nur ex ante durchzuführende Humankapitalinvestitionen zugelassen werden. Da die Eigentumsrechte an den Sachkapitalgütern die ex post Verhandlungsposition bei der Verteilung des Wohlfahrtszuwachses beeinflussen, ist ihre Verteilung für die ex ante Investitionsanreize entscheidend. Wie bei Grossman und Hart stehen dem Eigentümer eines Sachkapitalgutes die residualen Verfügungsrechte zu. Allerdings betrachten Hart und Moore als das zentrale Eigentumsrecht die Möglichkeit des Ausschlusses anderer Parteien von der Nutzung des jeweiligen Aktivums. Annahmegemäß wird die Distribution der Eigentumsrechte so erfolgen, daß ein möglichst effizientes Ergebnis entstehen kann. Zur Verdeutlichung des Modells seien zuerst die zeitliche Struktur der Ereignisse und die formalen Annahmen dargestellt.

Zum Zeitpunkt 0 wird die Eigentumsstruktur $\alpha(S)$ festgelegt, wobei S eine Teilmenge der gesamten Individuen $\underline{S}$ ist. $\alpha(S)$ legt fest, welche Teilmenge $A=\{a_1, ..., a_n\}$ der gesamten Sachkapitalgüter $\underline{A}$ von den Individuen, die S angehören, kontrolliert wird. Beispiele für Eigentumsstrukturen sind Einzeleigentum und Anteileigentum mit Mehrheitsentscheidung. Für jede mögliche Aufteilung $\alpha(S)$, $\alpha(\underline{S}\setminus S)$ wird angenommen, daß die Sachkapitalgüter jeweils von höchstens einer Teilmenge der Individuen kontrolliert werden: $\alpha(S) \cap \alpha(\underline{S}\setminus S) = \emptyset$. Außerdem wird angenommen, daß Sachkapitalgüter, die von einer Teilmenge S' einer Koalition S kontrolliert werden, auch von der gesamten Koalition S kontrolliert werden: $\alpha(S') \subseteq \alpha(S)$.

Zum Zeitpunkt 1 werden die Humankapitalinvestitionen $x_i$ getätigt: jeder Agent wählt eine Aktion $x_i$ (Investitionsniveau des Individuums i bzgl. Humankapital), $x_i \in [0, x^+_i]$; $x^+_i \geq 0$. Dafür entstehen den Individuen private Kosten in Höhe von $C_i(x_i)$. Der Investitionsvektor sei $x = \{x_1, ..., x_I\}$. Das Niveau der Investitionen kann zum Zeitpunkt 0 wegen der im Modell unterstellten hohen Komplexität der Umwelt vertraglich nicht geregelt werden und wird deshalb zum Zeitpunkt 1 nichtkooperativ festgelegt.

Zum Zeitpunkt 2 findet die Produktion und der Handel statt. Während diese Aktivitäten aufgrund der Unsicherheit der Umwelt ex ante nicht vertraglich regelbar sind, ist der Umweltzustand und das Niveau der Investitionen $x_i$ ex post allen Individuen bekannt. Produktion und Handel sind deswegen ex post effizient. Eine beliebige Teilmenge S von $\underline{S}$ - in der Folge wird eine solche Teilmenge als Koalition bezeichnet - kann durch effiziente Ausführung von Produktion und Handel einen Ertrag in Höhe von $v(S, \alpha(S)|x)$ erzielen. Der marginale Ertrag einer Humankapitalinvestition durch Individuum i für die Koalition S, die A kontrolliert, wird definiert als: $v^i(S, A|x) \equiv \partial v(S, A|x)/\partial x_i$.

Der maximale Gesamtwert, der von allen Individuen ($\underline{S}$), die gemeinsam alle Sachkapitalgüter kontrollieren ($\alpha(\underline{S}) = \underline{A}$), erreicht werden kann, ist: $V(x) = v(\underline{S},\alpha(\underline{S})|x)$. Bezüglich der Aufteilung des Ergebnisses $V(x)$ der ex post entstehenden Superkoalition nehmen Hart und Moore an, daß sie kooperativ nach dem Konzept vom "Shapley Value" erfolgt. Der Anteil für Individuum i an $V(x)$ sei durch seinen Shapley-Wert gegeben:

$$B_i(\alpha|x) \equiv \sum_{S|i \in S} p(S)[v(S,\alpha(S)|x) - v(S\backslash\{i\},\alpha(S\backslash\{i\})|x)]$$

mit $p(S) = \dfrac{(s-1)!(I-s)!}{I!}$ und $s = |S|$, der Anzahl der Individuen in S.

Der Shapley-Wert, hier als Funktion der Investition und der Kontrollstruktur, ist allgemein der erwartete Grenzbeitrag eines Individuums i zu Zufallskoalitionen. Das Individuum erwartet als Anteil den gewichteten Durchschnitt seines Grenzbeitrages zu allen möglichen Zufallskoalitionen.

Um die Durchführbarkeit der Analyse zu sichern, treffen Hart und Moore bezüglich der Kosten- und Ertragsfunktion - $C_i(x_i)$ und $v(S,A|x)$ - für alle i, S, A und x noch die folgenden Annahmen:

*Annahme 1*: $C_i(x_i) \geq 0$ und $C_i(0) = 0$; $C_i(x_i)$ sei zweifach differenzierbar; für $x_i > 0$ gelte: $C_i'(x_i) > 0$, $C_i''(x_i) > 0$.

*Annahme 2*: $v(S,A|x) \geq 0$ und $v(\emptyset,A|x) = 0$; $v(S,A|x)$ sei zweifach differenzierbar in x; wenn $x^+_i > 0$: $v^i(S,A|x) \geq 0$ für $x_i \in (0,x^+_i)$; $v(S,A|x)$ ist konkav in x.

*Annahme 3*: $v^i(S,A|x) = 0$ bei $i \notin S$, d.h. die marginale Investition eines Individuums beeinflußt nur den Wert von Koalitionen, in denen es selbst Mitglied ist (Humankapitalinvestition).

*Annahme 4*: $\partial v^i(S,A|x)/\partial x_j \geq 0$ für alle $j \neq i$, d.h. Investitionen sind marginal komplementär.

*Annahme 5*: Für alle Teilmengen $S' \subseteq S$, $A' \subseteq A$ gilt $v(S,A|x) \geq v(S',A'|x) + v(S\backslash S',A\backslash A'|x)$, d.h. eine Koalition kann immer auch die Ergebnisse kleinerer Koalitionen simulieren.

*Annahme 6*: Für alle Teilmengen $S' \subseteq S$, $A' \subseteq A$ gilt $v^i(S,A|x) \geq v^i(S',A'|x)$, d.h. der Grenzertrag einer Investition sinkt nicht mit zunehmender Anzahl von Individuen und Sachkapitalgütern.

Die Analyse erfolgt in umgekehrter sequentieller Abfolge. Bevor die zum Zeitpunkt 0 entstehende Eigentumsstruktur charakterisiert wird, sollen zunächst die

Investitionsanreize zum Zeitpunkt 1 untersucht werden. Das soziale Wohlfahrtsniveau bei effizienten ex ante Investitionen beträgt:

$$W(x) \equiv V(x) - \sum_{i=1}^{I} C_i(x_i). \qquad (2.6.3.1)$$

Das Maximum sei bei $x = x^*$ erreicht. Aufgrund der getroffenen Annahmen existiert ein eindeutiges Maximum. Die Bedingungen erster Ordnung lauten:

$$v^i(\underline{S},\alpha(\underline{S})|x^*) = \frac{\partial}{\partial x_i} V(x)|_{x=x^*} = C'_i(x^*_i) \quad \forall\, i. \qquad (2.6.3.2)$$

Demgegenüber lautet das Maximierungsproblem des einzelnen Individuums:

$$\max_{x_i} B_i(\alpha|x) - C_i(x_i). \qquad (2.6.3.3)$$

Aufgrund der getroffenen Annahmen ist das Nash-Gleichgewicht $x = x^e(\alpha)$ durch die folgenden Bedingungen 1.Ordnung charakterisiert:

$$\frac{\partial}{\partial x_i} B_i(\alpha|x)|_{x=x^e(\alpha)} = \sum_{S|i\in S} p(S)(v^i(S,\alpha(S) \,|\, x^e(\alpha)) = C'_i(x_i^e(\alpha)) \quad \forall\, i. \qquad (2.6.3.4)$$

Vergleicht man die Bedingungen erster Ordnung für das soziale und das individuelle Optimierungsproblem wird deutlich, daß für gegebene Kontrollstruktur $\alpha(S)$ gilt:

$$\sum_{S|i\in S} p(S) v^i(S,\alpha(S)|x^e(\alpha)) \le \sum_{S|i\in S} p(S) v^i(\underline{S},\alpha(\underline{S})|x^e(\alpha)) = v^i(\underline{S},\alpha(\underline{S})|x^e(\alpha)). \qquad (2.6.3.5)$$

Für gegebenes $x_{-i} = \{x_1, ..., x_{i-1}, x_{i+1}, ..., x_I\}$ folgt, daß der private marginale Investitionsertrag unter dem sozial effizienten Niveau liegt. Da aufgrund der Annahmen 1 bis 4 ein niedriger Investitionsanreiz für ein Individuum i keinesfalls die Investitionsanreize anderer Individuen erhöht, folgt auch: $x^e(\alpha) \le x^*$.

Bezüglich der Wahl der Eigentumsstruktur zum Zeitpunkt 0 nehmen Hart und Moore an, daß sie möglichst effizient erfolgt. Sie leiten ab, wie die Eigentumsstrukturen unter bestimmten Gegebenheiten auszusehen haben. Da diese Analyse eine Vielzahl von sehr speziellen Erkenntnissen liefert, sollen hier nur zwei interessante Ergebnisse dargestellt werden, bevor dann auf die Bedeutung des Modells für die Theorie der Unternehmung eingegangen wird.

❏ *Definition:* Ein Individuum i ist unverzichtbar im Verhältnis zu einem Sachkapitalgut $a_n$, wenn dieses Gut in jeder möglichen Koalition ohne Individuum i keinen Einfluß auf den marginalen Investitionsertrag der anderen Koalitionsmitglieder hat. Das heißt, für alle Individuen j in irgendeiner Koalition S und für alle Mengen A, die $a_n$ enthalten, gilt: $v^j(S,A|x) \equiv v^j(S,A\backslash\{a_n\}|x)$, wenn $i \notin S$.

❏ *Satz:* Ist ein Individuum unverzichtbar im Verhältnis zu einem Sachkapitalgut, dann sollte es Eigentümer sein.

○ *Beweis:* Individuum i sei unverzichtbar im Verhältnis zu $a_n$. Unter der Eigentumsstruktur $\alpha$ gehöre ihm $a_n$ nicht. $\hat{\alpha}$ sei identisch zu $\alpha$ mit der Ausnahme, daß $a_n$ i gehört. Die Änderung $\partial B_j(\hat{\alpha}|x)/\partial x_j - \partial B_j(\alpha|x)/\partial x_j$ des marginalen Investitionsertrages für einen Agenten $j \neq i$ beträgt:

$$\sum_{\substack{S \mid i,j \in S \\ a_n \notin \alpha(S)}} p(S) [v^j(S,\alpha(S) \cup \{a_n\}|x) - v^j(S,\alpha(S)|x)]$$

$$- \sum_{\substack{S \mid i \notin S; j \in S \\ a_n \in \alpha(S)}} p(S) [v^j(S,\alpha(S)|x) - v^j(S,\alpha(S)\backslash\{a_n\}|x)].$$

Da die zweite Summe aufgrund der Tatsache, daß i unverzichtbar im Verhältnis zu $a_n$ ist, Null beträgt und die erste Summe aufgrund der Annahme 6 nicht negativ ist, fällt der marginale Anreiz von Individuum j nicht. Der Anreiz von Individuum i kann durch die Änderung keinesfalls geringer werden. Deshalb ist die Eigentumsstruktur $\hat{\alpha}$ immer besser als $\alpha$. q.e.d.

❏ *Definition:* Zwei Sachkapitalgüter $a_n$ und $a_m$ sind komplementär, wenn sie nur bei gemeinsamem Gebrauch produktiv sind. Das heißt, für alle Koalitionen S und alle Mengen A, die $a_n$ und $a_m$ enthalten, gilt: $v^i(S,A\backslash\{a_m\}|x) \equiv v^i(S,A\backslash\{a_n\}|x) \equiv v^i(S,A\backslash\{a_m,a_n\}|x)$, wenn $i \in S$.

❏ *Satz:* Wenn zwei oder mehr Sachkapitalgüter komplementär sind, sollten sie gemeinsam kontrolliert werden.

○ *Beweis:* $a_m$ und $a_n$ seien komplementär. Unter der Eigentumsstruktur $\alpha$ gelte für irgendeine Koalition S: $a_m \in \alpha(S)$ und $a_n \notin \alpha(S)$. Dagegen kontrolliere unter der Eigentumsstruktur $\hat{\alpha}$ die Koalition S, für die $a_m \in \alpha(S)$ gilt, auch $a_n$. Die Änderung des marginalen Ertrags aus einer Investition beträgt dann für irgendeinen Agenten i:

$$\sum_{\substack{S \mid i \in S \\ a_m \in \alpha(S); a_n \notin \alpha(S)}} p(S) \; [v^i(S,\alpha(S) \cup \{a_n\}|x) - v^i(S,\alpha(S)|x)]$$

$$- \sum_{\substack{S \mid i \in S \\ a_m \in \alpha(\underline{S}|S); a_n \in \alpha(S)}} p(S) \; [v^i(S,\alpha(S)|x) - v^i(S,\alpha(S)\backslash\{a_n\}|x)]$$

Der Wert der zweiten Summe beträgt Null, da $a_n$ und $a_m$ komplementär sind, und die erste Summe ist aufgrund der Annahme 6 nicht negativ. Daher werden durch den Übergang von $\alpha$ zu $\hat{\alpha}$ die marginalen Anreize von Individuum i keinesfalls reduziert. Das heißt, die Eigentumsstruktur $\hat{\alpha}$ ist auf jeden Fall vorteilhaft. q.e.d.

Das dargestellte Modell bietet einen Rahmen, mit dessen Hilfe sich eine Vielzahl von konkreten Fragestellungen - wie zum Beispiel bezüglich der Vorteilhaftigkeit von Einkaufskooperativen - untersuchen lassen.[54] Hier soll nun dargestellt werden, wie sich die Frage nach den Grenzen von Unternehmungen analysieren läßt.

Hart und Moore definieren genau wie Grossman und Hart die Unternehmung über die ihr gehörenden Sachkapitalgüter. Integration bedeutet demnach die vereinheitlichte Kontrolle mehrerer Sachkapitalgüter. Zur Untersuchung der Vorteilhaftigkeit von Integration wird eine Situation betrachtet, in der es zwei Sachkapitalgüter $a_1$ und $a_2$ gibt. Sowohl $a_1$ als auch $a_2$ sind für je eine Gruppe von Arbeitnehmern essentiell, d.h. der marginale Investitionsertrag der Mitglieder einer Koalition wird durch diese Arbeitnehmer nicht verstärkt. Formal lautet diese Definition wie folgt: $a_n$ ist essentiell für Individuum i, falls $v^j(S,A|x) \equiv v^j(S\backslash\{i\},A|x)$ wenn $a_n \notin A$ für alle Agenten j in irgendeiner Koalition S.

Von den Arbeitnehmern der beiden Gruppen sei jeweils einer wichtig für die Gruppe, während die anderen aus Sicht der Gruppe verzichtbar seien. Verzichtbar ist ein Individuum k, wenn der marginale Investitionsertrag der anderen Individuen nicht durch seine Zugehörigkeit zu ihrer Koalition beeinflußt wird. Das heißt, für alle Koalitionen S mit Agent k und für alle Mengen A gilt: $v^j(S,A|x) \equiv v^j(S\backslash\{k\},A|x)$ wenn $j \in S, j \neq k$.

Die für die beiden Gruppen wichtigen Arbeitnehmer werden 1 und 2 genannt. $S_1$ und $S_2$ seien die Mengen der für die Gruppe verzichtbaren Arbeitnehmer $w_1$ und $w_2$. Da die Arbeitnehmer $w_1$ und $w_2$ verzichtbar sind, kann die Notation vereinfacht werden. $v^1(1,2,\{a_1,a_2\})$ sei zum Beispiel der marginale Investitionsertrag von 1 in irgendeiner Koalition $\{1,2\} \cup S_1 \cup S_2$, die die Sachkapitalgüter $a_1$ und $a_2$ kontrolliert. Analog sei $v^{w_1}(1,\{a_1\})$ der marginale Investitionsertrag eines Arbeitnehmers $w_1$ in irgendeiner Koalition $\{1\} \cup S_1 \cup S_2$, die das Sachkapitalgut $a_1$ kontrolliert.

Die interessierende Fragestellung lautet nun, ob Nichtintegration oder Integration vorteilhaft ist. Die Bedingungen erster Ordnung für Nichtintegration, worunter verstanden werden soll, daß 1 $a_1$ kontrolliert und 2 $a_2$, lauten:

Für 1: $\quad 1/2 v^1(1,2,\{a_1,a_2\}) + 1/2 v^1(1,\{a_1\}) = C_1'(x_1)$ \hfill (2.6.3.6a)

Für $w_1$: $\quad 1/3 v^{w_1}(1,2,\{a_1,a_2\}) + 1/6 v^{w_1}(1,\{a_1\}) = C_{w_1}'(x_{w_1})$ \hfill (2.6.3.6b)

---

54 Vgl. Hart/Moore 1990 S. 1140ff.

Für 2: $\quad 1/2 v^2(1,2,\{a_1,a_2\}) + 1/2 v^2(2,\{a_2\}) = C_2'(x_2)$ (2.6.3.6c)

Für $w_2$: $\quad 1/3 v^{w_2}(1,2,\{a_1,a_2\}) + 1/6 v^{w_2}(2,\{a_2\}) = C_{w_2}'(x_{w_2})$ (2.6.3.6d)

Die Bedingungen für Integration unter der Vorherrschaft von 1 ergeben sich dagegen zu:[55]

Für 1: $\quad 1/2 v^1(1,2,\{a_1,a_2\}) + 1/2 v^1(1,\{a_1,a_2\}) = C_1'(x_1)$ (2.6.3.7a)

Für $w_1$: $\quad 1/3 v^{w_1}(1,2,\{a_1,a_2\}) + 1/6 v^{w_1}(1,\{a_1,a_2\}) = C_{w_1}'(x_{w_1})$ (2.6.3.7b)

Für 2: $\quad 1/2 v^2(1,2,\{a_1,a_2\}) = C_2'(x_2)$ (2.6.3.7c)

Für $w_2$: $\quad 1/3 v^{w_2}(1,2,\{a_1,a_2\}) + 1/6 v^{w_2}(1,\{a_1,a_2\}) = C_{w_2}'(x_{w_2})$ (2.6.3.7d)

Vergleicht man die Bedingungen erster Ordnung für die einzelnen Individuen miteinander, so zeigt sich, daß die Anreize für 1 und $w_1$ durch Integration verbessert werden, da Integration für diese Arbeitnehmer den Zugang zum Sachkapitalgut 2 ermöglicht. Die Investitionsanreize für 2 werden dagegen eindeutig geringer. Für die Arbeitnehmer $w_2$ ist keine eindeutige Aussage möglich. Sie verlieren in den Fällen, in denen sie mit 2 eine Koalition bilden, den Zugang zu $a_2$, gewinnen dafür aber den Zugang zu beiden Sachkapitalgütern, wenn sie mit 1 in einer Koalition sind. Eine präzise Aussage bezüglich der Vorteilhaftigkeit bestimmter Eigentumsstrukturen kann letztlich natürlich nur für eine genau spezifizierte Situation gemacht werden. Es wird aber wie beim Modell von Grossman und Hart deutlich, daß ein Zielkonflikt bezüglich der Setzung von Anreizen für die verschiedenen Parteien besteht, aus dessen Ausbalancierung sich letztlich die optimale Eigentumsstruktur bestimmt.

Zur Verdeutlichung des Modells sei noch das von Hart und Moore konstruierte Beispiel dargestellt. Es wird angenommen, daß ein Küchenchef (Chef) und ein Schiffsführer (Skipper) durch ihre Tätigkeit auf einer Luxusyacht zur Durchführung einer Gourmetschiffahrt beitragen. Einziger Nachfrager der Dienstleistung sei ein Wirtschaftsmagnat (Tycoon). Der Wert der Schiffsreise für den Tycoon sei davon abhängig, welche spezifischen Investitionen der Skipper - zum Beispiel für das Erlernen einer speziellen Reiseroute - und der Chef - zum Beispiel für das Erlernen eines speziellen Kochrezepts - ex ante machen. Die Kosten für die Investition betrage jeweils 100 und die Wertzuwächse der Dienstleistung je 240. Es ist also sozial effizient, die Investition zu tätigen. Fraglich ist jedoch, bei welcher Eigentumsstruktur der Chef und der Skipper die entsprechenden Anreize haben.

---

[55] Für die Vorherrschaft unter 2 gelten analoge Bedingungen, weshalb auf eine Darstellung verzichtet wird.

Um dies zu überprüfen, werden nun für unterschiedliche Eigentumsstrukturen die Shapley-Werte, d.h. die erwarteten Grenzbeiträge zu allen möglichen und gleich wahrscheinlichen Koalitionen, für unterschiedliche Investitionsniveaus berechnet.

Zuerst sei angenommen, daß die Yacht dem Skipper gehört. Investieren sowohl der Skipper als auch der Chef, berechnen sich die Shapley-Werte wie in der folgenden Tabelle dargestellt:

|  | S | T | C |
|---|---|---|---|
| 1/6   S T C | 480 | 0 | 0 |
| 1/6   S C T | 480 | 0 | 0 |
| 1/6   T S C | 0 | 480 | 0 |
| 1/6   T C S | 0 | 480 | 0 |
| 1/6   C S T | 240 | 0 | 240 |
| 1/6   C T S | 0 | 240 | 240 |

Abb. 2.6.3.1

Die erwarteten Anteile betragen für den Skipper $(1/6)*480 + (1/6)*480 + (1/6)*240 = 200$, für den Tycoon $(1/6)*480 + (1/6)*480 + (1/6)*240 = 200$ und für den Chef $(1/6)*240 + (1/6)*240 = 80$.

Aus den Zeilen zwei bis sieben der Tabelle lassen sich die möglichen Koalitionen ablesen, die jeweils mit der Wahrscheinlichkeit 1/6 auftreten. Die Buchstabenkombinationen werden von rechts nach links gelesen. Die möglichen Koalitionen, denen ein bestimmtes Individuum, zum Beispiel der Skipper (S) angehören kann, erhält man dadurch, daß man in jeder Reihe die rechts von ihm aufgeführten Individuen abliest. Für den Skipper (S) sind beispielhaft die möglichen Koalitionen in der Tabelle durch Unterstreichung gekennzeichnet. Sodann berechnet man für jedes Individuum die Grenzbeiträge zu den jeweiligen Koalitionen und bestimmt schließlich die Shapley-Werte als die erwarteten Grenzbeiträge.

|  | S | T | C |
|---|---|---|---|
| 1/6   S T C | 240 | 0 | 0 |
| 1/6   S C T | 240 | 0 | 0 |
| 1/6   T S C | 0 | 240 | 0 |
| 1/6   T C S | 0 | 240 | 0 |
| 1/6   C S T | 240 | 0 | 0 |
| 1/6   C T S | 0 | 240 | 0 |

Abb. 2.6.3.2

Um den Investitionsanreiz des Chefs zu überprüfen, wird nun der Fall untersucht, daß der Skipper investiert und der Chef nicht. Es ergeben sich die in Abbildung 2.6.3.2 gegebenen Werte. In diesem Fall betragen die erwarteten Anteile für den Skipper $(1/2)*240 = 120$, für den Tycoon $(1/2)*240 = 120$ und für den Chef 0.

Da der erwartete Ertrag aus der Investition für den Chef somit nur 80 beträgt, wird er die Investitionskosten von 100 nicht aufbringen. Der Skipper hat dagegen einen Anreiz zu investieren. Wenn er investiert, beträgt sein erwarteter Ertrag 120. Dagegen bekommt er nichts, wenn er die Investition unterläßt. Der Ertrag der Investition übersteigt somit die Kosten.

Ist dagegen der Tycoon Eigentümer der Yacht, ergibt sich ein anderes Bild. Wenn beide investieren, erhält man:

|  | S | T | C |
|---|---|---|---|
| 1/6  S T C | 240 | 240 | 0 |
| 1/6  S C T | 240 | 0 | 240 |
| 1/6  T S C | 0 | 480 | 0 |
| 1/6  T C S | 0 | 480 | 0 |
| 1/6  C S T | 240 | 0 | 240 |
| 1/6  C T S | 0 | 240 | 240 |

Abb. 2.6.3.3

Die erwarteten Anteile sind demnach für den Skipper $(1/2)*240 = 120$, für den Tycoon $(1/3)*240 + (1/3)*480 = 240$ und für den Chef $(1/2)*240 = 120$.

Investiert dagegen nur der Chef, ergibt sich:

|  | S | T | C |
|---|---|---|---|
| 1/6  S T C | 0 | 240 | 0 |
| 1/6  S C T | 0 | 0 | 240 |
| 1/6  T S C | 0 | 240 | 0 |
| 1/6  T C S | 0 | 240 | 0 |
| 1/6  C S T | 0 | 0 | 240 |
| 1/6  C T S | 0 | 0 | 240 |

Abb. 2.6.3.4

Das heißt, die erwarteten Anteile betragen nun für den Skipper 0, für den Tycoon $(1/2)*240 = 120$ und für den Chef $(1/2)*240 = 120$.

Der Ertrag aus der Investition beträgt folglich für den Skipper 120 und übersteigt damit die Kosten. Er wird die Investition tätigen. Da der Fall des Chefs symmetrisch zum Fall des Skippers liegt, hat auch er den Anreiz zu investieren. Wenn der Tycoon Eigner der Yacht ist, liegt folglich eine effiziente Eigentumsstruktur vor. Anhand einer leicht abgewandelten Version des geschilderten Beispiels untersuchen Hart und Moore, ob es vorteilhaft wäre, daß die ganze Yacht nur einen Eigentümer hat oder ob es besser wäre, daß komplementäre Teile der Yacht, wie zum Beispiel Rumpf und Kombüse, unterschiedliche Eigner haben. Der erste Fall kann als Integration aufgefaßt werden und der zweite als Nichtintegration.

Im Gegensatz zur vorhergehenden Analyse wird angenommen, daß die Dienstleistung nicht länger spezifisch auf den Tycoon ausgerichtet ist und auch der Tycoon eine Investition - zum Beispiel in die Entscheidung, wieviel Unterhaltung auf dem Schiff stattfinden soll - tätigt. Die Investitionskosten der Parteien betragen nun $c_C$, $c_S$ und $c_T$ und die Erträge jeweils 240. Es wird angenommen, daß die Investitionen sozial effizient sind. Gehört die Kombüse dem Chef und der Rumpf dem Skipper, lauten die Bedingungen für die individuellen Investitionsanreize: $1/2(240) > c_C$, $1/2(240) > c_S$ und $1/3(240) > c_T$. Gehört die gesamte Yacht dagegen dem Skipper, bleibt der Anreiz für den Chef, der sich nach wie vor nur mit dem Skipper einigen muß gleich: $1/2(240) > c_C$. Die Anreize für den Skipper und den Tycoon verbessern sich dagegen eindeutig, da sie nun nicht mehr vom Chef abhängig sind: $240 > c_S$ und $1/2(240) > c_T$. Deswegen ist in diesem Fall eine integrierte Eigentumsstruktur optimal.

### 2.6.4 Multilaterale Beziehungen bei substitutionalen Investitionen

Während beim Modell von Hart und Moore Komplementarität der Investitionen vorausgesetzt wird, soll im folgenden untersucht werden, wie sich Wettbewerb und eine dadurch bedingte Substitutionalität von Investitionen auf die Grenzen von Unternehmungen auswirken. Zur Untersuchung dieser Fragen wurden mehrere Modelle entwickelt, von denen zwei anschließend dargestellt werden. Diese Modelle sind nicht nur deshalb von Interesse, weil sie Aufschluß über die unter bestimmten Bedingungen entstehenden Grenzen zwischen Markt und Unternehmung geben, sondern weil sie eine Analyse von Marktschließungsphänomenen ermöglichen. Durch die Darstellung ausgewählter Modelle soll also auch gezeigt werden, daß die ökonomische Vertragstheorie Resultate liefert, die für die wirtschaftspolitische Diskussion relevant sind.

Zunächst sei eine einfache Version eines Modells von Hart und Tirole (1990) beschrieben, in dem gezeigt wird, daß unvollständige Verträge unter bestimmten Umständen zu vertikaler Integration und einer direkten Marktschließung führen. Die

Autoren analysieren in abgewandelten Versionen des Modells auch aus vertikaler Integration entstehende Effekte auf Verhandlungsergebnisse und daraus resultierende Marktschließung, worauf hier jedoch nicht eingegangen wird.

Das vereinfachte Modell hat die im folgenden beschriebene Struktur.[56] Auf dem Faktormarkt konkurrieren zwei Unternehmen $U_i$, i=1,2 miteinander und auf dem Konsumgütermarkt analog zwei Unternehmen $D_j$, j=1,2. Bezüglich der Möglichkeiten zur Integration wird ein reduziertes Integrationsspiel angenommen, bei dem nur $U_1$ und $D_1$ sowie $U_2$ und $D_2$ miteinander vertikal integrieren können. Zunächst hat das Paar $U_1/D_1$ die Möglichkeit zu integrieren. Falls dies geschieht, haben $U_2$ und $D_2$ die Möglichkeit, ebenfalls zu integrieren. Integrierte Unternehmungen $U_i$ und $D_i$ maximieren den gemeinsamen Gewinn. In der hier dargestellten einfachsten Version des Modells spielen Investitionen nur eine untergeordnete Rolle. Es wird lediglich angenommen, daß bei vertikaler Integration bezüglich der von den Unternehmensangehörigen getätigten Investitionen ein Effizienzverlust in Höhe von E auftritt.

Die Produktion des Faktors i verursache Kosten $c_i \in \{0,\infty\}$, wobei mit der Wahrscheinlichkeit $\lambda$, $\lambda > 0.5$, $c_1 = 0$ and $c_2 = \infty$ eintritt und mit der Wahrscheinlichkeit $(1-\lambda)$ das umgekehrte Ergebnis. Ex ante können keine Lieferverträge abgeschlossen werden. Auch ex post soll der Abschluß exklusiver Lieferverträge nicht möglich sein. Ex post findet ein Verhandlungsspiel zwischen der liefernden und der abnehmenden Unternehmung statt, wenn diese nicht miteinander integriert sind. Es wird vereinfachend angenommen, daß dabei die aus der Beziehung entstehenden Gewinne geteilt werden.

Bezüglich des Wettbewerbs auf dem Konsumgütermarkt wird ein Bertrand-Spiel mit potentiell differenzierten Werten der Güter und einem genau eine Einheit benötigenden Konsumenten unterstellt. Der Wert $v_j$ des von der Unternehmung j produzierten Konsumgutes bestimmt sich aus einem Zufallsprozeß:

$$v_j = \begin{cases} \bar{v} & \text{mit der Wahrscheinlichkeit} \quad \alpha \\ \underline{v} & \text{mit der Wahrscheinlichkeit} \quad (1-\alpha) \end{cases} \quad j = 1,2; \; \bar{v} > \underline{v}.$$

Bezüglich der realisierten Werte $\bar{v}$ und $\underline{v}$ wird zur Vereinfachung die Einschränkung: $(\alpha-2\alpha^2)(\bar{v}-\underline{v}) \geq \underline{v} \geq (0.5\alpha-1.5\alpha^2)(\bar{v}-\underline{v})$ getroffen.

Die zeitliche Struktur der Abläufe sehe wie in Abbildung 2.6.3.5 dargestellt aus:

---

[56] Vgl. zu einer reichhaltigeren Variante des Modells Bolton und Whinston 1991.

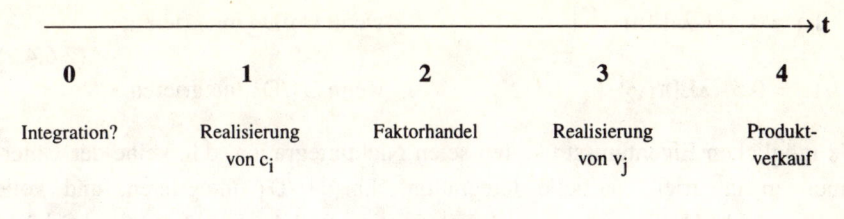

```
────────────────────────────────────────────────→ t
    0           1           2           3           4
Integration? Realisierung  Faktorhandel  Realisierung  Produkt-
             von c_i                     von v_j      verkauf
```

Abb. 2.6.3.5

Erhält nur einer der potentiellen Anbieter des Konsumgutes den für die Produktion notwendigen Faktor, liegt auf dem Konsummarkt ein Monopol vor. Der Monopolist erhält einen erwarteten Verkaufserlös von $E[\pi_{Dj}^M] = \alpha\bar{v} + (1-\alpha)\underline{v}$. Dagegen beträgt der erwartete Verkaufserlös von zwei mit dem notwendigen Faktor belieferten und auf dem Konsummarkt konkurrierenden Unternehmen: $E[\pi_{Dj}^C] = (\alpha - \alpha^2)(\bar{v} - \underline{v})$. Von diesem erwarteten Verkaufserlös erhält die Zulieferunternehmung jeweils die Hälfte als Bezahlung für den Faktor.

Um festzustellen, unter welchen Bedingungen es zu einem Monopol kommt oder nicht, ist zu untersuchen, wie sich die Unternehmung mit der Kostenrealisation $c_k = 0$, d.h. die aktive Zulieferunternehmung, verhält, wenn diese nicht integriert ist. In diesem Fall werden beide Konsumgüterproduzenten beliefert, wenn der daraus resultierende Ertrag für den Lieferanten, d.h. $E[\pi_{Dj}^C]$, höher ist als der erwartete Ertrag bei Belieferung nur eines Konsumgüterproduzenten, d.h. $0.5 E[\pi_{Dj}^M]$. Die daraus folgende Bedingung $2(\alpha-\alpha^2)(\bar{v}-\underline{v}) \geq \alpha\bar{v} + (1-\alpha)\underline{v}$ läßt sich umformen zu: $(\alpha-2\alpha^2)(\bar{v}-\underline{v}) \geq \underline{v}$. Da diese Bedingung annahmegemäß gelten soll, werden also dann, wenn der aktive Faktorproduzent nicht integriert ist, beide Konsumgüterproduzenten beliefert. Aus einer analogen Argumentation folgt, daß ein integrierter aktiver Faktorproduzent einen Konsumgüterproduzenten dann nicht beliefert, wenn gilt: $\alpha\bar{v} + (1-\alpha)\underline{v} \geq 1.5(\alpha - \alpha^2)(\bar{v} - \underline{v})$. Nach Umformung dieser Ungleichung zu $\underline{v} \geq (0.5\alpha - 1.5\alpha^2)(\bar{v}-\underline{v})$ zeigt sich, daß eine integrierte Unternehmung in jedem Fall versuchen wird, den Markt dadurch zu beschränken, daß der konkurrierende Konsumgüterproduzent keinen produktionsnotwendigen Faktor erhält.

Nunmehr läßt sich analysieren, welche Eigentumsstruktur zum Zeitpunkt 0 entsteht. Die den Unternehmenspaaren $U_1/D_1$ und $U_2/D_2$ aus den möglichen Integrationsentscheidungen entstehenden erwarteten Gewinne $G_1$ und $G_2$ sowie die resultierenden erwarteten Verluste $L_1$ und $L_2$ betragen:

$$G_1 = \lambda (E[\pi_{D1}^M] - 1.5 E[\pi_{Dj}^C]) \quad \text{wenn } U_1/D_1 \text{ integrieren;}$$
$$G_2 = (1-\lambda) (E[\pi_{D2}^M] - 1.5 E[\pi_{Dj}^C]) \quad \text{wenn } U_2/D_2 \text{ integrieren.}$$
(2.6.4.1)

$$L_1 = 0.5\ (1-\lambda)E[\pi_{D_1}{}^C] \qquad \text{wenn } U_2/D_2 \text{ integrieren;}$$
$$L_2 = 0.5\ \ \lambda E[\pi_{D_2}{}^C] \qquad \text{wenn } U_1/D_1 \text{ integrieren.} \qquad (2.6.4.2)$$

Die möglichen Eigentumsstrukturen seien Nichtintegration, d.h. keine der Unternehmungen integriert, partielle Integration, d.h. $U_1/D_1$ integrieren, und volle Integration, d.h. $U_1/D_1$ sowie $U_2/D_2$ integrieren. Welche Struktur entsteht, hängt von den Werten $G_k$, $L_k$ und E ab. So werden beispielsweise für $E < G_1-L_1$ und $G_2-L_2 < E < G_2$ $U_1/D_1$ eine Integrationskette starten, die zu voller Integration führt. Andererseits wird bei $G_1-L_1 < E < G_1$ und $G_2-L_2 < E < G_2$ aufgrund der Angst, eine Integrationskette zu starten, Nichtintegration stabil sein.

Auch die Auswirkungen auf die ökonomische Wohlfahrt lassen sich anhand des Modells leicht diskutieren. Dazu sei angenommen, daß sich die Wohlfahrt aus der Summe von Konsumenten- und Produzentenrente ergibt. Ist der aktive Faktorproduzent integriert, kommt es zu einer Monopolisierung auf dem Konsumgütermarkt und einer erwarteten Wohlfahrt von $\alpha\bar{v} + (1-\alpha)\underline{v}$. Dieser Betrag entspricht den Monopolerlösen, da der Monopolist die gesamte Konsumentenrente abschöpft. Ist der aktive Faktorlieferant dagegen nicht integriert, gibt es Wettbewerb auf dem Konsumgütermarkt. Die Produzentenrente beträgt $2(\alpha - \alpha^2)(\bar{v} - \underline{v})$ und die Konsumentenrente $\alpha^2\bar{v} + 2(\alpha - \alpha^2)\underline{v} + (1 - \alpha)^2\underline{v}$. Die Wohlfahrt ist in letzterem Fall eindeutig höher als im Monopolfall. Das heißt, sowohl bei partieller Integration als auch erst recht bei voller Integration kommt es zu einem Wohlfahrtsverlust. Dies gilt umso mehr angesichts der Tatsache, daß bei jeder Integration annahmegemäß zusätzlich zu dem beschriebenen Wohlfahrtsverlust ein Effizienzverlust in Höhe von E auftritt. Daher kann man eindeutig folgern, daß in der geschilderten Situation wirtschaftspolitische Maßnahmen zur Unterbindung von vertikalen Integrationen ergriffen werden sollten.

Daß sich ähnliche Ergebnisse auch unter modifizierten Annahmen ergeben, soll im weiteren anhand einer vereinfachten Darstellung eines Modells von Bolton und Whinston (1990) erläutert werden.[57] Die Grundstruktur ähnelt dem Modell von Hart und Tirole. Allerdings gibt es in der Grundversion des Modells lediglich einen Faktorlieferanten U, der zwei Konsumgüterproduzenten $D_j$, j=1,2, beliefert. Die Konsumgüterproduzenten beliefern jeweils einen Kunden mit einer Einheit, d.h. sie konkurrieren auf dem Absatzmarkt nicht miteinander. Dafür unterstellen Bolton und Whinston, daß auf dem Faktormarkt Wettbewerb zwischen den Konsumgüterproduzenten stattfindet.

Die Möglichkeit zur Integration zum Zeitpunkt 0 sei beschränkt auf den Zusammenschluß von U und $D_1$. Zu diesem Zeitpunkt, d.h. ex ante, können

---

[57] Zur hier gewählten Darstellung vgl. Bolton und Whinston 1991.

ansonsten keine Verträge geschlossen werden. Anschließend zum Zeitpunkt 1 tätigen die Konsumgüterproduzenten ihre spezifischen Investitionen $\alpha_j$ zu Kosten $g(\alpha_j)$. Die Funktion $g(\alpha_j)$ sei streng monoton wachsend und konvex. Zum Zeitpunkt 2 liege hinsichtlich des Faktors Knappheit vor, d.h. es kann nur ein Produzent beliefert werden. Die Faktorkosten seien c = 0. Aufgrund der Faktorknappheit findet ein multilaterales Verhandlungsspiel statt. Dabei wird vereinfachend unterstellt, daß die Parteien jeweils mit der Wahrscheinlichkeit 1/2 ein Alles-oder-Nichts-Angebot abgeben können. Der Wert $v_j$ des Konsumgutes von Produzent $D_j$ realisiere sich als Ergebnis eines Zufallsprozesses und werde zum Zeitpunkt 3 beobachtet:

$$v_j = \begin{cases} \bar{v} & \text{mit der Wahrscheinlichkeit } \alpha_j \\ \underline{v} & \text{mit der Wahrscheinlichkeit } (1-\alpha_j) \end{cases} \quad j=1,2; \; \bar{v} > \underline{v}.$$

Die Wahrscheinlichkeit $\alpha_j$ wird von dem jeweiligen Produzenten $D_j$ durch seine spezifische Investition festgelegt. Zum Zeitpunkt 4 werden die Konsumgüter gehandelt.

Zunächst soll das Ergebnis des Verhandlungsspiels analysiert werden. Bei Nichtintegration wird der Faktorlieferant, wenn er mit dem Bieten an der Reihe ist, den Faktor dem Konsumgüterproduzenten mit der höchsten Wertrealisation $v_j$ zu einem Preis $v_j$ anbieten. Sind die Konsumgüterproduzenten an der Reihe, wird der Produzent mit der höchsten Wertrealisation den Faktor zu einem Preis erhalten, der gleich der Wertrealisation des anderen Konsumgutproduzenten ist. Die erwarteten Gewinne betragen demnach: $\pi_U^{NI} = \underline{v} + 0.5[(1 - \alpha_1)\alpha_2 + (1 - \alpha_2)\alpha_1](\bar{v} - \underline{v}) + \alpha_1\alpha_2(\bar{v} - \underline{v})$ und $\pi_{Dj}^{NI} = 0.5\alpha_j(1 - \alpha_i)(\bar{v} - \underline{v}) - g(\alpha_j)$.

Liegt Integration vor, so wird es dann zu einer Verhandlung kommen, wenn die Wertrealisation $v_2$ höher als die Realisation $v_1$ ist. In diesem Fall erhält der integrierte Faktorlieferant $v_2$ für die Lieferung des Faktors, wenn er das Angebot macht. Ist der Konsumgüterproduzent mit dem Bieten an der Reihe, erhält er den Faktor zum Preis $v_1$, d.h. er macht einen Gewinn von $v_2-v_1$. Die erwarteten Profite haben daher die folgende Höhe: $\pi_{UD1}^{VI} = \alpha_1\bar{v} + (1 - \alpha_1)[\underline{v} + 0.5\alpha_2(\bar{v} - \underline{v})] - g(\alpha_1)$ und $\pi_{D2}^{VI} = 0.5\alpha_2(1 - \alpha_1)(\bar{v} - \underline{v}) - g(\alpha_2)$.

Die soziale Wohlfahrt - hier definiert als die Summe der Produzentenrenten - ergibt sich in beiden Fällen zu: $S = \underline{v} + \alpha_1(\bar{v} - \underline{v}) + (1 - \alpha_1)\alpha_2(\bar{v} - \underline{v}) - g(\alpha_1) - g(\alpha_2)$.

Die erstbeste Lösung für die Investitionen ergibt sich aus den folgenden Bedingungen erster Ordnung:

$$(1 - \alpha_i^*)(\bar{v} - \underline{v}) = g'(\alpha_j^*) \qquad \text{für } i,j = 1,2. \qquad (2.6.4.3)$$

Bei Vorliegen vertikaler Integration bestimmt sich das Investitionsniveau der integrierten Unternehmung aus:

$$(1 - 0.5\alpha_2{}^{VI})(\overline{v} - \underline{v}) = g'(\alpha_1{}^{VI}) \qquad (2.6.4.4)$$

und das der nichtintegrierten Unternehmung nach:

$$0.5(1 - \alpha_1{}^{VI})(\overline{v} - \underline{v}) = g'(\alpha_2{}^{VI}) \qquad (2.6.4.5)$$

Die Bedingungen zeigen, daß die integrierte Unternehmung verglichen mit der erstbesten Lösung überinvestiert und die nichtintegrierte Unternehmung unterinvestiert.

Liegt keine Integration vor, gelten die nachstehenden Bedingungen erster Ordnung:

$$0.5(1 - \alpha_i{}^{NI})(\overline{v} - \underline{v}) = g'(\alpha_j{}^{NI}) \qquad \text{für } i,j = 1,2. \qquad (2.6.4.6)$$

Bei Nichtintegration investieren die Unternehmungen zu wenig verglichen mit dem sozialen Optimum. Ob Nichtintegration oder Integration die effizientere Eigentumsstruktur ist, läßt sich nicht unmittelbar sagen. Trotzdem werden die Unternehmungen immer integrieren wollen, da gilt $\pi_{UD1}{}^{VI} \geq \pi_U{}^{NI} + \pi_{D1}{}^{NI}$. Integration wird also auch dann entstehen, wenn diese Struktur aus sozialer Sicht durch Nichtintegration dominiert wird. Dieses Ergebnis ergibt sich ebenfalls, wenn bezüglich des Verhandlungsspiels die Rubinstein-Lösung bei alternierenden Angeboten unterstellt wird. Das bedeutet, auch aus der vorstehenden Analyse kann gefolgert werden, daß vertikale Integration zu Marktschließung führen kann und deshalb durch wirtschaftspolitische Maßnahmen beschränkt werden sollte. Auch in einer erweiterten Version des Modells, bei der $D_2$ zu Kosten K eine eigene Zulieferabteilung aufbauen kann, können Bolton und Whinston zeigen, daß ebenso für $U_2$ und $D_2$ ein aus sozialer Sicht zu starker Anreiz zu vertikaler Integration besteht. Das heißt, auch in diesem Fall bleibt die wirtschaftspolitische Empfehlung, vertikale Integration zu beschränken, bestehen.

### 2.6.5 Zur Bedeutung der Theorie unvollständiger Verträge

Eine häufig geäußerte Kritik an den Modellen zur Begründung der Existenz und der Grenzen von Unternehmen durch unvollständige Verträge lautet, daß von äußerst unrealistischen Annahmen ausgegangen wird, die ursächlich für die Ergebnisse sind.

So gehen die dargestellten Ansätze davon aus, daß der Eigentümer eines Sachkapitalgutes lediglich ganz bestimmte Einzelverfügungsrechte bezüglich dieses Gutes vertraglich übertragen kann, während die Residualrechte nur bei einem Verkauf des Eigentums übergehen können. Dabei ist insbesondere unklar, welche Rechte sich vertraglich übertragen lassen und welche nicht und warum sich nicht eine bestimmte Menge von Rechten übertragen lassen soll. So scheint z.B. die

Annahme von Hart und Moore unplausibel zu sein, daß das entscheidende Residualrecht darin besteht, anderen den Zugang zu dem betreffenden Eigentum zu verwehren. Der Zugang zu einem bestimmten Vermögensgegenstand scheint ohne weiteres vertraglich regelbar zu sein.

Eine weitere für die erzielten Ergebnisse wesentliche Annahme besteht darin, daß eine vom Eigentum unabhängige Übertragung der Anrechte auf Gewinne ausgeschlossen wird.[58] Wenn man solche Übertragungen zuläßt, kommt es zu effizienten Investitionsanreizen. Das gleiche gilt für die Annahme, daß die Investitionen nicht kontrahierbar sind, z.B. weil es sich um Humankapitalinvestitionen handelt.

Problematisch ist auch, daß von der Unmöglichkeit von langfristigen Verträgen ausgegangen wird. Unter bestimmten Bedingungen lassen sich jedoch Vertragsformen angeben, die zu effizienten Investitionsanreizen führen und in der Realität leicht zu verwirklichen wären. So schlagen Hart und Moore (1988) in ihrer Analyse von unvollständigen Verträgen eine Klasse von sehr "einfachen" langfristigen Verträgen vor, bei denen ex ante lediglich die Preise festgelegt werden, die bei Zustandekommen bzw. bei Nichtzustandekommen eines Handels gelten. Es ist ohne weiteres einzusehen, daß ein solch einfacher Vertrag kostengünstig erstellt werden kann und auch leicht durchzusetzen ist, da dritte Parteien die Einhaltung des Vertrags ohne großen Aufwand prüfen können. Hart und Moore zeigen, daß es unter diesen Bedingungen zu einer Verzerrung der Investitionsanreize kommen kann. Aghion, Dewatripont und Rey (1990) zeigen dagegen, daß es zu effizienten Investitionsanreizen kommt, wenn die Menge der vertraglich festlegbaren Variablen leicht vergrößert wird. Sie nehmen insbesondere an, daß dritte Parteien nicht nur prüfen können, ob Handel stattfindet oder nicht, sondern auch, wer einen Handel verhindert, falls es dazu kommt. Die Ergebnisse der genannten Beiträge lassen sich jedoch nicht direkt auf die dargestellten Modelle übertragen, da die Unsicherheit hier eine andere Qualität hat. Bei den Modellen von Hart und Moore (1988) und Aghion, Dewatripont und Rey (1990) bezieht sich die Unsicherheit lediglich auf die Herstellkosten und den Produktwert, nicht aber auf die Produktspezifikation. Die letztere in der Realität häufig vorliegende Unsicherheit wird jedoch von den hier ausführlich beschriebenen Modellen berücksichtigt.

Zusammenfassend läßt sich feststellen, daß theoretisch keinesfalls einwandfrei geklärt ist, warum Unternehmungen als Ansammlungen von Sachkapitalgütern entstehen sollten. Trotzdem scheint die Theorie der unvollständigen Verträge im Hinblick auf die Frage, was die Grenzen von Unternehmungen bestimmt, den bei weitem überzeugendsten Erklärungsbeitrag zu liefern. Die Verteilung von Kontrollrechten beeinflußt auch in der Realität wesentlich die Investitionstätigkeit von Wirtschaftssubjekten. Unternehmungen zeichnen sich im Vergleich zu Märkten

---

[58] Diese Kritik wurde beispielsweise von Riordan 1990 geäußert.

in der Tat durch eine vereinheitlichtere Kontrolle von Sachkapital aus. Insofern scheinen die dargestellten Ansätze durchaus Aspekte zu erfassen, die wesentlich für die Bestimmung der in der Realität zu beobachtenden institutionellen Struktur sind.

## 2.7 Theorie der Verträge bei wiederholten Transaktionen

### 2.7.1 Grundlagen der Analyse wiederholter Transaktionen

Im Rahmen der vorgestellten Modelle zur Untersuchung von asymmetrischen Informationen und unvollständigen Verträgen wurden einmalige Transaktionen betrachtet. Bei wiederholten Transaktionen haben die Transaktionspartner die Möglichkeit, ihr Verhalten von den Beobachtungen bezüglich vergangener Transaktionen abhängig zu machen. Das Verhalten der an den Transaktionen Beteiligten schlägt sich in deren Reputation nieder. Die Transaktionspartner können das opportunistische Verhalten eines anderen "bestrafen", indem sie zu zukünftigen Transaktionen mit diesem Partner nichts mehr beitragen bzw. die Transaktionen ganz abbrechen. Die Gefahr einer solchen "Bestrafung" kann die Transaktionspartner von opportunistischem Verhalten abhalten. Dadurch können Transaktionen ermöglicht werden, die scheitern würden, wenn es keine Reputation gäbe. Häufig wird dann vom Vorliegen eines impliziten Vertrages gesprochen.

Im folgenden sollen stellvertretend für die mittlerweile recht umfangreiche Literatur über Reputation drei Beiträge dargestellt werden. Es handelt sich dabei um die Analysen von Klein und Leffler (1981), von Cremer (1986) und von Kreps (1990b). Diese Ansätze basieren auf der Annahme unendlich wiederholter Transaktionen. Auf die Ansätze, die die Reputationsbildung bei endlich oft wiederholten Transaktionen und unterschiedlichen Typen von Transaktionspartnern analysieren, wird hier nicht eingegangen. Es sei dazu auf die Literatur verwiesen.[59]

### 2.7.2 "Moral Hazard" zwischen einer Unternehmung und ihren Transaktionspartnern

Der Reputationsmechanismus ermöglicht im Fall von Moral Hazard das Zustandekommen von Transaktionen, die ohne diesen Mechanismus nicht getätigt würden. Dies soll anhand der Grundzüge eines von Klein und Leffler entwickelten Modells erläutert werden.[60] In diesem Modell entscheidet sich eine durch den Wettbewerb bestimmte Zahl n von Unternehmungen, die einem Kontinuum von Konsumenten gegenüberstehen, dafür, in einen Markt zu den Kosten F einzutreten. Auf dem

---

[59] Vgl. unter anderem Kreps et al. 1982, Kreps/Wilson 1982, Kreps 1990, Diamond 1989, Schmalensee 1982 und Schmidt 1993.

[60] Vgl. Klein /Leffler 1981. Zur spieltheoretischen Darstellung vgl. Rasmusen 1989. Reputationsmodelle für Produktmärkte entwickeln auch v. Weizsäcker 1980, Shapiro 1983 und Allen 1984.

Markt wird ein Produkt mit einer Lebenszeit von einer Periode gehandelt, das durch seine Qualität gekennzeichnet ist, die entweder hoch oder niedrig sein kann. Sodann entscheidet die Unternehmung unbeobachtet von den Konsumenten, ob sie hohe oder niedrige Qualität produziert. Vereinfachend wird angenommen, daß bei hoher Qualität die marginalen Kosten c und bei niedriger Qualität keine marginalen Kosten entstehen. Die Unternehmung entscheidet auch über den Preis p. Die Konsumenten kaufen von den Unternehmungen, die den niedrigsten Preis p verlangen und entweder noch keine Reputation oder die Reputation, immer hohe Qualität geliefert zu haben, besitzen. Von jeder Unternehmung i wird dabei die Menge $m_i$ gekauft. Daraufhin wird das Produkt konsumiert. Den Konsumenten entsteht aus dem Konsum hoher Qualität ein monetärer Nutzen q. Durch den Konsum niedriger Qualität entstehe ein Nutzen von Null. Beim Konsum wird die Qualität, die jede Unternehmung liefert, beobachtet. Die Beobachtungen können kostenlos kommuniziert werden und schlagen sich in der Reputation der Unternehmung nieder. In der nächsten Periode entscheiden die Unternehmungen wieder, welche Qualität sie liefern wollen, usw. Wäre die beschriebene Transaktion einmalig, würde die Unternehmung niedrige Qualität produzieren und die Konsumenten keine Produkte kaufen. Die Situation entspricht einem einseitigen Gefangenendilemma.

Da die Transaktion hier jedoch unendlich oft wiederholt wird, können die Konsumenten ihre Strategie auf die ihre Erfahrungen mit der Unternehmung widerspiegelnde Reputation abstellen. Die von Klein und Leffler vorgeschlagene Strategie "Nur dann kaufen, wenn in der Vergangenheit keine niedrige Qualität geliefert wurde" scheint plausibel zu sein. Daher lohnt es sich für die Unternehmung, hohe Qualität zu liefern und dadurch eine entsprechende Reputation aufzubauen bzw. zu erhalten. Die Anreizverträglichkeitsbedingung lautet dabei:

$$m_i p/(1+r) \leq m_i(p-c)/r \quad \Longleftrightarrow \quad p \geq (1+r)c \qquad (2.7.2.1)$$

Aufgrund des Preiswettbewerbs wird sich der qualitätssichernde Gleichgewichtspreis von $p = (1+r)c$ einstellen. Dieser qualitätssichernde Preis liegt über den marginalen Kosten. Er beinhaltet die sogenannte Qualitätsprämie. Zu diesem Preis werden solange Unternehmen in den Markt eintreten, bis die Profite Null betragen:

$$m_i(p-c)/r = F \quad \Longrightarrow \quad m_i = F/c \qquad (2.7.2.2)$$

Die Anzahl der in den Markt eintretenden Unternehmungen ergibt sich dann aus der beim Gleichgewichtspreis herrschenden Gesamtnachfrage.[61]

---

[61] Aufgrund der Ganzzahligkeitsbedingung ergibt sich ein Existenzproblem, auf das hier jedoch nicht eingegangen wird. Vgl. dazu die Hinweise bei Rasmusen 1989 S. 105.

Sind die Markteintrittskosten F nicht exogen festgelegt, sind die von den Unternehmungen angebotenen Mengen und die Anzahl der Unternehmungen undeterminiert. Klein und Leffler nehmen an, daß in diesem Fall (bei gegebener Zahl von Unternehmungen) die Profite dadurch im Wettbewerb verschwinden, daß die Unternehmungen markenspezifische Investitionen tätigen, die verloren sind, wenn die Qualitätsreputation nicht aufrechterhalten wird. Als Beispiele für solche versunkenen Investitionen sehen Klein und Leffler Aufwendungen für die Entwicklung eines Firmenlogos oder für markenspezifische Produktionsanlagen.

Der Reputationsmechanismus funktioniert nur dann effizient, wenn die Transaktionspartner der Unternehmung erkennen können, ob die Unternehmung sich vertrauenswürdig verhält oder nicht. Während im dargestellten Beispiel davon ausgegangen wurde, daß die Qualität des Produkts direkt erkennbar ist und einfach entweder hoch oder niedrig sein kann, resultiert die Gesamtqualität von Produkten in der Realität aus einer Vielzahl von Eigenschaften und kann theoretisch ein Kontinuum von Ausprägungen annehmen. Eine eindeutige Reputation kann nur aufgrund der Eigenheiten der menschlichen Wahrnehmung entstehen. Wie in Abschnitt 4 erläutert werden wird, entsteht aus der Vielzahl der wahrgenommenen Eigenschaften eines Objekts ein prägnanter Gesamteindruck. Dieser Gesamteindruck kann nur diskrete Ausprägungen annehmen und deshalb auch eindeutig kommuniziert werden. Das Verhalten der Unternehmung ist deshalb für alle Transaktionspartner erkennbar und der Reputationsmechanismus wirksam.

### 2.7.3 "Moral Hazard" zwischen den Angehörigen einer Unternehmung

Die Wohlfahrt des einzelnen Arbeitnehmers hängt nicht nur davon ab, daß die Unternehmung sich ihm gegenüber kooperativ verhält, sondern auch davon, ob die anderen Unternehmensangehörigen sich im Fall von "Moral Hazard" kooperativ verhalten. Kann der einzelne Arbeitnehmer darauf vertrauen, daß sich die anderen Unternehmensangehörigen kooperativ verhalten, wird auch er sich kooperativ verhalten. Cremer konnte im Rahmen eines Modells zeigen, daß bei Organisationen mit unbegrenzter Lebensdauer Kooperation unter den der Organisation nur eine begrenzte Zeit zugehörigen Mitgliedern etabliert werden kann.[62]

In diesem Modell legt jeder der in der Organisation tätigen Agenten $i = 1, 2, ..., n$, $n \geq 3$, am Anfang einer Periode sein Anstrengungsniveau $x_i \geq 0$ fest.[63] Dafür ent-

---

[62] Vgl. Cremer 1986. Bull (1987) entwickelt ebenfalls ein Modell, bei dem durch "Moral Hazard" bedingte Effizienzverluste mit Hilfe eines auf der Unternehmensreputation beruhenden Mechanismus' verringert werden.

[63] Zur Notwendigkeit der Annahme $n \geq 3$ vgl. Cremer 1986 S. 39 und S. 47f. Bei der im folgenden dargestellten Strategie ergibt sich bei $n = 2$ keine Kooperation.

stehen Kosten in Höhe von $\alpha(x_i)$. Am Ende der Periode beobachtet er seinen Payoff:

$$u_i(x_1, x_2, ..., x_n) = f(\sum_{j=1}^{n} x_j) - \alpha(x_i), \text{ mit f konkav und } \alpha \text{ konvex.} \quad (2.7.3.1)$$

Es wird angenommen, daß eine Gefangenendilemmasituation vorliegt: $f(z) - \alpha(0) > f(z+x) - \alpha(x)$ für alle x und alle z. Eine in einer kurzlebigen Organisation wegen des Trittbrettfahrerproblems nicht erreichbare sogenannte m-kooperative Lösung zeichnet sich dadurch aus, daß m Agenten zum Wohl der Organisation kooperieren, während der Rest das Anstrengungsniveau Null wählt. Das von den kooperierenden Agenten gewählte Anstrengungsniveau $y^m$ berechnet sich aus:

$$y^m \in \underset{y \geq 0}{\arg\max} \; nf(my) - m\alpha(y) \quad (2.7.3.2)$$

bzw. aus der Bedingung erster Ordnung:

$$nf'(my^m) = \alpha'(y^m). \quad (2.7.3.3)$$

Eine $y^{n-1}$-kooperative Lösung läßt sich bei unendlicher Lebensdauer der Organisation erreichen. Es wird davon ausgegangen, daß in jeder der Perioden $t = 1, 2, ..., \infty$ n der Organisation angehörende Agenten leben. Ihr Alter $\theta$ sei $\theta = 1, 2, ..., n$. Die Lebensdauer der Agenten beträgt n. Agent t, $t \geq 1$, wird am Anfang der Periode geboren und stirbt am Ende der Periode t+n. Am Anfang der Periode 1 leben die Agenten -n+2, -n+3, .., 0 und 1.

Cremer betrachtet lediglich Trigger-Strategien, die sich dadurch auszeichnen, daß der n-Vektor x, der die Anstrengungsniveaus $x_\theta$ der Arbeiter vom Alter $\theta$ angibt, fest ist. Das heißt, wenn in einer Periode $t \geq 1$ ein Agent vom Alter $\theta$, $\theta = 1, ..., n$, ein Anstrengungsniveau $x_\theta$ wählt, wird in der Periode t+1 der Agent vom Alter $\theta$, $\theta = 1, ..., n$, ebenfalls $x_\theta$ wählen. Wenn in irgendeiner Periode t ein Agent vom Alter $\theta$ von $x_\theta$ abweicht, wählen alle Agenten in der folgenden Periode t+1 das Anstrengungsniveau Null.

Wenn ein Agent einen Anreiz haben sollte, von $x_\theta$ abzuweichen, wird er aufgrund der getroffenen Annahmen das Nullniveau wählen. Dann werden aber aufgrund der beschriebenen Strategien in allen folgenden Perioden alle Agenten das Nullniveau wählen. Hat kein Agent einen Anreiz zu betrügen, ist x ein stationäres Gleichgewicht.

Aus der Annahme $f(z) - \alpha(0) > f(z+x) - \alpha(x)$ für alle z, folgt unmittelbar, daß im stationären Gleichgewicht der älteste Agent immer das Anstrengungsniveau Null wählt. Die Kooperation zwischen den anderen n-1 Agenten ist jedoch möglich.

❏ *Satz:* Gilt $f((n-1)y^{n-1}) - \alpha(y^{n-1}) \geq 0$, dann ist die (n-1)-kooperative Lösung erreichbar: $x = (y^{n-1}, y^{n-1}, ..., y^{n-1}, 0)$ ist ein mögliches stationäres Gleichgewicht.

○ *Beweis:* Ein Agent vom Alter n hat offensichtlich keinen Anreiz, vom Gleichgewicht abzuweichen. Für einen Agenten vom Alter $\theta < n$ beträgt die Veränderung des Payoffs bei einem Abweichen von der (n-1)-kooperativen Lösung: $[f((n-2)y^{n-1}) - \alpha(0)] - [(n-\theta+1)f((n-1)y^{n-1}) - (n-\theta)\alpha(y^{n-1})]$. Da diese Veränderung wegen der Annahme, daß $f((n-1)y^{n-1}) - \alpha(y^{n-1}) \geq 0$ und daß f monoton wächst, negativ ist, hat kein Agent einen Anreiz abzuweichen. q.e.d.

Damit ist gezeigt, daß die Existenz einer Organisation mit unendlichem Zeithorizont unter bestimmten Voraussetzungen das Zustandekommen von Kooperation unter den Angehörigen ermöglichen kann. Es ist wieder der Reputationsmechanismus, der dafür sorgt. In diesem Fall bezieht sich die Reputation aber nicht wie bei dem zuvor dargestellten Mechanismus auf das Verhalten der Unternehmung selbst, sondern auf eine Verhaltensregel, die die Angehörigen der Unternehmung befolgen. Natürlich kann eine so weitgehende Kooperation wie hier aufgezeigt nur deshalb erreicht werden, weil es den Organisationsmitgliedern möglich ist zu erkennen, wann vom Gleichgewicht abgewichen wird. Kritisch für das aufgezeigte Ergebnis ist darüber hinaus die Annahme, daß ein Zeitintervall zwischen der Wahl des Anstrengungsniveaus und der Beobachtung der Ergebnisse liegt. Cremer vertritt die Ansicht, daß dies nur für Organisationsmitglieder zutrifft, die Tätigkeiten mit einem hohen Grad an Autonomie ausüben, wie Handelsvertreter oder insbesondere das Topmanagement. Diese Annahme dürfte jedoch nicht so kritisch sein, da auch bei untergeordneten Tätigkeiten häufig eine Zeitverschiebung zwischen Anstrengung und Realisierung der Ergebnisse auftritt. So werden z.B. Fehler, die in der Produktion auftreten, häufig erst nach Reklamationen durch Kunden bekannt.

### 2.7.4 "Moral Hazard" zwischen einer Unternehmung und ihren Arbeitnehmern

Im folgenden soll anhand des Modells von Kreps dargestellt werden, inwieweit der Reputationsmechanismus bei "Moral Hazard" zwischen einer Unternehmung und ihren Arbeitnehmern wirkt.[64] Die Analyse von Kreps geht davon aus, daß Arbeitnehmer mit der Unternehmung, der sie angehören, einen Arbeitsvertrag abgeschlossen haben. Die Durchführung eines Arbeitsverhältnisses im Rahmen einer langfristigen Beziehung hat Effizienzvorteile, da die Durchführung effizienzsteigernder spezifischer Investitionen, insbesondere seitens der Arbeitnehmer, ermöglicht wird. Aufgrund der damit verbundenen hohen Transaktionskosten kann

---

[64] Vgl. Kreps 1990b.

der Arbeitsvertrag jedoch nicht für alle möglichen zukünftigen Umweltzustände festlegen, welche Arbeitsleistung zu erbringen ist. Das bedeutet, die Anforderungen an den Arbeitnehmer bleiben, wenn er den Vertrag abschließt und spezifische Investitionen tätigt, ex ante unspezifert.[65] Der Arbeitsvertrag unterstellt die Arbeitnehmer den Weisungen der Unternehmung, d.h. die Unternehmung darf ex post in einem gewissen Rahmen bestimmen, was der Arbeitnehmer zu tun hat. Nach Simon wird ein solches Verhältnis als Autoritätsverhältnis bezeichnet.[66] Der Arbeitnehmer wird nur dann einen solchen Vertrag eingehen und spezifische Investitionen tätigen, wenn er darauf vertrauen kann, daß die Unternehmung ihre Autorität nicht mißbraucht. Würde die Unternehmung nur einmal mit einem Arbeitnehmer einen solchen Arbeitsvertrag abschließen, würde eine Gefangenendilemmasituation vorliegen, bei der die Unternehmung ihre Autorität mißbraucht und der Arbeitnehmer keinen solchen Vertrag eingeht. Das heißt, die effiziente Transaktion würde nicht zustandekommen.

Nimmt man dagegen an, daß die Unternehmung eine unbegrenzte Lebensdauer hat und immer wieder mit Arbeitnehmern gleichartige Verträge abschließt, kann die kooperative Lösung möglich sein. Als Beispiel diene eine Situation, in der ein Arbeitnehmer für die Produktion einer Unternehmung eine Leistung q erbringe, die nur erbracht werden kann, wenn der Arbeitnehmer zuvor eine spezifische Investition $e = e^c$ zu Kosten $C = e$ getätigt hat. Ob der Arbeitnehmer spezifisch investiert ($e = e^c$) oder nicht ($e = 0$), kann beobachtet, aber nicht verifiziert werden.

Zum Zeitpunkt 0 können die Unternehmungen und der Arbeitnehmer jedoch nur einen Vertrag abschließen, der die Art der Leistung q grob festlegt. Die zur Erbringung der Leistung q durchzuführenden Maßnahmen seien jedoch äußerst komplex und vom Umweltzustand θ (Eintrittswahrscheinlichkeit φ(θ)) abhängig. Weil die genaue vertragliche Festlegung der in jedem möglichen Umweltzustand θ zu ergreifenden Maßnahmen zu kostenintensiv ist, kann die vertragliche Festlegung der Art der Leistung nur so genereller Art sein, daß die Vertragsparteien aufgrund ihrer Sachkenntnisse zwar später erkennen können, ob der Vertrag seinem Sinne nach eingehalten wurde oder nicht, eine gerichtliche Durchsetzung wegen zu hoher Kosten jedoch nicht in Frage kommt. Wird der Vertrag abgeschlossen, kann die Unternehmung zum Zeitpunkt 1 die Ausprägung der Leistung q wählen. Dies kann in Hinblick auf die sich aufgrund der Transaktion einstellenden Renten unter anderem so erfolgen, daß die Leistung $q^{nc}(\theta)$, die den Nutzen der Anteilseigner v(q,e) maximiert, oder die Leistung $q^c(\theta)$, die die gemeinsame Wohlfahrt u(q,e)+v(q,e) von Arbeitnehmer und Anteilseignern maximiert, gewählt wird. Zunächst sei vereinfachend unterstellt, daß die bei kooperativem bzw.

---

[65] Vgl. Kreps 1990b S. 99.
[66] Vgl. Simon 1951 S. 293f.

nichtkooperativem Verhalten realisierten Nutzen vom Umweltzustand unabhängig sind. Es wird davon ausgegangen, daß ein Interessenkonflikt nach der Art des Gefangenendilemmas vorliegt, das heißt: $v(q^c(\theta),e) < v(q^{nc}(\theta),e)$, $u(q(\theta),e^c) < u(q(\theta),0)$, $v(q^c(\theta),e^c) > v(q^{nc}(\theta),0)$ und $u(q^c(\theta),e^c) > u(q^{nc}(\theta),0)$. Im weiteren wird angenommen, daß $v(q^{nc}(\theta),0) = u(q^{nc}(\theta),0) = 0$ gilt.

Bei ökonomisch rationalem Verhalten ist bei einmaliger Durchführung der Transaktion zu erwarten, daß die Unternehmung die Art der Leistung $q^{nc}$ wählt, der Arbeitnehmer dies antizipiert und daher nicht investiert bzw. keinen Vertrag abschließt. Dies ist für das beschriebene Spiel das einzige Nash-Gleichgewicht. Die effiziente Transaktion kommt beim einmaligen Spiel also nicht zustande.

Ein Zustandekommen ist aus ökonomischer Sicht dann möglich, wenn die Beziehung auf einen grenzenlosen Zeithorizont angelegt ist, in dem die Transaktion unendlich oft wiederholt wird. Dies ist der Fall, wenn die Unternehmung und der Arbeitnehmer die Strategie verfolgen "Kooperiere so lange, bis die andere Partei einmal nicht kooperiert". Für den Arbeitnehmer lohnt sich Kooperation bei gegebener Strategie der Unternehmung, da diese bei einmaliger Nichtkooperation unmittelbar mit Nichtkooperation antwortet und dann das suboptimale nichtkooperative Gleichgewicht realisiert wird. Die Unternehmung steht nun bei jeder periodischen Wiederholung vor der Wahl, auf die Kooperation des Arbeitnehmers mit Kooperation zu antworten oder nicht. Wird eine Zinsrate r angenommen, erhält die Unternehmung bei Nichtkooperation $v(q^{nc}(\theta),e^c)/(1+r)$ und bei Kooperation $v(q^c(\theta),e^c)/r$.[67] Ist $v(q^c(\theta),e^c) \geq rv(q^{nc}(\theta),e^c)/(1+r)$, kommt die effiziente Transaktion zustande, da es die beste Strategie der Unternehmung und des Arbeitnehmers ist zu kooperieren.

Es fragt sich nun, was passiert, wenn bei dem beschriebenen Spiel mit unendlichem Zeithorizont die Unternehmung die Transaktionen nicht immer nur mit demselben Arbeitnehmer abwickelt, sondern mit wechselnden Partnern. Man kann sich leicht überlegen, daß dann, wenn die potentiellen Partner der Unternehmung die Erfahrungen der vorhergehenden Arbeitnehmer beobachten können, das kooperative Gleichgewicht erreicht werden kann.

Dies ist auch dann der Fall, wenn man berücksichtigt, daß der Eigner der Unternehmung nur eine begrenzte Lebensdauer hat. Hat die Unternehmung bisher kooperiert, werden die Arbeitnehmer davon ausgehen können, daß sie auch in Zukunft kooperiert. Daher werden die Transaktionen fortlaufend kooperativ abgewickelt. Die Unternehmung besitzt zu einem bestimmten Zeitpunkt einen Wert in Höhe des Gegenwerts der in Zukunft möglichen Transaktionen: $v(q^c(\theta),e^c)/r$. Für den jeweiligen Eigner lohnt es sich, das in die Unternehmung gesetzte Vertrauen zu

---

[67] Mathematisch äquivalent ist die Annahme, daß das Spiel in der nächsten Runde mit der Wahrscheinlichkeit $1/(1+r)$ endet.

würdigen, denn er kann das Unternehmen jederzeit zum Marktwert verkaufen und den Erlös konsumieren.

Der beschriebene Mechanismus beruht darauf, daß das Verhalten der Unternehmung wahrgenommen wird und sich in ihrer Reputation niederschlägt. Die Transaktionspartner der Unternehmung stellen ihr Verhalten auf die Reputation ab. Deswegen ist die Reputation für die Unternehmung wertvoll, und sie verhält sich so, daß diese Reputation für sie wertvoll bleibt. Der Mechanismus wird häufig als impliziter Kontrakt bezeichnet, da eine explizite Vereinbarung nicht notwendig und nicht möglich ist.

Er arbeitet im Prinzip auch dann, wenn von den Arbeitnehmern der Unternehmung nicht der realisierte Umweltzustand beobachtet werden kann, sondern nur die realisierten Nutzenwerte. Die Wahrscheinlichkeit für das Auftreten eines bestimmten Nutzenwertes hängt davon ab, wie sich die Unternehmung verhält. Deshalb können die Arbeitnehmer ihre Strategie auf die sich für sie ergebenden Nutzenwerte abstimmen. Mit dem Verlust an Information ist allerdings auch ein Effizienzverlust verbunden, wie das folgende Beispiel zeigen soll. Dabei wird die Investitionsentscheidung der Arbeitnehmer zur Vereinfachung nicht berücksichtigt. Es seien nur zwei Umweltzustände $\theta_1$ und $\theta_2$ mit den Eintrittswahrscheinlichkeiten $\varphi_1$ und $\varphi_2 = 1-\varphi_1$ möglich. Im Zustand $\theta_1$ werden unabhängig vom Verhalten der Unternehmung die Nutzen $u_1(q^c(\theta_1)) = u_1(q^{nc}(\theta_1)) = u_1$ und $v_1(q^c(\theta_1)) = v_1(q^{nc}(\theta_1)) = v_1$ erreicht und im Zustand $\theta_2$ abhängig vom Verhalten $u_2(q^c(\theta_2))$ bzw. $u_2(q^{nc}(\theta_2)) < u_2(q^c(\theta_2))$ und $v_2(q^c(\theta_2))$ bzw. $v_2(q^{nc}(\theta_2)) > v_2(q^c(\theta_2))$. Es wird angenommen, daß der Nutzen des Arbeitnehmers im Zustand $\theta_1$ genauso hoch ist wie sein Nutzen im Zustand $\theta_2$, wenn der Arbeitgeber nicht kooperiert, d.h. $u_1 = u_2(q^{nc}(\theta_2))$. Die Arbeitnehmer der Unternehmung können in diesem Fall beispielsweise die Strategie spielen "Wenn $u_1$ auftritt, wird n Perioden lang nicht kooperiert".

Der Erwartungswert des Profits der Unternehmung beträgt bei einem Diskontierungsfaktor d, wenn sie immer kooperiert:

$$v = (1-\varphi_1)(v_2(q^c(\theta_2)) + dv) + \varphi_1(v_1 + d^{n+1}v) \qquad (2.7.4.1)$$

Löst man nach v auf, ergibt sich:

$$v = [(1-\varphi_1)v_2(q^c(\theta_2)) + \varphi_1 v_1]/[1-(1-\varphi_1)d-\varphi_1 d^{n+1}] \qquad (2.7.4.2)$$

Wenn vertrauenswürdiges Verhalten der Unternehmung die beste Antwort auf die Strategie der Arbeitnehmer sein soll, müssen die folgenden Bedingungen erfüllt sein:

$$v_2(q^c(\theta_2)) + (1-d)v \geq v_2(q^{nc}(\theta_2)) + (1-d)^{n+1}v \qquad (2.7.4.3)$$

Diese Bedingung ergibt sich, weil es sich für die Unternehmung nicht lohnen darf, im Zustand $\theta_2$ zu täuschen und n Strafperioden auf sich zu nehmen. Durch Einsetzen des berechneten v läßt sich die minimale Dauer n der Bestrafungsaktion ermitteln, bei der die Unternehmung sich vertrauenswürdig verhält. Die Transaktionspartner der Unternehmung werden daran interessiert sein, diese minimal zu wählen, da die Strafaktion für sie mit Kosten verbunden ist, die von der Dauer n abhängen. Da sich in jedem Fall n > 0 ergibt, tritt gegenüber dem Fall mit Beobachtbarkeit des Umweltzustandes ein Effizienzverlust auf, dessen Höhe von den genauen Parameterwerten abhängt. Das Ergebnis ist trotzdem besser als es ganz ohne den Reputationsmechanismus wäre, da die effiziente Transaktion im Gleichgewicht in den Perioden, in denen keine Strafaktion stattfindet, zustandekommt. Zur Vollständigkeit sei angemerkt, daß es sich bei dem dargestellten Beispiel dann, wenn $v_1 + (1-d)^{n+1}v \leq v_1 - (u_2(q^c(\theta_2)-u_1) + (1-d)v$ gilt, für die Unternehmung im Zustand $\theta_1$ lohnt, den Transaktionspartner so zu stellen, als ob der Zustand $\theta_2$ eingetreten sei, und dadurch eine Bestrafung zu vermeiden.

In jedem Fall zeigt sich, daß das Zustandekommen der effizienten Transaktion stark davon abhängig ist, wie gut beobachtbar ist, ob die Unternehmung sich kooperativ verhält oder nicht. Was aber ist dann in einer konkreten komplexen Situation kooperatives Verhalten, wenn die Transaktionspartner dies nicht ex ante festgelegt haben? Kreps verweist in diesem Zusammenhang auf Schellings Konzept der Focal Points.[68] Schelling zeigte für ausgewählte Koordinationsspiele mit einer Vielzahl von möglichen Gleichgewichten anhand von beispielhaften Experimenten, daß den Spielern durch Anwendung sich aus der spezifischen Spielsituation ergebender Prinzipien auch ohne Kommunikation eine gezielte Koordination möglich ist. Dies zeigt sich daran, daß von den vielen möglichen Gleichgewichten ausschließlich einige bestimmte Gleichgewichte - die "Focal Points" - realisiert werden. Ein Beispiel ist folgendes Spiel: Gegeben seien die elf Buchstaben A, B, C, D, H, K, L, M, N, P, S. Zwei Personen sollen sich aus diesen Buchstaben unabhängig voneinander eine bestimmte Anzahl aussuchen. Die eine muß unter den von ihr ausgesuchten Buchstaben B haben und die andere S. Für jeden Buchstaben, der auf der ausgewählten Liste einer Person erscheint, erhält diese einen Geldpreis unter der Bedingung, daß sich die beiden Listen nicht überschneiden. Wird dieses Spiel, das 512 Gleichgewichte besitzt, durchgeführt, ergibt sich üblicherweise eine Aufteilung nach der alphabetischen Reihenfolge der Buchstaben: A, B, C, D, H und L, M, N, P, S. Der elfte Buchstabe K erscheint häufig auf keiner Liste, da eine Zuordnung eine Ungleichheit zwischen beiden Spielern erzeugen würde.

Kreps geht davon aus, daß die sich auf eine Reputation verlassenden Transaktionspartner auch in realen komplexen Situationen aus der Situation heraus

---

[68] Vgl. Schelling 1960 und Kreps 1990b S. 100 ff.

erkennen, welches Verhalten die sich aus der Reputation ergebende Verhaltensregel erfordert.

Als ein Beispiel für einen auf dem Reputationsmechanismus aufbauenden impliziten Kontrakt zwischen einer Unternehmung und ihren Arbeitnehmern kann das (früher) bei IBM geltende Versprechen angesehen werden, Arbeitnehmer nicht zu entlassen, wenn sie sich keine Verfehlung zu Schulden kommen lassen bzw. wenn es nicht zu einer schweren Krise kommt.[69] Es ist klar, daß sich immer Situationen ergeben können, in denen es für IBM kurzfristig gesehen vorteilhaft ist, Arbeitnehmer auch dann zu entlassen, wenn weder eine Verfehlung noch eine schwere Krise aufgetreten ist. Langfristig gesehen ist es jedoch anscheinend besser, die geschilderte Reputation aufzubauen und so das Zustandekommen von effizienten Arbeitsverträgen zu ermöglichen.

**2.7.5 Zur Bedeutung der Theorie der Verträge bei wiederholten Transaktionen**

Die dargestellten Theorien sollen erklären, wie es aufgrund der Existenz einer Reputation zu kooperativen Handlungsweisen kommen kann. Sie weisen jedoch eine Reihe von Problemen auf.

Ein Problem technischer Art besteht darin, daß die Formalisierung des Reputationsmechanismus häufig so wie bei den vorgestellten Modellen in der Form von Spielen mit einem unendlichen Zeithorizont erfolgt. Diese Spiele besitzen in der Regel eine Vielzahl von möglichen Gleichgewichten, wobei die genaue Zahl von der Abgrenzung der möglichen Strategien abhängt. Das Entstehen von Kooperation ist jedoch in den dargestellten Modellen nur ein mögliches, d.h. kein zwingend entstehendes Ergebnis. Kooperation entsteht dann, wenn eine oder beide an der wiederholten Transaktion beteiligten Seiten die Strategie verfolgen "Kooperiere so lange, bis ein Transaktionspartner einmal nicht kooperiert". Eine spieltheoretische Begründung für diese Strategie gibt es nicht, obwohl diese einleuchtend erscheint.[70] Allerdings kann man unter Umständen mit der Hilfe von wahrnehmungspsychologischen Erkenntnissen rechtfertigen, daß diese Strategie vor anderen ausgezeichnet ist: Sie ist besonders einfach und klar oder in anderen Worten "prägnant". Deshalb kann das Gleichgewicht, in dem Vertrauen entsteht, als "Focal Point" im Sinne von Schelling angesehen werden.[71]

Eine grundsätzliche Kritik richtet sich gegen die Annahme eines unendlichen Zeithorizonts. Da das Universum mit Sicherheit irgendwann nicht mehr existiert, gibt es auch mit Sicherheit eine letzte Periode. In dieser letzten Periode kann keine Kooperation zustandekommen. Da sich die Spieler in der vorletzten Periode dessen

---

[69] Vgl. zu diesem Beispiel Holmström/Tirole 1989 S. 76.
[70] Vgl. Rasmusen 1989 S. 96 f.
[71] Vgl. Schelling 1960.

bewußt sind, kann es auch in dieser Periode keine Kooperation geben, usw. bis zur ersten Periode. Dies ist das bekannte Rückwärtsinduktionsargument, das erstmals von Selten diskutiert wurde.[72] Formal läßt sich das Problem dadurch umgehen, daß angenommen wird, daß es mit einer gewissen Wahrscheinlichkeit Personen bzw. Unternehmungen gibt, die durch Personen geleitet werden, die Vertrauen aus moralischen Gründen nicht mißbrauchen. Dann läßt sich Vertrauen im Gleichgewicht aufrechterhalten, wenn das Spiel noch eine genügende aber endliche Anzahl von Perioden andauert.[73] Die Annahme läßt sich jedoch aufgrund ökonomischer Theorien nicht rechtfertigen und scheint daher wie die Annahme eines unendlichen Zeithorizonts ein mehr oder weniger willkürlicher technischer Trick zu sein. Das Rückwärtsinduktionsproblem kann daher auch nicht als gelöst angesehen werden.

Kreps untersucht nicht nur, wie durch die Existenz der Reputation einer Unternehmung Vertrauen entstehen kann, sondern begründet im Rahmen seiner Theorie sogar die Existenz von Unternehmungen mit Hilfe des Reputationsmechanismus. Die Unternehmung als Träger einer Reputation ermöglicht seiner Ansicht nach das Zustandekommen effizienter Transaktionen im Fall von kontraktualen Problemen. Sieht man jedoch die Reputation als die Seele der Unternehmung an, fragt sich, warum die Unternehmung nicht als ein vom Sach- und Humankapital losgelöstes Label existieren kann. Einen Hinweis auf die Richtung der Beantwortung dieser Frage gibt der Beitrag von Klein und Leffler.[74] Unternehmungen werden sich nur dann vertrauenswürdig verhalten, wenn die Gegenleistung, die sie erhalten, nicht nur die Kosten deckt, sondern zusätzlich eine Prämie für vertrauenswürdiges Verhalten beinhaltet. Durch diesen Prämienstrom entstehen Gewinne, die den Markteintritt anderer Unternehmen provozieren. Durch den Wettbewerb müssen also die Gewinne verschwinden. Dies kann dadurch geschehen, daß versunkene Investitionen getätigt werden, die wertlos sind, wenn die Reputation nicht aufrecht erhalten wird, und deshalb den Transaktionspartnern der Unternehmung glaubhaft machen, daß Vertrauen nicht mißbraucht wird. Als solche versunkenen Investitionen können auch die Kosten für die Zusammenstellung einer Unternehmung angesehen werden[75], denn der Zerschlagungswert einer Unternehmung liegt immer wesentlich unter dem Fortführungswert.[76] Ist die Existenz der Unternehmung gefährdet, wenn sie sich nicht vertrauenswürdig verhält und deshalb ihre Reputation verliert, kann man verstehen, daß Unternehmungen nicht als reines

---

[72] Vgl. Selten 1978.

[73] Vgl. unter anderem Kreps et al. 1982, Kreps/Wilson 1982, Diamond 1989 und Schmidt 1993.

[74] Vgl. Klein/Leffler 1981.

[75] Vgl. Alchian 1984. Dieser betont, daß hohe Kosten entstehen, wenn ein "Team" erfolgreich zusammengestellt wird.

[76] Vgl. Streim 1988 S. 75.

"Label" existieren. In der Realität gibt es auch Formen von Unternehmungen, die der Vorstellung vom "Label" sehr nahe kommen. Als Beispiele wären reine Handelsunternehmen zu nennen, die gezielt eine Handelsmarke aufbauen, oder auch Franchise-Unternehmen.

Wird der Zweck einer Unternehmung darin gesehen, als Reputationsträger zu fungieren, stellt sich aus der Sicht der Theorie der Unternehmung die wesentliche Frage, was die Grenzen der Unternehmung bestimmt. Kreps hat in seinem Beitrag dieses Problem gesehen, sich allerdings nur vage damit auseinandergesetzt. Er schreibt:

"The point is simple: Wider scope, in the sense of more types of contingencies that must be dealt with, can be dealt with in one of two ways. One could employ a wider range of principles/contracts, but then one may increase ambiguity about how any single contingency should be handled. Increased ambiguity is bad for maintaining reputations. Alternatively, one can keep (in a larger and larger span) the same quite clear focal principle/implicit contract/corporate culture. But then as the span or type of contingencies encountered increases, that principle/contract/culture is being applied in contingencies to which it will be less and less appropriate. At some point, the benefits from widening the scope of the organization are outweighed by the inefficiencies engendered, and we will have a natural place to break between organizations."

Diese Überlegung von Kreps ist sehr interessant, wurde aber bisher in der ökonomischen Theorie der Unternehmung nicht weiterentwickelt.

## 2.8 Ein Arbeitsprogramm

Der hier gegebene Überblick über vertragstheoretische Beiträge zur Theorie der Unternehmung verdeutlicht, daß sich Grenzen der Unternehmung am ehesten durch die Unvollständigkeit von Verträgen im Zusammenhang mit spezifischen Investitionen erklären lassen. Im folgenden soll anhand von drei unterschiedlichen theoretischen Analysen gezeigt werden, daß es neben den von der Theorie der unvollständigen Verträge aufgezeigten Determinanten von Grenzen der Unternehmung noch andere, bisher nicht untersuchte Einflußfaktoren gibt.

Der erste Beitrag schließt sich direkt an die Analyse unvollständiger Verträge bei multilateralen Beziehungen und substitutionalen Investitionen an. Dabei soll gezeigt werden, daß es dann, wenn es aufgrund von Skalenerträgen vorteilhaft ist, daß ein Lieferant mehrere Konsumgüterproduzenten mit einem Faktor nichtbeobachtbarer Qualität beliefert, zu Kosten einer vertikalen Integration kommen kann. Die grundlegende Idee ist gut zu verstehen, wenn man sich eine Situation vorstellt, bei der es wegen der Skalenerträge effizient wäre, daß eine vertikal integrierte Unternehmung einen Konkurrenten beliefert. Liegen asymmetrische Informationen vor und können aufgrund beschränkter Möglichkeiten zur Durchsetzung von Verträgen keine hinreichenden Anreize gegeben werden, wird die integrierte Unternehmung den Konkurrenten mit einem Faktor schlechter Qualität beliefern. Dieser wird dies antizipieren und unter Umständen rückwärts integrieren, was zu einer Situation führen kann, bei der alle Parteien schlechter gestellt sind als bei Nichtintegration. In diesem Fall kommt es nicht zu einer Integration.

Der zweite Beitrag beschäftigt sich mit den Anreizen zur horizontalen Integration. Angesichts der Tatsache, daß die meisten Beiträge, die bisher die Entstehung der Grenzen von Unternehmungen untersuchten, sich in erster Linie mit der vertikalen Integration beschäftigten, scheint es wichtig, sich auch mit der Frage nach den Bestimmungsgründen von Kosten der horizontalen Integration auseinanderzusetzen. Hierbei soll eine Situation untersucht werden, bei der konkurrierende Unternehmungen Güter unterschiedlicher Qualität produzieren und verkaufen können. Die Abnehmer können die Qualität der Güter jedoch nicht beobachten. Die Analyse baut auf der Beobachtung auf, daß Unternehmungen dann, wenn sie in einen Markt eintreten, in Technologien investieren, die sich hinsichtlich der relativen Vorteilhaftigkeit bei der Produktion eines bestimmten Qualitätsniveaus unterscheiden. Kennen die Abnehmer die der Unternehmung zur Verfügung stehenden Technologien, können sie auf die Anreize der Unternehmung, schlechte Qualität zu liefern, zurückschließen. Es soll gezeigt werden, daß es dann, wenn die Abnehmer die der Unternehmung zur Verfügung stehenden Technologien direkt beobachten können oder wenn die Abnehmer aus dem Spektrum der angebotenen Qualitäten auf diese zurückschließen können, für die anbietende Unternehmung aufgrund des Wettbewerbs vorteilhaft ist, ihr Angebotsspektrum zu begrenzen.

Der dritte Beitrag untersucht, inwieweit man zu neuen Antworten auf die Frage nach den Bestimmungsgründen von Unternehmensgrenzen gelangt, wenn das ökonomische, auf Nutzenfunktionen und davon unabhängigen Beschränkungen basierende Rationalitätskonzept durch ein realitätsnäheres, auf psychologischen Erkenntnissen beruhendes Rationalitätskonzept ersetzt wird. Dabei wird unterstellt werden, daß sich menschliches Verhalten als ein Streben nach konsistenten Wahrnehmungen, Erinnerungen, Gefühlen und Aktionen erklären läßt. Es soll gezeigt werden, daß die Unternehmung mit Hilfe dieses Verhaltensmodells als eine Institution, die eine effiziente Koordination von Humankapital ermöglicht, verstanden werden kann. Darüber hinaus soll dargelegt werden, daß es zu motivationsbedingten Kosten einer Integration kommen kann. Das zugrundeliegende Argument ist einfach. Integrationen von Unternehmungen wirken sich unter bestimmten Bedingungen auf das individuelle Verhalten der Angehörigen und der Transaktionspartner einer Unternehmung in einer Weise aus, die nachteilig für die Unternehmung ist. Deshalb kann es sich für die Unternehmung lohnen, nicht zu integrieren.

Die hier entwickelten Beiträge zur Theorie der Unternehmung scheinen auf den ersten Blick etwas willkürlich nebeneinander zu stehen. Es gibt aber neben der einheitlichen Fragestellung ein wichtiges verbindendes Element, nämlich die Bedeutung der Unternehmensidentität. Unter der Unternehmensidentität soll hier der von einer Vielzahl von Individuen geteilte Eindruck, der maßgeblich durch das Unternehmensverhalten, das Unternehmenserscheinungsbild und die Unternehmenskommunikation geprägt wird, verstanden werden.[77] In der Unternehmensidentität schlagen sich insbesondere die von einer Unternehmung ausgeführten und wahrnehmbaren Produktionsaktivitäten auf unterschiedlichen Produktionsstufen und in unterschiedlichen Produktsegmenten nieder.

In den ersten beiden, auf dem ökonomischen Rationalitätskonzept basierenden Beiträgen spielt die Unternehmensidentität dadurch eine Rolle, daß sie die Informationen bezüglich der Präsenz der als eine Einheit wahrgenommenen Unternehmung auf unterschiedlichen Produktionsstufen bzw. in verschiedenen Produktsegmenten an Außenstehende vermittelt. Da in den Modellen jedoch schlicht angenommen wird, daß den Vertragspartnern der Unternehmung diese Informationen zur Verfügung stehen, muß die Identität nicht explizit berücksichtigt werden. In der Realität ist die Unternehmensidentität jedoch der Informationsträger.

In dem dritten Beitrag, der sich auf ein realitätsnäheres Rationalitätskonzept stützt, spielt die Unternehmensidentität jedoch eine explizite Rolle. Sie ist maßgeblich bestimmend für das Verhalten von Angehörigen und Transaktionspartnern einer Unternehmung. Insofern wird im Rahmen dieses Beitrags auch ausführlich erläutert, wie sich die Entstehung der Unternehmensidentität mit Hilfe der Wahrnehmungspsychologie verstehen läßt.

---

[77] Vgl. Abschnitt 4.2.

# 3. Multilaterale Beziehungen und Grenzen der Unternehmung

## 3.1 Asymmetrische Informationen, Wettbewerb und die Anreize zur vertikalen Integration

### 3.1.1 Einführung

Lieferbeziehungen sind in der Realität häufig multilateral. Eine Zeitlang wurde diese Tatsache von der Theorie der Unternehmung vernachlässigt. Neuere Beiträge offenbaren jedoch, daß solche Beziehungen Eigenschaften aufweisen, die in bilateralen Beziehungen nicht gegenwärtig sind (insbesondere Hart und Moore (1990) sowie Bolton und Whinston (1990,1993)). Multilaterale Beziehungen sind oft so, daß aufgrund von Skalen- bzw. Bandbreiteneffekten oder aus anderen Gründen ein Faktorproduzent mehrere Konsumgüterproduzenten beliefert. Wenn die Konsumgüterproduzenten miteinander konkurrieren und ihre Erlöse von nichtbeobachtbaren Handlungen des Faktorlieferanten abhängen, beeinflußt die Integrationsentscheidung zweier Parteien die anderen Parteien.

Im folgenden wird versucht, zwei interessante Eigenschaften einer solchen Situation herauszuarbeiten. Zum einen kann es unter den geschilderten Bedingungen zu endogenen privaten Kosten einer Integration kommen, die bei bilateralen Beziehungen nicht auftreten. Dies kann man leicht verstehen, wenn man an eine Situation denkt, bei der die faktorproduzierende Einheit einer vertikal integrierten Unternehmung einen konkurrierenden Konsumgüterproduzenten beliefert. Bei eingeschränkter Möglichkeit zur vertraglichen Absicherung wird der belieferte Produzent befürchten, daß er im Hinblick auf die Faktorqualität betrogen wird, und deshalb rückwärts integrieren wollen. Die resultierende Situation kann derart sein, daß alle Parteien schlechter gestellt sind als bei Nichtintegration. Zum zweiten hat sich die Wettbewerbspolitik in der Vergangenheit vor allem mit den wettbewerbsbeschränkenden Auswirkungen von horizontaler Preisabstimmung und vertikaler Preisbeschränkung sowie horizontaler Integration und vertikaler Integration beschäftigt.[78] Im folgenden wird argumentiert, daß durch explizite oder implizite vertragliche Vereinbarungen beim Vorliegen asymmetrischer Informationen nur in eingeschränkter Weise Anreize zur Lieferung hochqualitativer Faktoren gegeben werden können. Aufgrund dieser Tatsache kommt es bei Nichtintegration zu sozial suboptimalen Qualitätsniveaus. Dies kann aber unter Umständen für die Unternehmungen einer Industrie vorteilhaft sein, da sozial suboptimale Niveaus der Faktorqualitäten zu Wettbewerbsbeschränkungen auf Absatz-

---

[78] Vgl. zu den Aufgaben der Wettbewerbspolitik und zum geltenden Wettbewerbsrecht Woll 1992 S. 113ff., Poser 1988 S. 211ff. und Hammes 1994.

märkten führen können. Im beschriebenen Zusammenhang bedeutet dies, daß eine Situation ohne jegliche Integration auch dann stabil sein kann, wenn sie sozial suboptimal ist.

Nun wird wie folgt vorgegangen: Im Abschnitt 3.1.2 wird das Modell vorgestellt. Dabei werden die Annahmen bezüglich der Technologie, der Vertragsmöglichkeiten und der zeitlichen Struktur im Detail beschrieben. Insbesondere werden die zulässigen Eigentums- und Lieferstrukturen gekennzeichnet. Die Analyse beginnt im Abschnitt 3.1.3 damit, daß die Niveaus der Anstrengungen bzw. Faktorqualitäten bei den unterschiedlichen Eigentums- und Lieferstrukturen bestimmt werden. Dies führt zu einem Vergleich der Anstrengungsniveaus mit dem erstbesten Niveau. Abschnitt 3.1.4 enthält die Ableitung der Eigentums- und Lieferstrukturen, die sozial optimal sein können. Es wird deutlich, daß dies nicht für sämtliche theoretisch möglichen Strukturen der Fall ist. Im Abschnitt 3.1.5 wird untersucht, welche Eigentums- und Lieferstrukturen tatsächlich entstehen können. Dazu ist es notwendig, die privaten, bei den alternativen Strukturen auftretenden Gewinne zu analysieren. Ein wichtiges Ergebnis ist, daß nur vier der fünf möglichen Strukturen stabil sein können. Sowohl Abschnitt 3.1.4 als auch Abschnitt 3.1.5 geben die Ergebnisse von Simulationen wieder. Die Regime der sozial optimalen und der stabilen Eigentums- und Lieferstrukturen werden für bestimmte Parameterbereiche ermittelt und in Diagrammen dargestellt. Im Abschnitt 3.1.6 werden diese Regime miteinander verglichen. Das Ergebnis dieses Vergleichs ist, daß die stabilen Strukturen nicht unbedingt den sozial optimalen Strukturen entsprechen. Im einzelnen wird gezeigt, daß partielle Integration entstehen kann, obwohl Nichtintegration oder volle Integration sozial optimal ist, und Nichtintegration, obwohl volle Integration sozial optimal ist. Abschließend bietet Abschnitt 3.1.7 eine Diskussion der Implikationen der Analyseergebnisse für die Unternehmenstheorie und für die Wettbewerbspolitik.

Bevor das Modell vorgestellt wird, soll noch ein kurzer Überblick über die Literatur, die sich mit vertikaler Integration beschäftigt, gegeben und der hier vorliegende Beitrag eingeordnet werden. Ökonomen haben sich seit der Veröffentlichung des klassischen Aufsatzes "The nature of the firm" (1937) von Coase mit der Frage beschäftigt, was die Grenzen der Unternehmung bestimmt. Der am häufigsten diskutierte Erklärungsansatz beruft sich auf Durchsetzungsprobleme von Verträgen und geht insbesondere auf Williamson (1975, 1985) und Klein, Crawford und Alchian (1978) zurück. Die diesem Ansatz zugrundeliegende Idee wurde im Rahmen der Theorie der unvollständigen Verträge präzisiert und formalisiert. Nennenswert ist hier vor allem der Beitrag von Grossman und Hart (1986). Unvollständige Verträge ermöglichen opportunistisches Verhalten und können deshalb zu Ineffizienzen bei den relationsspezifischen ex ante Investitionen führen. Diese Probleme können unter Umständen durch vereinheitlichte Kontrolle der wesentlichen Sachkapitalgüter vermindert werden. Eine vereinheitlichte Kontrolle ist durch den Kauf von Eigentumsrechten an Sachkapitalgütern möglich und wird im Rahmen dieses Ansatzes als Integration angesehen. Grossman und Hart betonen, daß in bilateralen Beziehungen dadurch Kosten einer Integration entstehen, daß die Partei, die keine Eigentumsrechte bezüglich des Sachkapitals hat, suboptimale Anreize zur Durchführung spezifischer Investitionen besitzt.

Während sich diese Literatur hauptsächlich mit bilateralen Beziehungen beschäftigt hat, verdeutlichte die neuere Forschung, daß in multilateralen Beziehungen zahlreiche Komplikationen auftreten können. So konnten zum Beispiel Hart und Moore (1990) in ihrer Verallgemeinerung des Modells von Grossman und Hart zeigen, daß die Unverzichtbarkeit von bestimmten Individuen die Grenzen von Unternehmungen beeinflußen kann. Während sie annehmen, daß Komplementarität bezüglich der Investitionen besteht, analysieren Bolton und Whinston (1990, 1993) die Konsequenzen von Substitutionalität. Sie analysieren eine Situation, in der Konsumgüterproduzenten faktorspezifische Investitionen tätigen. Bezüglich der Lieferung des Faktors können ex ante keine Verträge geschlossen werden und ex post liegt Faktorknappheit vor. Die Allokation des Faktors ist ex post effizient, aber die Teilung der Erträge im Rahmen von multilateralen Verhandlungen kann zu einer Verzerrung der Investitionsanreize führen. Welche der alternativen Eigentumsstrukturen entsteht, hängt von den resultierenden privaten Profiten ab. Im Gegensatz zum Modell von Hart und Moore entsprechen die stabilen Eigentumsstrukturen nicht unbedingt den sozial optimalen Strukturen.

Bolton und Whinston (1991) haben mit Hilfe ihres Modells Marktschließungseffekte als Folge von vertikalen Integrationen analysiert. Da die Anreize zur Durchführung spezifischer Investitionen für einen Konsumgüterproduzenten unter Integration höher sind als unter Nichtintegration, besteht eine starke Tendenz zu vertikaler Integration. Nach einer Integration wird die integrierte Struktur jedoch überinvestieren, während der nichtintegrierte Konsumgüterproduzent aus sozialer Sicht unterinvestiert. Vertikale Integration ist deshalb häufig sozial ineffizient und sollte durch die Wettbewerbspolitik beschränkt werden.

Hart und Tiroles Beitrag (1990) über vertikale Integration und Marktschließung beruht ebenfalls auf der Annahme unvollständiger Verträge, aber richtet sich auf die Möglichkeit, den Wettbewerb auf dem Konsumgütermarkt direkt zu reduzieren.[79] Da es nicht möglich ist, umfassende Lieferverträge im vorhinein zu schließen, kann die integrierte Struktur den Konsumgütermarkt beschränken, indem sie die Versorgung des Konkurrenten mit dem Faktor einschränkt.

---

[79] Die Modelle 2 und 3 von Hart und Tirole werden hier nicht diskutiert. Sie behandeln Verhandlungseffekte.

Der im folgenden entwickelte Ansatz ist komplementär zu der Arbeit von Bolton und Whinston sowie Hart und Tirole.[80] Im Zentrum der Analyse stehen hier ebenfalls multilaterale Lieferbeziehungen. Es gibt jedoch entscheidende Unterschiede. Dies zeigt sich deutlich an den Ergebnissen der vorliegenden Analyse, nämlich der Herleitung von endogenen privaten Kosten einer vertikalen Integration und der Untersuchung von Bedingungen, die dazu führen, daß Nichtintegration aufgrund der privaten Anreizlage stabil, aber sozial suboptimal ist. Es sind insbesondere zwei Annahmen, die diese Ergebnisse bedingen. Zum einen können die Faktorproduzenten multiple Investitionen tätigen (im Modell wird gemäß der Terminologie der Prinzipal-Agent-Literatur von Anstrengungen gesprochen). Das bedeutet, daß ein Faktorproduzent, der zwei Konsumgüterproduzenten beliefert, Investitionen so tätigen kann, daß jeder einzelne, für einen bestimmten Abnehmer gedachte Faktor in beliebiger Weise beeinflußt werden kann. Aufgrund des Wettbewerbs auf dem Konsumgütermarkt sind diese Investitionen substitutional. Zum zweiten können die Parteien in dem hier entwickelten Modell ex ante Anreizverträge bezüglich der zu tätigenden Investitionen schließen. Im Gegensatz dazu abstrahieren Hart und Tirole vollkommen von der Tatsache, daß die Möglichkeit zur Verbesserung von Investitionsanreizen häufig vertikale Integrationen motiviert. Sie machen die entgegengesetzte Annahme, daß durch Integration ein Effizienzverlust entsteht. Dieser Verlust bewirkt in ihrem Modell, daß Nichtintegration eine stabile Struktur sein kann. Es wird jedoch in der Literatur oft betont, daß Integrationen zur Effizienzsteigerung stattfinden.[81] In Hinblick auf die Möglichkeiten zum Vertragsschluß nehmen Hart und Tirole an, daß es nicht möglich ist, ex ante Verträge zu schließen. Bolton und Whinston beschränken ihre Analyse auf die Untersuchung von Faktorknappheit. Sie konzentrieren sich auf Investitionen der Konsumgüterproduzenten und lassen keine multiplen Investitionen zu. Deshalb ist der Wettbewerbsbeschränkungseffekt in ihrem Modell indirekt. Wie Hart und Tirole schließen sie die Möglichkeit aus, ex ante Verträge zu schließen. Die Anreize, ex ante Investitionen zu tätigen, hängen von dem erwarteten Ergebnis der ex post Verhandlungen ab.

### 3.1.2 Das Modell

In diesem Abschnitt wird das Modell vorgestellt. Es hat zwei wesentliche Komponenten: Annahmen bezüglich der technologischen Aspekte und Annahmen bezüglich der Vertragsmöglichkeiten. Wie diese Annahmen in Beziehung zueinander stehen, wird durch die Darstellung der zeitlichen Struktur der Beziehung verdeutlicht.

---

80 Zu neueren Ansätzen, die ebenfalls komplementär zu dem hier entwickelten sind, vgl. Halonen und Williams 1993 sowie Emons 1993.
81 Vgl. Williamson 1990c, S. 280ff.

a.) Annahmen bezüglich der technologischen Aspekte:

Es gebe zwei faktorproduzierende Einheiten, $U_1$ und $U_2$, und zwei konsumgüterproduzierende Einheiten, $D_1$ und $D_2$. Jeder Konsumgutproduzent benötigt eine Einheit eines spezifischen Faktors für seine eigene Produktion. Beide Faktorproduzenten kommen als Lieferanten in Frage. Sowohl auf dem Faktormarkt als auch auf dem Konsumgütermarkt findet Bertrand-Wettbewerb statt.

Es wird angenommen, daß die Verkaufserlöse $v_i$ des Konsumgutproduzenten i von der Qualität $q_i$ ($1 \geq q_i \geq 0$) seines eigenen Produkts, der Qualität $q_j$ ($1 \geq q_j \geq 0$) des Produkts seines Rivalen und einem stochastischen Prozeß abhängen:

$$v_i = \begin{cases} \alpha + q_i - \delta q_i q_j & \text{mit der Wahrscheinlichkeit} \quad p \\ \alpha + \beta(q_i - \delta q_i q_j) & \text{mit der Wahrscheinlichkeit} \quad (1-p) \end{cases} \quad i=1,2.$$

$\alpha$ ist der Anteil der Verkaufserlöse, der unabhängig von den Qualitäten der Konsumgüter und dem Zustand der Natur ist. Es wird angenommen, daß $\alpha$ hinreichend hoch ist, so daß eine Produktion durch beide Konsumgüterproduzenten immer effizient ist. $\delta$ ($0 \leq \delta \leq 1$) ist ein Maß für den Grad des Wettbewerbs. $\delta = 0$ bedeutet, daß kein Wettbewerb vorliegt, und $\delta = 1-\varepsilon$, wobei $\varepsilon < 1$ und klein, bedeutet, daß starker Wettbewerb stattfindet. Mit der Wahrscheinlichkeit p wird die Natur in einem guten Zustand sein und mit der Wahrscheinlichkeit (1-p) in einem schlechten Zustand. $\beta$ ($0 \leq \beta \leq 1$) mißt den Anteil der im guten Zustand realisierbaren Verkaufserlöse, der im schlechten Zustand gerettet werden kann. Die Wahrscheinlichkeit ($0 \leq p \leq 1$) ist gegeben. Es wird angenommen, daß p sehr nahe bei 1 liegt ($p \approx 1$). Ob der gute oder der schlechte Zustand eintritt, wird von den Marktteilnehmern beobachtet, ist jedoch gegenüber dritten Parteien nicht verifizierbar.

Die Generierung der Verkaufserlöse der Konsumgüterproduzenten kann auch spieltheoretisch interpretiert werden. In einem Produktionsprozeß entstehen zwei Kuppelprodukte. Der Wert $\alpha$ des einen Produkts sei unabhängig vom Zustand der Welt. Im folgenden ist nur das zweite Produkt von Interesse. Der Einfachheit halber wird angenommen, daß es nur einen Konsumenten des Konsumgutes gibt. Der Wert des Konsumguts ist für diesen Konsumenten 1 im guten und $\beta$ im schlechten Zustand. Der Qualitätsparameter q ($0 \leq q \leq 1$) kann als die Wahrscheinlichkeit einer erfolgreichen Produktion des Konsumgutes interpretiert werden. Mit der Wahrscheinlichkeit $q_i$ kann der Konsumgutproduzent i ein Produkt anbieten. Wenn nur der Konsumgutproduzent i das Produkt hat, macht er dem Konsumenten ein "alles-oder-nichts-Angebot" und bekommt dadurch die gesamte Konsumentenrente. Wenn beide Konsumgüterproduzenten das Produkt haben, findet Bertrand-Wettbewerb statt. Dies passiert mit der Wahrscheinlichkeit $q_i q_j$. Es wird angenommen, daß die Unternehmen in diesem Fall einen Anteil 1-δ des Produktwertes dadurch retten können, daß sie auf einem externen Spotmarkt verkaufen. Das bedeutet, sie verlieren durch den Wettbewerb $\delta q_i q_j$ im guten Zustand und $\beta \delta q_i q_j$ im schlechten Zustand. Die Konsumentenwohlfahrt beträgt $\delta q_i q_j$ im guten Zustand und $\beta \delta q_i q_j$ im schlechten Zustand.

Die Qualität $q_i$ wird vollständig durch die Wahl des Anstrengungsniveaus durch den Faktorproduzenten bestimmt. Anstrengung ist mit Kosten verbunden. Um die Analyse zu vereinfachen, wird angenommen, daß $q_i$ gleich dem gewählten Anstrengungsniveau ist. Das Anstrengungsniveau beeinflußt den erwarteten Verkaufserlös des Konsumgüterproduzenten. Die Kosten der Anstrengung seien $C(q_i)$, wobei $C'(q_i) > 0$ und $C''(q_i) > 1$ vorausgesetzt wird.

Der Aufbau der Faktorproduktion erfordert zunächst eine Investition. Wenn eine Unternehmung die Produktion eingerichtet hat, können ein oder zwei Faktoren produziert werden, d.h. es gibt bezüglich der Faktorproduktion Skalenerträge. Die Aufbaukosten σ sind ein Maßstab für die Höhe der Skalenerträge.

Die Produktionseinheiten für die Faktoren und die Konsumgüter werden entweder durch den Eigner oder durch einen Manager beaufsichtigt. Alle Individuen seien risikoneutral und können im Höchstfall eine Einheit leiten. Die letztere Annahme wird nur getroffen, um eine Konsistenz des Modells zu erreichen, ist aber für die erzielten Ergebnisse nicht wesentlich. Zur Vereinfachung wird angenommen, daß der Reservationsnutzen der Individuen Null betrage.

b.) Annahmen bezüglich der Vertragsmöglichkeiten:

Die Konsumgüterproduzenten können weder das Anstrengungsniveau der Faktorproduzenten noch die Qualität der Faktoren beobachten. Dies bedeutet, daß eine asymmetrische Informationsverteilung vorliegt. Die Art der Anreize, die den faktorproduzierenden und qualitätsbestimmenden Individuen gegeben werden kann, hängt von der Eigentumsstruktur ab.

Angestellten Managern können keine Anreize gegeben werden. Sie erhalten ein festes Gehalt, das ihrem Reservationsnutzen entspricht. Zur Vereinfachung wird angenommen, daß es Null beträgt. Die Begründung für diese Annahme ist, daß Angestellte üblicherweise im Vergleich zu den Eignern schwache Anreize erhalten ("low powered incentives"). Ein Grund dafür ist, daß die Eigner die Möglichkeit haben, alternative Anreizsysteme zu untergraben, indem sie beobachtete Erträge manipulieren.[82]

Faktorproduzierende Eigner können dagegen bezüglich der Wahl ihres Anstrengungsniveaus Anreize erhalten. Die Art der Anreize hängt davon ab, ob sie auch Eigentümer des belieferten Konsumgutproduzenten sind oder nicht. Ist der

---

[82] Vgl. z.B. Bolton and Whinston 1990, S.17.

Eigner der liefernden Einheit auch der Eigner der belieferten Einheit, erhält er in jedem Zustand der Welt den vollen Verkaufserlös der belieferten Einheit. Liegt dagegen eine getrennte Eigentumsstruktur vor, müssen Lieferverträge abgeschlossen werden. Es ist nicht möglich, Verträge abzuschließen, die der liefernden Einheit in jedem Zustand der Welt die vollen, aus dem Verkauf des Konsumguts entstehenden Erlöse der belieferten Einheit - und damit volle Anreize - geben. Der Grund hierfür sind vertragliche Probleme, die dadurch entstehen, daß nicht verifizierbar ist, ob der gute oder der schlechte Zustand der Welt eingetreten ist. Der Eigner der belieferten Unternehmung kann deshalb immer behaupten, es sei ein anderer als der tatsächliche Zustand der Welt eingetreten. Einen Anreiz, dies zu tun, hat er im guten Zustand der Welt. Gibt er zu, der gute Zustand der Welt sei eingetreten, muß er $\alpha + q_i - \delta q_i q_j$ bezahlen, und $\alpha + \beta(q_i - \delta q_i q_j)$ wenn er dies nicht tut. Sind Offenbarungsspiele ("Revelation Games") zu komplex und Zahlungen, die höher sind als die verifizierten Erlöse aufgrund einer beschränkten Haftung nicht eintreibbar, so beträgt der Erwartungswert der höchstmöglichen Anreizzahlungen $\alpha + \beta(q_i - \delta q_i q_j)$.

Das Anreizschema ist Teil eines umfassenden Liefervertrages, der vor Beginn der Lieferbeziehung von den unter getrennter Kontrolle stehenden Einheiten abgeschlossen wird. Solange die Art des Anreizschemas nicht die Aufteilung der Erträge beeinflußt, werden sich die Parteien auf ein Anreizschema einigen, das so effizient wie möglich ist. Das bedeutet, sie werden sich auf das Schema mit den höchstmöglichen Anreizzahlungen einigen. Die Aufteilung der Erträge wird durch eine Transferzahlung erfolgen, die ebenfalls vertraglich geregelt wird. Mit $t_i$ wird die Bruttotransferzahlung inklusive der von dem belieferten Konsumgutproduzenten geleisteten Anreizzahlungen bezeichnet und mit $T_i$ die Nettotransferzahlungen ohne die Anreizzahlungen: $t_i = \alpha + \beta(q_i - \delta q_i q_j) + T_i$. Bezüglich der von den Faktorproduzenten angebotenen Lieferverträge wird angenommen, daß sie aus einem Paar $(t^j, n^j)$ bestehen, wobei die Superskripte auf ein Angebot durch den Faktorproduzenten j hinweisen und $n^j$ die Zahl der vom Faktorproduzenten j insgesamt produzierten Faktoren ist. Die Angebote werden gegenüber den nichtintegrierten abnehmenden Einheiten abgegeben. Falls mehrere Faktoren angeboten werden und es mehrere nachfragende Einheiten gibt, kann zwischen diesen nachfragenden Einheiten nicht diskriminiert werden. Die Angebote müssen so sein, daß der liefernden Einheit nichtnegative Profite entstehen. Die Lieferverträge sind erzwingbar, d.h. die Faktorproduzenten werden ex post beliefert.

Es ist zweckmäßig, die Anreizverträge zwischen nichtintegrierten Einheiten kurz zu kommentieren. Solche expliziten Verträge werden auch in der Realität beobachtet.[83] Anreizverträge können auch implizit sein. Das Modell ist zur Vereinfachung auf eine Periode beschränkt. In der Realität sind Lieferbeziehungen in der

---

83 Vgl. Bernheim und Whinston 1985.

Regel dauerhaft. Unter diesen Umständen können implizite Verträge entstehen. Da die Anreize, die durch einen impliziten Vertrag gegeben werden können, in der Regel nicht vollkommen sind, kann der erwartete Wert der Anreize, die durch einen solchen Vertrag gegeben werden können, ebenfalls durch das Schema $\alpha + \beta(q_i - \delta q_i q_j)$ repräsentiert werden. Eine explizite Berücksichtigung dieser dynamischen Aspekte im Modell würde jedoch zahlreiche zusätzliche Fragen aufwerfen. So wäre zum Beispiel eine nichtkooperative Preisabstimmung zwischen Wettbewerbern in einem dynamischen Modell möglich.[84] In der Wirklichkeit sind solche abgestimmten Verhaltensweisen jedoch im Vergleich zu den häufig zu findenden impliziten Verträgen in vertikalen Lieferbeziehungen selten zu beobachten. Eine Untersuchung dieser Problematik und eine Erforschung der Gründe für diese Beobachtung liegt außerhalb der Reichweite dieser Arbeit.

Bevor das Integrationsspiel beschrieben wird, soll definiert werden, was hier unter vertikaler Integration bzw. einer Unternehmung verstanden werden soll. Dabei wird Grossman und Hart gefolgt, die feststellen: "We define the firm as being composed of the assets ... that it owns and ownership as the purchase ... of residual rights of control".[85] Die Kontrollrechte, die im weiteren im Mittelpunkt der Betrachtung stehen, sind das Recht zu entscheiden, wer mit einem bestimmten Produktionsmittel arbeitet, und das Recht auf den Erhalt des Profitstroms.

Die Eigentumsstruktur wird bestimmt, bevor die Produktion der Faktoren und der Konsumgüter beginnt. Es gibt mehrere mögliche Eigentumsstrukturen. Horizontale Integration durch die Konsumgutproduzenten wird ausgeschlossen, weil im Rahmen dieses Modells die Anreize zur vertikalen Integration bei gegebenem Wettbewerb der Konsumgüterproduzenten untersucht werden sollen. Die Möglichkeit zur horizontalen Integration von Faktorproduzenten wird ebenfalls nicht weiter untersucht. Dies ist keine Beschränkung des Modells, sondern reflektiert lediglich die Tatsache, daß es zahlreiche potentielle Lieferanten gibt. Der Wettbewerb auf dem Faktormarkt würde deshalb nicht durch den Zusammenschluß zweier Faktorproduzenten vermindert.[86] Die möglichen Eigentumsstrukturen sind daher Nichtintegration, d.h. keine der Einheiten integriert, partielle Integration, d.h. eine der liefernden schließt sich mit einer der belieferten Einheiten zusammen, und volle Integration, d.h. jede liefernde schließt sich mit je einer belieferten Einheit zusammen. Da die liefernden und die belieferten Einheiten jeweils identisch sind, kann die Analyse auf die Integration von $U_1$ mit $D_1$ und $U_2$ mit $D_2$ beschränkt werden. Es wird angenommen, daß die Entscheidung zur Integration verbunden ist

---

84 Vgl. Green und Porter 1984.

85 Grossman und Hart 1986 S. 692.

86 Das gilt allerdings nicht, wenn der Zusammenschluß nach dem Investitionszeitpunkt erfolgt. Dies wird im Modell ausgeschlossen.

mit der Entscheidung, in eine Anlage zur Faktorproduktion zu investieren. Das Integrationsspiel habe die folgende Form: Der Ausgangszustand sei Nichtintegration. Irgendwann (Zeitpunkt 0) habe eine der potentiellen Liefereinheiten die Möglichkeit, sich mit einer der konsumgutproduzierenden Einheiten zusammenzuschließen. Zur Vereinfachung seien dies $U_1$ und $D_1$. Zum Zeitpunkt 1 können die Liefereinheiten Lieferverträge anbieten und die nichtintegrierten abnehmenden Einheiten entscheiden, ob und - wenn ja - welches Angebot sie annehmen. Danach, zum Zeitpunkt 3 haben die liefernde Einheit $U_2$ und die abnehmende Einheit $D_2$ die Möglichkeit ebenfalls zu integrieren, wenn $U_1$ und $D_1$ integriert haben.

Die zeitliche Struktur des Integrationsspiels reflektiert die Tatsache, daß es in der Realität in der Regel strategische Asymmetrien gibt. Deshalb wird angenommen, daß $U_1$ und $D_1$ als zuerst Handelnde einen Vorteil haben ("First Mover Advantage"). Die Annahme, daß $U_2$ und $D_2$ erst nach der Möglichkeit zum Abschluß eines Liefervertrages integrieren können, ist für die Ergebnisse der Analyse wesentlich. Da dies $U_2$ und $D_2$ ermöglicht zu drohen, daß sie ebenfalls integrieren, müssen sie durch einen Liefervertrag mindestens so gut gestellt werden, als ob sie integrieren. Da es keinen Grund gibt anzunehmen, daß eine Integration von $U_2$ und $D_2$ nur vor dem Abschluß von Verträgen möglich sein sollte, scheint dies jedoch realistisch zu sein.

Es gibt drei mögliche Eigentumsstrukturen, die sich in Hinblick auf die Lieferbeziehungen noch weiter unterscheiden können. Insgesamt sind theoretisch fünf unterschiedliche Eigentums- und Lieferstrukturen denkbar (die bei der Analyse verwendeten Abkürzungen für diese Strukturen werden in Klammern angegeben):

i.) Nichtintegration mit einer liefernden Einheit, die zwei abnehmende Einheiten versorgt (N);

ii.) Nichtintegration mit zwei liefernden Einheiten, die jeweils eine abnehmende Einheit versorgen (NN);

iii.) Volle Integration (F);

iv.) Partielle Integration mit Belieferung der nichtintegrierten abnehmenden Einheit durch die integrierte Struktur (P);

v.) Partielle Integration mit Belieferung der nichtintegrierten abnehmenden Einheit durch die nichtintegrierte liefernde Einheit (PP).

Die folgende Abbildung verdeutlicht symbolisch die beschriebenen Eigentums- und Lieferstrukturen:

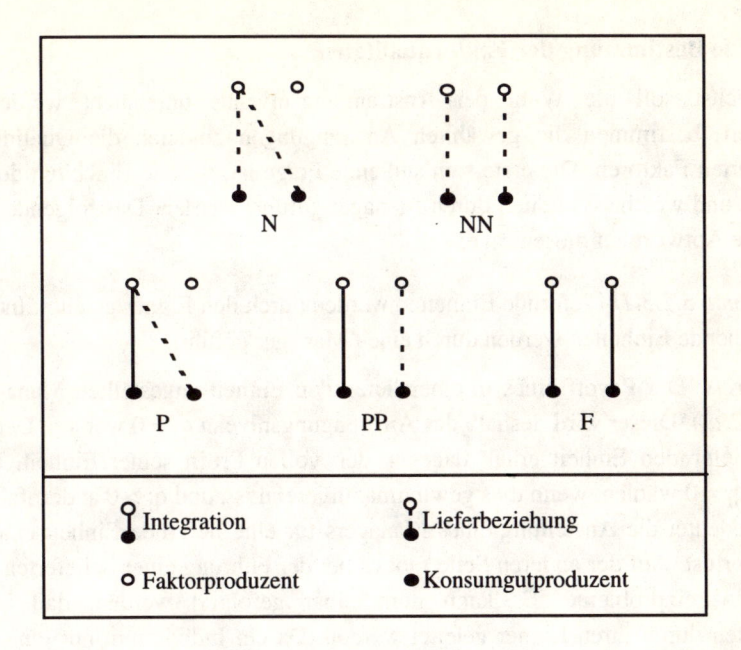

Abb. 3.1.2.1

c.) Die zeitliche Struktur:

Die zeitliche Struktur der gesamten Beziehung sieht wie folgt aus: Zunächst findet das Integrationsspiel statt (Zeitpunkt 0, Zeitpunkt 1 und Zeitpunkt 2). Danach werden die Anlagen zur Faktorproduktion gebaut (Zeitpunkt 3) und die Qualitätsniveaus gewählt (Zeitpunkt 4). Schließlich werden die Faktoren gehandelt (Zeitpunkt 5), die Unsicherheit bezüglich der Erlöse der Kosumgüterproduzenten verschwindet (Zeitpunkt 6) und die Konsumgüter werden gehandelt (Zeitpunkt 7). Abbildung 3.1.2.2 gibt eine Zusammenfassung der zeitlichen Struktur:

| 0 | 1 | 2 | 3 | 4 | 5 | 6 | 7 |
|---|---|---|---|---|---|---|---|
| Integration von $U_1$ und $D_1$ | Lieferverträge | Reaktion von $U_2$ und $D_2$ | Aufbau der Produktion ($\sigma$) | Wahl von $q_i, q_j$ | Faktorhandel | Beseitigung der Unsicherheit | Produkthandel |

Abb. 3.1.2.2

Im weiteren wird untersucht, unter welchen Bedingungen welche Eigentums- und Lieferstruktur entsteht.

### 3.1.3 Die Bestimmung der Faktorqualitäten

Zunächst soll die Wahl der Anstrengungsniveaus untersucht werden. Wie erläutert, bestimmen die gewählten Anstrengungen zugleich die Qualitäten der gelieferten Faktoren. Die erste sich stellende Frage ist, welche Einheiten durch den Eigner und welche Einheiten durch Manager geführt werden. Das folgende Lemma gibt die Antwort auf diese Frage:

❑ *Lemma 3.1.3.1:* Liefernde Einheiten werden durch den Eigner geleitet. Integrierte abnehmende Einheiten werden durch einen Manager geführt.

○ *Beweis:* Der Payoff eines in einer liefernden Einheit angestellten Managers beträgt $-C(q_i)$. Dieser wird deshalb das Anstrengungsniveau $q_i = 0$ wählen. Der Eigner einer liefernden Einheit erhält dagegen den vollen Profit seiner Einheit. Er wird daher $q_i = 0$ wählen, wenn dies gewinnmaximierend ist, und $q_i > 0$ andernfalls. Deshalb bedeutet die Anstellung eines Managers für eine liefernde Einheit einen Effizienzverlust. Auf der anderen Seite gibt es bei der Führung einer belieferten Einheit keine Anreizprobleme. Es kann unmittelbar gefolgert werden, daß liefernde Einheiten durch ihren Eigner geleitet werden. Da ein Individuum nur eine Einheit führen kann, werden integrierte abnehmende Einheiten durch einen Manager geleitet. q.e.d.

Die liefernden Einheiten können entweder integriert oder nichtintegriert sein. Die ihre eigene Einheit leitenden Eigner werden ihr Anstrengungsniveau so wählen, daß ihre Profite maximal werden. Die Gewinnfunktionen hängen jedoch von der Eigentums- und Lieferstruktur ab. Bevor diese unterschiedlichen Strukturen analysiert werden, sollen zunächst die sozial effizienten Anstrengungsniveaus bestimmt werden.

Ein <u>sozialer Planer (SP)</u> würde die erwartete soziale Wohlfahrt maximieren. Diese soziale Wohlfahrt (W) sei gegeben durch die Erlöse der beiden Konsumgüterproduzenten, die Konsumentenrente, die Anstrengungskosten und die Investitionskosten für eine Produktionsanlage für Faktoren, da es sozial suboptimal wäre, zwei solche Anlagen zu haben:

$$E[W^{SP}] = 2\alpha + q_1 + q_2 - \delta q_1 q_2 - C(q_1) - C(q_2) - \sigma \qquad (3.1.3.1)$$

Bedingt dadurch, daß nur eine Einheit nachgefragt wird, entstehen Duplizitätskosten in Höhe von $\delta q_1 q_2$. Wenn beide Konsumgüterproduzenten ein Produkt anbieten, muß eine Einheit auf dem Spotmarkt verkauft werden. Die Duplizitätskosten schlagen sich in der Wohlfahrtsfunktion nieder.

Die Bedingungen erster Ordnung für einen sozialen Planer lauten also:

$$1 - \delta q_j = C'(q_i) \qquad i, j = 1,2 \qquad (3.1.3.2)$$

Die Bedingungen zweiter Ordnung für ein Maximum sind durch $-C''(q_1) < 0$, $-C''(q_2) < 0$ und $C''(q_1)C''(q_2) > \delta^2$ gegeben und für die betrachteten Kostenfunktionen erfüllt.

Bevor die Analyse fortgesetzt wird, sollen nochmals die wesentlichen Annahmen wiederholt werden, die zur Herleitung der Anstrengungsniveaus benötigt werden. Die Wahrscheinlichkeiten p für das Eintreten des guten Zustands und (1-p) für das Eintreten des schlechten Zustands werden in der weiteren Analyse nicht auftreten, da angenommen wurde, daß p sehr nahe bei 1 liegt. Trotzdem ist es aufgrund der Möglichkeit des Auftretens des schlechten Zustands nicht möglich, daß der Erwartungswert der Anreizzahlungen höher als $\alpha + \beta(q_i - \delta q_i q_j)$ ist. Die Anreiz- und Lieferverträge werden geschlossen, bevor die Anstrengungsniveaus gewählt werden. Daher gibt es ex post keine Verhandlungen. Die Nettotransfers $T_i$ werden im Rahmen des Integrationsspiels festgelegt, das im Abschnitt 3.1.5 analysiert wird.

Als erstes wird <u>Nichtintegration (N)</u> betrachtet. In diesem Fall besteht die Zielfunktion der liefernden Einheit für die Wahl von $q_1$ und $q_2$ aus den Anreizzahlungen der beiden abnehmenden Unternehmungen, den Kosten für die Anstrengung, den Nettotransferzahlungen und den Aufbaukosten für die Produktionsanlage:

$$E[\pi_{Ui}] = 2\alpha + \beta q_1 + \beta q_2 - 2\beta\delta q_1 q_2 - C(q_1) - C(q_2) + T_1 + T_2 - \sigma. \quad (3.1.3.3)$$

Die resultierenden Bedingungen erster Ordnung für dieses Problem sind:

$$\beta(1-2\delta q_j) = C'(q_i) \qquad i,j = 1,2 \quad (3.1.3.4)$$

Die Bedingungen zweiter Ordnung lauten: $-C''(q_1) < 0$, $-C''(q_2) < 0$ und $C''(q_1)C''(q_2) > 4\beta^2\delta^2$. Die Einhaltung dieser Bedingungen ist bei gegebener Kostenfunktion zu überprüfen.

Bei <u>Nichtintegration mit Belieferung jeder abnehmenden Einheit durch unterschiedliche Faktorproduzenten (NN)</u> erhält der Eigner jeder liefernden Einheit die Anreiz- und Transferzahlungen von seinem Kunden und trägt die Kosten der Anstrengung und für den Aufbau der Produktionsanlage:

$$E[\pi_{Ui}] = \alpha + \beta q_i - \beta\delta q_i q_j - C(q_i) + T_i - \sigma \qquad i,j = 1,2 \quad (3.1.3.5)$$

Die resultierenden Bedingungen erster Ordnung werden jeweils gegeben durch:

$$\beta(1-\delta q_j) = C'(q_i) \qquad i,j = 1,2 \quad (3.1.3.6)$$

Da $-C''(q_i) < 0$, $i,j = 1,2$, gilt, sind die Bedingungen zweiter Ordnung für ein Maximum für die zugelassene Klasse von Kostenfunktionen erfüllt.

Nun soll <u>volle Integration (F)</u> betrachtet werden. Die Zielfunktion der integrierten Unternehmungen für die Wahl von $q_i$ ergibt sich aus der Differenz zwischen den Verkaufserlösen und der Summe der Anstrengungs- und Produktionsaufbaukosten:

$$E[\pi_{UDi}] = \alpha + q_i - \delta q_i q_j - C(q_i) - \sigma \qquad i,j = 1,2 \qquad (3.1.3.7)$$

Die Bedingungen erster Ordnung für dieses Problem lauten:

$$1 - \delta q_j = C'(q_i) \qquad i,j = 1,2 \qquad (3.1.3.8)$$

Die Bedingungen zweiter Ordnung, d.h. $-C''(q_i) < 0$, $i,j = 1,2$, sind für die betrachteten Kostenfunktionen erfüllt.

Im Fall von <u>partieller Integration (P)</u> ist die Zielfunktion der liefernden Einheit für die Wahl von $q_1$ und $q_2$ gegeben durch den Verkaufserlös der integrierten abnehmenden Einheit, die Anreiz- und Nettotransferzahlung der nichtintegrierten abnehmenden Einheit und die Anstrengungs- und Produktionsaufbaukosten:

$$E[\pi_{UD1}] = 2\alpha + q_1 + \beta q_2 - (1+\beta)\delta q_1 q_2 - C(q_1) - C(q_2) + T_2 - \sigma \qquad (3.1.3.9)$$

Die korrespondierenden Bedingungen erster Ordnung sind gegeben durch:

$$1 - (1+\beta)\delta q_2 = C'(q_1) \qquad (3.1.3.10)$$

und

$$\beta - (1+\beta)\delta q_1 = C'(q_2) \qquad (3.1.3.11)$$

Die Bedingungen zweiter Ordnung für ein Maximum lauten $-C''(q_1) < 0$, $-C''(q_2) < 0$ und $C''(q_1)C''(q_2) > (1+\beta)^2\delta^2$. Die Einhaltung dieser Bedingungen ist bei gegebener Kostenfunktion zu überprüfen.

Abschließend wird die Struktur <u>partielle Integration mit Belieferung der nichtintegrierten abnehmenden Einheit durch die nichtintegrierte faktorproduzierende Einheit (PP)</u> analysiert. Die Zielfunktion der integrierten liefernden Einheit für die Wahl des Anstrengungsniveaus $q_i$ wird gegeben durch die Differenz zwischen den Verkaufserlösen der belieferten integrierten Einheit und den Anstrengungs- und Aufbaukosten. Die Zielfunktion der nichtintegrierten liefernden Einheit besteht aus den Anreiz- und Transferzahlungen sowie den Anstrengungs- und Aufbaukosten:

$$E[\pi_{UD1}] = \alpha + q_1 - \delta q_1 q_2 - C(q_1) - \sigma \qquad (3.1.3.12)$$
und
$$E[\pi_{U2}] = \alpha + \beta q_2 - \beta\delta q_1 q_2 - C(q_2) + T_2 - \sigma \qquad (3.1.3.13)$$

Die resultierenden Bedingungen erster Ordnung lauten:

$$1 - \delta q_2 = C'(q_1) \tag{3.1.3.14}$$

und

$$\beta(1 - \delta q_1) = C'(q_2) \tag{3.1.3.15}$$

Da für die betrachteten Kostenfunktionen $-C''(q_1) < 0$ und $-C''(q_2) < 0$ gilt, sind die Bedingungen zweiter Ordnung für ein Maximum erfüllt.

Die hergeleiteten Ergebnisse ermöglichen bei gegebener Kostenfunktion einen Vergleich zwischen den Anstrengungsniveaus bei den unterschiedlichen Eigentums- und Lieferstrukturen. Als Beispiel wird die Funktion $C(q_i) = q_i^2$ betrachtet. Um eine deutlichere Darstellung zu ermöglichen und aus Gründen, die im weiteren noch verständlich werden, wird der Vergleich auf die gewählten Anstrengungsniveaus unter einem sozialen Planer (SP) sowie bei den Strukturen Nichtintegration (N), Nichtintegration mit Belieferung jeder abnehmenden Einheit durch unterschiedliche Faktorproduzenten (NN), partielle Integration (P) und volle Integration (F) beschränkt. Die Anstrengungsniveaus, die sich bei den unterschiedlichen Strukturen ergeben, sind leicht zu berechnen. Die Bedingungen zweiter Ordnung sind für die quadratische Kostenfunktion erfüllt. Die gewählten Anstrengungsniveaus sind:

Struktur SP: $\quad q_1^{SP} = q_2^{SP} = 1/(2+\delta)$

Struktur N: $\quad q_1^N = q_2^N = \beta/(2+2\beta\delta)$

Struktur NN: $\quad q_1^{NN} = q_2^{NN} = \beta/(2+\beta\delta)$

Struktur F: $\quad q_1^F = q_2^F = 1/(2+\delta)$

Struktur P: $\quad q_1^P = (2-\beta(1+\beta)\delta)/(4-(1+\beta)^2\delta^2)$ für $\beta \geq \delta/(2-\delta)$ und $q_1^P = 0.5$ für $\beta < \delta/(2-\delta)$

$\quad q_2^P = (2\beta-(1+\beta)\delta)/(4-(1+\beta)^2\delta^2)$ für $\beta \geq \delta/(2-\delta)$ und $q_2^P = 0$ für $\beta < \delta/(2-\delta)$.

Der folgende Satz 3.1.3.2 faßt die Ergebnisse des Vergleichs der Anstrengungsniveaus zusammen:

❏ *Satz 3.1.3.2:* Das Anstrengungsniveau bei voller Integration ist effizient ($q_1^{SP} = q_2^{SP} = q_1^F = q_2^F$). Im Fall von Nichtintegration sind die gewählten Anstrengungsniveaus suboptimal und das Anstrengungsniveau bei Struktur N ist niedriger als bei Struktur NN ($q_1^{SP} = q_2^{SP} \geq q_1^{NN} = q_2^{NN} \geq q_1^N = q_2^N$). Bei partieller Integration ist die Qualität, mit der die integrierte abnehmende Einheit beliefert wird, höher als das Niveau bei Nichtintegration ($q_1^P \geq q_1^N = q_2^N$). Im Vergleich mit dem Qualitätsniveau bei Nichtintegration mit Belieferung jeder abnehmenden Einheit durch unterschiedliche Faktorproduzenten ergibt sich, daß das

Niveau, mit dem die intergrierte Einheit bei partieller Integration beliefert wird, unter bestimmten Bedingungen niedriger sein kann ($q_1^P < q_1^{NN} = q_2^{NN}$ <=> $\beta_0 < \beta \leq 1$ mit $0 < \beta_0 < 1$ und $\beta_0^3 + 4\beta_0^2 - 4 = 0$ sowie $\delta \in [\beta/(1+\beta) - ((\beta/(1+\beta))^2 - (4(1-\beta))/(\beta(1+\beta)))^{0.5}, \beta/(1+\beta) + ((\beta/(1+\beta))^2 - (4(1-\beta))/(\beta(1+\beta)))^{0.5}]$; andernfalls gilt $q_1^P \geq q_1^{NN} = q_2^{NN}$). Und das Niveau, mit dem die nichtintegrierte Einheit beliefert wird, ist niedriger als bei beiden Fällen der Nichtintegration ($q_1^{NN} = q_2^{NN} \geq q_1^N = q_2^N \geq q_2^P$). Für $\delta = 0$ und $\delta \geq (2\beta^2 + 2\beta - 2)/(1+\beta)$ ist das Niveau, das die integrierte Einheit bei partieller Integration erhält, höher als das optimale Niveau ($q_1^P \geq q_i^{SP}$) und niedriger sonst ($q_i^{SP} > q_1^P$).

○ *Beweis:* Es ist unmittelbar feststellbar, daß $q_1^{SP} = q_2^{SP} = q_1^F = q_2^F \geq q_1^{NN} = q_2^{NN} \geq q_1^N = q_2^N$.

Um zu sehen, daß $q_i^N \geq q_2^P$, beachte, daß $2\beta(1+\beta)\delta^2 - \beta(1+\beta)^2\delta^2 \geq (4\beta^2 - 2 + 2\beta)\delta$ für alle $\beta, \delta$ gilt. Wird auf beiden Seiten $4\beta - 2\beta(1+\beta)\delta^2$ addiert und umformuliert, folgt $\beta/(2+2\beta\delta) \geq (2\beta - (1+\beta)\delta) / (4 - (1+\beta)^2\delta^2)$ und $q_i^N \geq q_2^P$ für $\beta \geq \delta/(2-\delta)$. Für $\beta < \delta/(2-\delta)$ gilt $q_2^P = 0$ und daher in jedem Fall $q_i^N \geq q_2^P$.

Ähnlich gilt $4 - 4\beta + \beta\delta(4 - 2(1+\beta)) \geq \beta\delta^2(1+\beta)(\beta-1)$ für alle $\beta, \delta$. Wird $4\beta - 2\beta^2(1+\beta)\delta^2$ auf beiden Seiten hinzugezählt und umgeformt, folgt $(2 - \beta(1+\beta)\delta) / (4 - (1+\beta)^2\delta^2) \geq \beta/(2+2\beta\delta)$ und $q_1^P \geq q_i^N$ für $\beta \geq \delta/(2-\delta)$. Für $\beta < \delta/(2-\delta)$ gilt $q_1^P = 0.5$ und daher auf jeden Fall $q_1^P \geq q_i^N$.

Für $\beta_0 < \beta \leq 1$ mit $0 < \beta_0 < 1$ und $\beta_0^3 + 4\beta_0^2 - 4 = 0$ sowie $\delta \in [\beta/(1+\beta) - ((\beta/(1+\beta))^2 - (4(1-\beta))/(\beta(1+\beta)))^{0.5}, \beta/(1+\beta) + ((\beta/(1+\beta))^2 - (4(1-\beta))/(\beta(1+\beta)))^{0.5}]$ gilt $\delta^2 - 2\beta\delta/(1+\beta) + (\beta/(1+\beta))^2 \leq (\beta/(1+\beta))^2 - (4(1-\beta))/(\beta(1+\beta))$ und nach Umformung $q_1^P < q_i^{NN}$.

Schließlich ist für $\delta = 0$ $q_1^P = q_i^{SP} = 0.5$. Für $\delta > 0$ kann die Bedingung $\delta \geq (2\beta^2 + 2\beta - 2)/(1+\beta)$ durch Multiplikation mit $(1+\beta)\delta$ und Addition von 4 auf beiden Seiten umgeformt werden. Wird ausgenutzt, daß $(1+\beta)^2 - \beta(1+\beta) = (1+\beta)$ gilt, führt eine Umformung zu $(2 - \beta(1+\beta)\delta) / (4 - (1+\beta)^2\delta^2) \geq 1/(2+\delta)$ und $q_1^P \geq q_i^{SP}$ für $\beta \geq \delta/(2-\delta)$. Für $\beta < \delta/(2-\delta)$ ist $q_1^P = 0.5$ und $q_1^P \geq q_i^{SP}$ gilt in jedem Fall. q.e.d.

Die erhaltenen Resultate lassen sich gut interpretieren. Bei voller Integration gibt es keine Anreizprobleme und da die konkurrierenden Unternehmungen keine Möglichkeit haben, den Markt auf Kosten der Konsumenten zu beschränken, sind die Anstrengungsniveaus aus sozialer Sicht effizient.

Im Fall von Nichtintegration und partieller Integration gibt es zwei Kräfte, die zu ineffizienten Anstrengungsniveaus führen können. Zum einen sind für die nichtintegrierten abnehmenden Einheiten die Möglichkeiten, Anreize zu geben, aufgrund vertraglicher Probleme beschränkt. Zum anderen erhält eine liefernde Einheit, die beide abnehmenden Einheiten versorgt, mindestens einen Anteil an deren Verkaufserlösen und hat daher einen Anreiz, die durch die Anstrengung gewählten

Qualitätsniveaus aufeinander abzustimmen und so den Konsumgütermarkt zu beschränken. Dies ist der Kollusionseffekt ("Collusion Effect").[87]

So sind zum Beispiel bei beiden Fällen der Nichtintegration die Anreize suboptimal. Deshalb sind die Anstrengungsniveaus unter dem sozial effizienten Niveau. Wenn nur eine liefernde Einheit aktiv ist, hat diese einen zusätzlichen Anreiz, den Wettbewerb zu reduzieren. Daher liegen in diesem Fall die Anstrengungsniveaus unter demjenigen Niveau, das gewählt wird, wenn zwei liefernde Einheiten aktiv sind.

Bei partieller Integration hat die integrierte Struktur einen starken Anreiz, die nichtintegrierte abnehmende Einheit mit schlechter Qualität zu beliefern und die eigene abnehmende Einheit mit hoher Qualität. Nur wenn es für die nichtintegrierte Einheit möglich ist, hinreichend große Anreize zu geben (hohes β), werden die an beide konsumgutproduzierenden Einheiten gelieferten Faktorqualitäten wegen des Kollusionseffekts unter dem optimalen Niveau liegen.[88] Starker Wettbewerb (hohes δ) schwächt die Anreize der integrierten Struktur, ein hohes Anstrengungsniveau zu wählen, bei partieller Integration weniger, als es zur Erreichung des erstbesten Niveaus notwendig wäre, weil das Qualitätsniveau des Mitbewerbers vergleichsweise zu niedrig ist.

Zur Erleichterung des Verständnisses der weiteren Analyse werden die bei den einzelnen Eigentumsstrukturen auftretenden Ineffizienzen in einer Tabelle zusammengefaßt (siehe Abb. 3.1.3.1; zwei Kreuze stehen für Anreizverluste bei zweifachen Lieferbeziehungen).

|     | bzgl. Anstrengungsniveaus | | bzgl. Investitionen |
| --- | --- | --- | --- |
|     | Kollusionseffekt | Anreizprobleme |     |
| N   | x   | x x |     |
| NN  |     | x x | x   |
| F   |     |     | x   |
| P   | x   | x   |     |
| PP  |     | x   | x   |

Abb. 3.1.3.1

---

[87] Man kann auch vom "Common Agency Effect" reden. Vgl. Bernheim und Whinston 1985 und 1986.

[88] Der Fall $q_i^* > q_1^P$ kann, selbst wenn $\delta = 1$ ist, nur für $\beta \geq -0.5 + 0.5(5)^{0.5} \approx 0.618$ eintreten. Intuitiv kann dies dadurch begründet werden, daß die integrierte Einheit für ein niedriges β einen sehr starken Anreiz hat, ein niedriges $q_2^P$ und ein hohes $q_1^P$ zu wählen.

### 3.1.4 Die sozial optimalen Eigentums- und Lieferstrukturen

Nun soll untersucht werden, welches die sozial optimalen Eigentums- und Lieferstrukturen sind. Bevor dies geschieht, muß berechnet werden, wie hoch die soziale Wohlfahrt bei den verschiedenen Strukturen ist. Die soziale Wohlfahrt setzt sich zusammen aus den Verkaufserlösen der Konsumgüterproduzenten, der Konsumentenrente, den Anstrengungskosten und den Produktionsaufbaukosten. In der Wohlfahrtsfunktion bezeichnet der Ausdruck $\delta q_1^P q_2^P$ die Duplizitätskosten. Bei den Strukturen N und P gibt es nur eine aktive liefernde Einheit. Deshalb wird die soziale Wohlfahrt durch die Summe der Verkaufserlöse beider konsumgüterproduzierender Einheiten und der Konsumentenrente abzüglich der Summe der Anstrengungs- und der Aufbaukosten für eine Faktorproduktionsanlage gegeben:

$$E[W^N] = 2\alpha + q_1^N + q_2^N - \delta q_1^N q_2^N - C(q_1^N) - C(q_2^N) - \sigma \quad (3.1.4.1)$$

$$E[W^P] = 2\alpha + q_1^P + q_2^P - \delta q_1^P q_2^P - C(q_1^P) - C(q_2^P) - \sigma. \quad (3.1.4.2)$$

Bei den Strukturen F, NN und PP müssen die Kosten für zwei aktive Faktorproduktionsanlagen berücksichtigt werden. Dies führt zu:

$$E[W^F] = 2\alpha + q_1^F + q_2^F - \delta q_1^F q_2^F - C(q_1^F) - C(q_2^F) - 2\sigma \quad (3.1.4.3)$$

$$E[W^{NN}] = 2\alpha + q_1^{NN} + q_2^{NN} - \delta q_1^{NN} q_2^{NN} - C(q_1^{NN}) - C(q_2^{NN}) - 2\sigma \quad (3.1.4.4)$$

$$E[W^{PP}] = 2\alpha + q_1^{PP} + q_2^{PP} - \delta q_1^{PP} q_2^{PP} - C(q_1^{PP}) - C(q_2^{PP}) - 2\sigma. \quad (3.1.4.5)$$

Satz 3.1.4.1 faßt ein vorläufiges Ergebnis zusammen.

❑ *Satz 3.1.4.1:* Die Strukturen Nichtintegration mit Belieferung jeder abnehmenden Einheit durch unterschiedliche Faktorproduzenten (NN) und partielle Integration mit Belieferung der nichtintegrierten abnehmenden Einheit durch die nichtintegrierte faktorproduzierende Einheit (PP) werden sozial (schwach) durch volle Integration (F) dominiert.

○ *Beweis:* Bei Struktur F werden ebenso wie bei den Strukturen NN und PP zwei Produktionsanlagen zu Kosten von jeweils σ aufgebaut. Da aber bei Struktur F im Gegensatz zu den Strukturen NN und PP die Anstrengungsniveaus immer effizient sind, werden NN und PP aus sozialer Sicht in jedem Fall (schwach) dominiert. q.e.d.

Satz 3.1.4.1 folgt aus der Tatsache, daß bei den Strukturen NN und PP genauso hohe Investitionskosten auftreten wie bei voller Integration, es aber aufgrund der bei diesen Strukturen auftretenden vertraglichen Probleme zu Ineffizienzen bei den Anstrengungsniveaus kommt.

Es ist daher möglich, die Analyse auf die Strukturen N, F und P zu beschränken. Nichtintegration (N) wird die sozial optimale Struktur sein, wenn $E[W^N] \geq E[W^F]$ und $E[W^N] \geq E[W^P]$, volle Integration (F), wenn $E[W^F] \geq E[W^N]$ und $E[W^F] \geq E[W^P]$, und partielle Integration (P), wenn $E[W^P] \geq E[W^F]$ und $E[W^P] \geq E[W^N]$. Es ist nicht möglich, generelle, für alle Parameterkonstellationen geltende Schlüsse im Hinblick auf die sozial optimale Struktur zu ziehen. Vielmehr muß man die sich bei den verschiedenen Strukturen ergebenden globalen Optima für jede Parameterkonstellation ($\beta, \delta, \sigma$) vergleichen. Daher sollen zunächst spezielle Fälle untersucht werden. Dies führt zu folgendem Satz:

❏ *Satz 3.1.4.2:* Nichtintegration (N), volle Integration (F) und partielle Integration (P) können die sozial optimale Struktur sein. So gilt:
(a) Wenn $\sigma \to 0$, dominiert volle Integration (F) aus sozialer Sicht.
(b) Wenn $\sigma \to \infty$ und $\beta = 0$, dominiert partielle Integration (P) aus sozialer Sicht.
(c) Wenn $\sigma \to \infty$ und $\beta = 1$, ist Nichtintegration (N) sozial genauso gut wie partielle Integration. Beide Strukturen dominieren volle Integration.

○ *Beweis:*
(a) Bei voller Integration sind die Anstrengungsniveaus effizient. Die Anstrengungsniveaus bei Nichtintegration und bei partieller Integration sind immer ineffizient für $\beta < 1$. Wenn die Aufbaukosten für die zusätzliche Faktorproduktionseinheit hinreichend niedrig sind, ist die soziale Wohlfahrt bei voller Integration am höchsten.
(b) Wenn $\sigma$ sehr hoch ist, wird volle Integration klar dominiert. Für $\beta = 0$ gilt $q_i^N = q_j^N = 0$, während $q_i^P > 0$ und $q_j^P \geq 0$. Deshalb gilt $E[W^P] > E[W^N]$, und partielle Integration dominiert.
(c) Wenn $\sigma$ sehr hoch ist, wird volle Integration klar dominiert. Für $\beta = 1$ gilt $q_i^N = q_j^N = q_i^P = q_j^P$. Daraus folgt $E[W^P] = E[W^N]$. q.e.d.

Das Ergebnis läßt sich intuitiv wie folgt begründen: Wenn es nur sehr niedrige Aufbaukosten für die Faktorproduktionseinheiten gibt, ist es immer vorteilhaft, zwei zu haben und dadurch ein effizientes Anstrengungsniveau zu ermöglichen. Volle Integration ist sozial optimal. Sind die Aufbaukosten jedoch sehr hoch, ist es nie sozial optimal, wenn zwei Faktorproduktionsanlagen aufgebaut werden. In diesem Fall wird partielle Integration z.B. dann optimal sein, wenn vertragliche Anreize überhaupt nicht gegeben werden können ($\beta = 0$), da bei partieller Integration zumindest die integrierte Struktur über den vollen Anreiz verfügt. Wenn vollständige vertragliche Anreize möglich sind, unterscheiden sich die Eigentumsstrukturen in Hinblick auf die gewählten Anstrengungsniveaus nicht. Das bedeutet, sowohl Nichtintegration mit einem aktiven Faktorproduzenten als auch volle Integration sind sozial optimal. Es ergibt sich also, daß Nichtintegration, partielle Integration und volle Integration sozial optimal sein können.

Nun soll wiederum das Beispiel der quadratischen Kostenfunktion betrachtet werden. Um zu überprüfen, wie in diesem Fall die sozial optimalen Eigentums- und Lieferstrukturen für unterschiedliche Parameterkonstellationen aussehen, wurden Simulationen durchgeführt. Im folgenden werden die Ergebnisse in Diagrammen für unterschiedliche Grade des Wettbewerbs ($\delta = 0$, $\delta = 0.5$, $\delta = 0.7$ und $\delta = 0.99$) wiedergegeben. Die Aufbaukosten $\sigma$ ($0 \leq \sigma \leq 0.2$) sind auf der vertikalen Achse aufgetragen und der Anreizparameter $\beta$ ($0 \leq \beta \leq 1$) auf der horizontalen Achse. Die Regime der sozial optimalen Strukturen sehen wie in Abbildung 3.1.4.1 dargestellt aus:

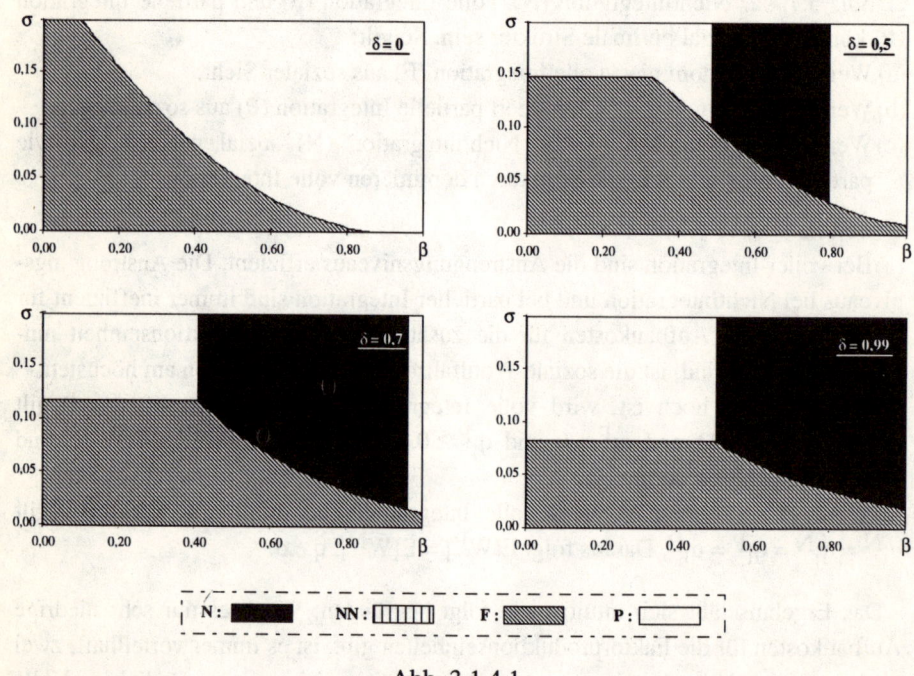

Abb. 3.1.4.1

Die Diagramme geben für den Fall der quadratischen Kostenfunktion einen guten Eindruck von den Bedingungen, unter denen eine bestimmte Struktur sozial optimal ist. Die Simulationsergebnisse spiegeln die Aussagen von Satz 3.1.4.2 wider: für niedrige Niveaus der Investitionskosten dominiert volle Integration, während für hohe Niveaus der Investitionskosten sowie eingeschränkte bzw. sehr gute Möglichkeiten, vertragliche Anreize zu geben, partielle Integration dominiert und für hohe Niveaus der Investitionskosten sowie gute Möglichkeiten, vertragliche Anreize zu geben, Nichtintegration.

### 3.1.5 Die stabilen Eigentums- und Lieferstrukturen

Die Eigentums- und Lieferstruktur, die sich tatsächlich ergibt, muß nicht unbedingt der sozial optimalen Struktur entsprechen. Um herzuleiten, welche Struktur tatsächlich entstehen wird, müssen die privaten Profite, die sich bei den alternativen Eigentums- und Lieferstrukturen ergeben, untersucht werden. Diese werden daher zunächst berechnet. Im allgemeinen bestehen die Profite der nichtintegrierten liefernden Einheiten aus den Bruttotransferzahlungen und den davon zu substrahierenden Anstrengungs- und Aufbaukosten. Die Profite der nichtintegrierten abnehmenden Einheiten setzen sich aus den Verkaufserlösen abzüglich der Transferzahlungen zusammen. Die integrierten Strukturen erhalten die Verkaufserlöse und tragen die Anstrengungs- und Aufbaukosten.

Bei <u>Nichtintegration mit Faktorlieferungen durch eine liefernde Einheit (N)</u> beträgt der erwartete Payoff von $U_1$:

$$E[\pi_{U1}^N] = t_1^N + t_2^N - C(q_1^N) - C(q_2^N) - \sigma. \qquad (3.1.5.1)$$

Die Eigentümer der belieferten Einheiten erhalten:

$$E[\pi_{Di}^N] = \alpha + q_i^N - \delta q_i^N q_j^N - t_i^N \qquad i,j=1,2. \qquad (3.1.5.2)$$

Als nächstes wird <u>Nichtintegration mit zwei aktiven liefernden Einheiten (NN)</u> betrachtet. Die Eigner der liefernden Einheiten erhalten einen erwarteten Payoff von:

$$E[\pi_{Ui}^{NN}] = t_i^{NN} - C(q_i^{NN}) - \sigma \qquad i=1,2. \qquad (3.1.5.3)$$

Die Profite der abnehmenden Einheiten betragen:

$$E[\pi_{Di}^{NN}] = \alpha + q_i^{NN} - \delta q_i^{NN} q_j^{NN} - t_i^{NN} \qquad i,j=1,2. \qquad (3.1.5.4)$$

Bei <u>voller Integration (F)</u> gibt es zwei integrierte Strukturen. Jede von diesen erhält:

$$E[\pi_{UDi}^F] = \alpha + q_i^F - \delta q_i^F q_j^F - C(q_i^F) - \sigma \qquad i,j=1,2. \qquad (3.1.5.5)$$

Liegt <u>partielle Integration (P)</u> vor, hat die integrierte Struktur, die die nichtintegrierte Einheit beliefert, einen erwarteten Ertrag in Höhe von:

$$E[\pi_{UD1}^P] = \alpha + q_1^P - \delta q_1^P q_2^P - C(q_1^P) - C(q_2^P) + t_2^P - \sigma. \qquad (3.1.5.6)$$

Die nichtintegrierte Einheit erhält:

$$E[\pi_{D2}^P] = \alpha + q_2^P - \delta q_1^P q_2^P - t_2^P. \tag{3.1.5.7}$$

Abschließend wird die Struktur <u>partielle Integration mit Belieferung der nichtintegrierten abnehmenden Einheit durch die nichtintegrierte faktorproduzierende Einheit (PP)</u> betrachtet. Der Payoff der integrierten Struktur ist gegeben durch:

$$E[\pi_{UD1}^{PP}] = \alpha + q_1^{PP} - \delta q_1^{PP} q_2^{PP} - C(q_1^{PP}) - \sigma. \tag{3.1.5.8}$$

Die nichtintegrierte liefernde Einheit erhält:

$$E[\pi_{U2}^{PP}] = t_2^{PP} - C(q_2^{PP}) - \sigma, \tag{3.1.5.9}$$

und die nichtintegrierte abnehmende Einheit:

$$E[\pi_{D2}^{PP}] = \alpha + q_2^{PP} - \delta q_1^{PP} q_2^{PP} - t_2^{PP}. \tag{3.1.5.10}$$

Nunmehr ist es möglich zu untersuchen, welche Eigentums- und Lieferstrukturen tatsächlich stabil sein können. Das dabei angewendete Gleichgewichtskonzept ist das der Teilspielperfektheit ("Subgame Perfectness"). Die Resultate der Analyse werden in den folgenden Sätzen wiedergegeben.

Zunächst wird die Struktur partielle Integration mit Belieferung der nichtintegrierten abnehmenden Einheit durch die nichtintegrierte faktorproduzierende Einheit (PP) analysiert.

❑ *Satz 3.1.5.1:* Partielle Integration mit Belieferung der nichtintegrierten abnehmenden Einheit durch die nichtintegrierte faktorproduzierende Einheit (PP) ist für $\beta < 1$ keine stabile Eigentums- und Lieferstruktur.

○ *Beweis:* Um diesen Satz zu beweisen, genügt es zu zeigen, daß $U_2$ und $D_2$ immer integrieren wollen, wenn $U_1$ und $D_1$ integriert haben und keine hinreichende Transferzahlung bieten. Dies kann nur der Fall sein, wenn $E[\pi_{U2}^{PP} + \pi_{D2}^{PP}] \geq E[\pi_{UD2}^F]$.

Zunächst wird gezeigt, daß $q_i^{PP} > q_i^F$. Die Bedingung erster Ordnung für $q_i^{PP}$ lautet: $1 - \delta q_j^{PP} = C'(q_i^{PP})$, die für $q_j^{PP}$: $\beta(1 - \delta q_i^{PP}) = C'(q_j^{PP})$ und die für $q_i^F$: $1 - \delta q_j^F = C'(q_i^F)$. Sei angenommen, daß $q_i^{PP} < q_i^F$ gelte ($q_i^{PP} = q_i^F$ unmöglich für $\beta < 1$). Es wird nun gezeigt, daß daraus ein Widerspruch folgt. So ergibt sich $C'(q_i^{PP}) < C'(q_i^F)$ und aufgrund der Bedingungen erster Ordnung $q_j^{PP} > q_j^F = q_i^F > q_i^{PP}$. Mit $q_j^{PP} = q_i^{PP} + c$, wobei $c > 0$, lassen sich die Bedingungen erster Ordnung für $q_i^{PP}$ und für $q_j^{PP}$ umformen zu: $1 - \delta q_i^{PP} = C'(q_i^{PP}) + \delta c$ und $\beta(1 - \delta q_i^{PP}) = C'(q_i^{PP} + c)$. Daraus folgt $C'(q_i^{PP} + c) =$

$\beta C'(q_i^{PP})+\beta\delta c$ und nach Umformung $(C''(q_i^{PP}+\hat{c})-\beta\delta)c = (\beta-1)C'(q_i^{PP})$, wobei $0 < \hat{c} < c$. Diese Bedingung kann nur erfüllt werden, wenn $C''(q_i^{PP}+\hat{c}) < \beta\delta$ eingehalten wird. Es ergibt sich ein Widerspruch, da bezüglich der Kostenfunktionen $C(q)$ gilt: $C''(q) > 1$ (dies gilt insbesondere für $C(q) = q^2$). Es folgt $q_i^{PP} > q_i^F$.

Mit Hilfe dieser Bedingung läßt sich folgern, daß gilt: $q_j^{PP}-\delta q_i^{PP}q_j^{PP}-C(q_j^{PP})$ $< q_j^{PP}-\delta q_i^F q_j^{PP}-C(q_j^{PP})$. Da aber $q_i^F = \operatorname{argmax} q_j-\delta q_i^F q_j-C(q_j)$, folgt unmittelbar $q_j^F-\delta q_i^F q_j^F-C(q_j^F) > q_j^{PP}-\delta q_i^{PP}q_j^{PP}-C(q_j^{PP})$. q.e.d.

Die intuitive Begründung für das Ergebnis von Satz 3.1.5.1 ist, daß $D_2$ sich nach der Integration von $U_1$ and $D_1$ im Vergleich zum Bezug von der nichtintegrierten liefernden Einheit dadurch besser stellen kann, daß sie entweder ebenfalls integrieren oder von der integrierten Einheit kaufen. Die Struktur PP wird aufgrund des Ergebnisses von Satz 3.1.5.1 im folgenden nicht mehr berücksichtigt werden.

Bevor die weiteren möglichen Eigentums- und Lieferstrukturen betrachtet werden, sollen zunächst die Transferzahlungen bei den sich gegebenenfalls ergebenden Lieferbeziehungen ermittelt werden.

❏ *Lemma 3.1.5.2:* Ist Nichtintegration (N) die stabile Eigentums- und Lieferstruktur, betragen die Transferzahlungen: $t_1^N = t_2^N = C(q_i^N)+\sigma/2$. Der erwartete Payoff $E[\pi_{Di}^N]$ beträgt für beide belieferten Einheiten $E[\pi_{Di}^N] = \alpha+q_i^N-\delta q_i^N q_j^N-C(q_i^N)-\sigma/2$, i,j=1,2.

○ *Beweis:* Aufgrund des Bertrand-Wettbewerbs zwischen den potentiellen Lieferanten gilt für diese die Nullgewinnbedingung. Daraus folgt unmittelbar die Behauptung. q.e.d.

Zur Vereinfachung seien die in Lemma 3.1.5.2 hergeleiteten Payoffs auch dann der Struktur N zugeordnet, wenn diese kein Gleichgewicht des auf Nichtintegration von $U_1$ und $D_1$ folgenden Teilspiels ist.

❏ *Lemma 3.1.5.3:* Ist partielle Integration (P) die stabile Eigentums- und Lieferstruktur, beträgt die Transferzahlung: $t_2^P = \sigma+q_2^P-\delta q_1^P q_2^P-q_2^F+\delta q_1^F q_2^F+C(q_2^F)$. Die Payoffs der liefernden und der belieferten Einheiten betragen $E[\pi_{UD1}^P] = \alpha+q_1^P+q_2^P-2\delta q_1^P q_2^P-C(q_1^P)-C(q_2^P)-q_2^F+\delta q_1^F q_2^F+C(q_2^F)$ und $E[\pi_{D2}^P] = \alpha+q_2^F-\delta q_1^F q_2^F-C(q_2^F)-\sigma$.

○ *Beweis:* Im Gleichgewicht ist $D_2$ genauso gut gestellt bei Annahme des Angebots wie bei Ablehnung und darauf folgender Integration mit $U_2$. Es gilt also $q_2^F-\delta q_1^F q_2^F-C(q_2^F)-\sigma = q_2^P-\delta q_1^P q_2^P-t_2^P$. Daraus folgt die Behauptung. q.e.d.

Zur Vereinfachung seien die in Lemma 3.1.5.3 hergeleiteten Payoffs auch dann der Struktur P zugeordnet, wenn sie kein Gleichgewicht des auf Integration von $U_1$ und $D_1$ folgenden Teilspiels ist.

Die Payoffs $E[\pi_{UD_1}{}^F]$ und $E[\pi_{U_1}{}^{NN}+\pi_{D_1}{}^{NN}]$ hängen nicht von Transferzahlungen ab.

❏ *Satz 3.1.5.4:* Im Gleichgewicht wird immer eine Eigentums- und Lieferstruktur realisiert, bei der $U_1$ und $D_1$ zusammen einen Payoff erhalten, der mindestens so hoch ist wie unter den alternativen Strukturen.

◯ *Beweis:* Falls Struktur P oder Struktur F für $U_1$ und $D_1$ zusammen am vorteilhaftesten ist, werden sie integrieren. Dann kann Struktur F z.B. dadurch erzwungen werden, daß kein Lieferangebot an $D_2$ gemacht wird. Dann werden $U_2$ und $D_2$ aufgrund der im Beweis des Satzes 3.1.5.1 dargestellten Argumentes integrieren. Andernfalls bietet $UD_1$ $D_2$ einen Liefervertrag an, der eine Transferzahlung gemäß Lemma 3.1.5.3 festlegt.

Falls Struktur N oder Struktur NN für $U_1$ und $D_1$ zusammen am vorteilhaftesten ist, werden sie nicht integrieren.

Ist Struktur N echt günstiger als Struktur NN, d.h. $q_i{}^N-\delta q_i{}^N q_j{}^N-C(q_i{}^N)-\sigma/2 > q_i{}^{NN}-\delta q_i{}^{NN} q_j{}^{NN}-C(q_i{}^{NN})-\sigma$, so ist zu zeigen, daß $(t^1,n^1)$, $(t^2,n^2)$ mit $n^i = 1$ und $t^i = C(q_i{}^{NN})+\sigma$ ($i=1,2$) keine Gleichgewichtsangebote sein können. Werden diese Angebote angenommen, erhalten $U_1$ und $U_2$ Profite in Höhe von Null sowie $D_1$ und $D_2$ Profite in Höhe von $q_i{}^{NN}-\delta q_i{}^{NN} q_j{}^{NN}-C(q_i{}^{NN})-\sigma$. $U_i$ könnte (gegeben das Angebot von $U_j$) aber das Angebot $(\tilde{t}^i,\tilde{n}^i)$ mit $\tilde{n}^i = 2$ und $\tilde{t}^i = C(q_i{}^N)+\sigma/2+\rho$ ($\rho > 0$ klein) machen, welches $D_1$ und $D_2$ durch $q_i{}^N-\delta q_i{}^N q_j{}^N-C(q_i{}^N)-\sigma/2-\rho$ besser stellen würde, während $U_i$ einen echt positiven Profit machen würde.

Ist Struktur NN echt günstiger als Struktur N, d.h. $q_i{}^N-\delta q_i{}^N q_j{}^N-C(q_i{}^N)-\sigma/2 < q_i{}^{NN}-\delta q_i{}^{NN} q_j{}^{NN}-C(q_i{}^{NN})-\sigma$, so ist zu zeigen, daß es im Gleichgewicht nicht zur Annahme eines Angebotes $(t^i,n^i)$ mit $n^i = 2$ und $t^i = C(q_i{}^N)+\sigma/2$ kommt. In diesem Fall erhielten $U_1$ und $U_2$ Profite in Höhe von Null sowie $D_1$ und $D_2$ Profite in Höhe von $q_i{}^N-\delta q_i{}^N q_j{}^N-C(q_i{}^N)-\sigma/2$. $U_j$ ($j \neq i$) könnte $(\tilde{t}^j,\tilde{n}^j)$ mit $\tilde{n}^j = 1$ und $\tilde{t}^j = C(\tilde{q}_j)+\sigma+\rho$ ($\rho > 0$ klein) anbieten, wobei $\tilde{q}_j$ dasjenige Anstrengungsniveau mit $\beta = C'(\tilde{q}_j)$ ist. Wenn $D_j$ das Angebot annimmt, wird $U_i$ überhaupt nicht liefern (dies entspricht $q_i = 0$), während $U_j$ das Anstrengungsniveau $\tilde{q}_j$ wählt, d.h. $D_j$ kann einen Payoff von $\tilde{q}_j-C(\tilde{q}_j)-\sigma-\rho$ erzielen. Im Folgenden wird gezeigt, daß $\tilde{q}_j-C(\tilde{q}_j)-\sigma-\rho \geq q_j{}^{NN}-\delta q_i{}^{NN} q_j{}^{NN}-C(q_j{}^{NN})-\sigma-\rho$, was nach obiger Ungleichung impliziert, daß $D_j$ das Angebot $(\tilde{t}^j,\tilde{n}^j)$ tatsächlich annimmt, so daß $(t^i,n^i)$ kein Gleichgewichtsangebot sein kann.

Es genügt, $\tilde{q}_j-C(\tilde{q}_j) \geq q_j{}^{NN}-C(q_j{}^{NN})$ zu zeigen. Wegen $\beta = C'(\tilde{q}_j)$ und $\beta(1-\delta q_i{}^{NN}) = C'(q_j{}^{NN})$ folgt $q_j{}^{NN} < \tilde{q}_j$. Weiter gilt $\tilde{q}_j-q_j{}^{NN}-(C(\tilde{q}_j)-C(q_j{}^{NN})) =$

$(\tilde{q}_j - q_j^{NN})(1 - C'(\hat{q}))$ für ein $q_j^{NN} < \hat{q} < \tilde{q}_j$. Aus $C'(\hat{q}) < C'(\tilde{q}_j) = \beta$ folgt, daß oben genannte Ungleichung gilt.

Im Gleichgewicht kommt es zur Annahme von Angeboten $(t^i, n^i)$ mit $n^i = 1$ und $t^i = q_i^{NN} - \delta q_i^{NN} q_j^{NN} - C(q_i^{NN}) - q_i^N + \delta q_i^N q_j^N + C(q_i^N) - \sigma/2$, so daß Struktur NN realisiert wird. $U_1$ und $D_1$ haben echt positive Profite, während $U_2$ und $D_2$ genauso gestellt sind wie unter N. q.e.d.

Satz 3.1.5.4 hat die notwendigen Bedingungen dafür aufgezeigt, daß die Strukturen Nichtintegration mit einer aktiven liefernden Einheit (N), Nichtintegration mit zwei aktiven liefernden Einheiten (NN), partielle Integration (P) und volle Integration (F) stabil sein können. Es ist im Einzelfall von der Kostenfunktion abhängig, ob jede der genannten Strukturen für bestimmte Parameterkonstellationen stabil sein kann. Hier wird wieder der Fall der quadratischen Kostenfunktion analysiert. Um herauszufinden, unter welchen Bedingungen welche dieser Eigentumsstrukturen tatsächlich stabil sein wird, werden spezielle Fälle analysiert. Es fragt sich, welchen Effekt der Wettbewerb auf die entstehende Eigentums- und Lieferstruktur hat. Dabei wird zuerst der Fall ohne jeglichen Wettbewerb betrachtet ($\delta = 0$). Die Anstrengungsniveaus betragen $q_1^N = q_2^N = 0.5\beta$, $q_1^{NN} = q_2^{NN} = 0.5\beta$, $q_1^F = q_2^F = 0.5$, $q_1^P = 0.5$ und $q_2^P = 0.5\beta$. Die erwarteten Profite errechnen sich zu: $E[\pi_{U1}^N + \pi_{D1}^N] = \alpha + 0.5\beta - 0.25\beta^2 - \sigma/2$, $E[\pi_{U1}^{NN} + \pi_{D1}^{NN}] = \alpha + 0.5\beta - 0.25\beta^2 - \sigma$, $E[\pi_{UD1}^F] = \alpha + 0.25 - \sigma$, $E[\pi_{UD1}^P] = \alpha + 0.5\beta - 0.25\beta^2$.

❏ *Satz 3.1.5.5:* Für $\delta = 0$ und $\sigma = 0$ dominiert volle Integration immer (schwach) Nichtintegration und partielle Integration.

○ *Beweis:* Für $\delta = 0$ und $\sigma = 0$ reduzieren sich die Bedingungen $E[\pi_{UD1}^F] \geq E[\pi_{U1}^N + \pi_{D1}^N]$, $E[\pi_{UD1}^F] \geq E[\pi_{U1}^{NN} + \pi_{D1}^{NN}]$ und $E[\pi_{UD1}^F] \geq E[\pi_{UD1}^P]$ zu $0.25 \geq 0.5\beta - 0.25\beta^2$. Diese Bedingungen lassen sich vereinfachen auf: $0.25(1-\beta)^2 \geq 0$. q.e.d.

Der Grund für dieses Ergebnis ist einfach. Wenn es keine Aufbaukosten gibt, ist es immer möglich, die vertraglichen Probleme durch volle Integration zu vermeiden. Da es keinen Wettbewerb gibt, können die industriellen Profite nicht durch Kollusion oder eine Beschränkung der Möglichkeiten, vertragliche Anreize zu geben, erhöht werden. Dies bedeutet, daß es aus privater Sicht keinen Anreiz gibt, von der sozial optimalen Struktur abzuweichen.

Als nächstes wird starker Wettbewerb analysiert, d.h. $\delta = 1-\varepsilon$, wobei $\varepsilon > 0$ und sehr klein ist. Für $\varepsilon \to 0$ sind die gewählten Anstrengungsniveaus: $q_1^N = q_2^N = \beta/(2+2\beta)$, $q_1^{NN} = q_2^{NN} = \beta/(2+\beta)$, $q_1^F = q_2^F = 1/3$, $q_1^P = 1/2$ und $q_2^P = 0$. Die Berechnung der erwarteten Profite ergibt: $E[\pi_{U1}^N + \pi_{D1}^N] =$

$\alpha+\beta/(2+2\beta)-2(\beta/(2+2\beta))^2-\sigma/2$,  $E[\pi_{U1}^{NN}+\pi_{D1}^{NN}] = \alpha+ \beta/(2+\beta)-2(\beta/(2+\beta))^2-\sigma$,
$E[\pi_{UD1}^{F}] = \alpha+1/9-\sigma$,  $E[\pi_{UD1}^{P}] = \alpha+5/36$.

❏ *Satz 3.1.5.6:* Für $\delta = 1-\varepsilon$ und $\varepsilon \rightarrow 0$ wird partielle Integration immer dominieren.

○ *Beweis:* Da $5/36 > 4/36-\sigma$ folgt, daß für $\varepsilon \rightarrow 0$: $E[\pi_{UD1}^{P}] > E[\pi_{UD1}^{F}]$. Für $\varepsilon \rightarrow 0$ hat $E[\pi_{U1}^{N}+\pi_{D1}^{N}]$ sein Maximum bei $\beta = 1$. Der maximale Wert ist kleiner als der Payoff bei partieller Integration: $10/72 > 9/72-\sigma/2$. Für $\varepsilon \rightarrow 0$ hat $E[\pi_{U1}^{NN}+\pi_{D1}^{NN}]$ sein Maximum bei $\beta = 1$. Der maximale Wert ist kleiner als der Payoff bei partieller Integration: $5/36 > 4/36-\sigma$. Das bedeutet, partielle Integration wird volle Integration und Nichtintegration immer dominieren. q.e.d.

Das Resultat läßt sich dadurch begründen, daß volle Integration für starken Wettbewerb immer dominiert wird, da es unter dieser Struktur keine Möglichkeit zur Kollusion gibt. Dagegen werden die beiden Fälle der Nichtintegration wegen der beschränkten Möglichkeit, vertragliche Anreize zu geben, dominiert.

Nun soll untersucht werden, wie die Möglichkeit, Anreize zu geben, die resultierende Eigentumsstruktur beeinflußt. Zuerst wird der Fall betrachtet, in dem keinerlei Anreize gegeben werden können. Dies bedeutet $\beta = 0$. Die resultierenden Anstrengungsniveaus sind $q_1^N = q_2^N = 0$, $q_1^{NN} = q_2^{NN} = 0$, $q_1^F = q_2^F = 1/(2+\delta)$, $q_1^P = 1/2$ und $q_2^P = 0$. Die erwarteten Profite betragen: $E[\pi_{U1}^{N}+\pi_{D1}^{N}] = \alpha-\sigma/2$, $E[\pi_{U1}^{NN}+\pi_{D1}^{NN}] = \alpha-\sigma$, $E[\pi_{UD1}^{F}] = \alpha+1/(2+\delta)^2-\sigma$, $E[\pi_{UD1}^{P}] = \alpha+0.25-1/(2+\delta)^2$.

❏ *Satz 3.1.5.7:* Für $\beta = 0$ werden beide Fälle der Nichtintegration immer dominiert. Wenn $2/(2+\delta)^2 \geq 0.25+\sigma$ gilt, dominiert volle Integration partielle Integration. Das Gegenteil gilt, wenn diese Bedingung nicht erfüllt ist.

○ *Beweis:* Da $E[\pi_{UD1}^{P}] = \alpha+1/4-1/(2+\delta)^2 \geq \alpha$ gilt, folgt unmittelbar $E[\pi_{UD1}^{P}] \geq E[\pi_{U1}^{N}+\pi_{D1}^{N}]$ und $E[\pi_{UD1}^{P}] \geq E[\pi_{U1}^{NN}+\pi_{D1}^{NN}]$. Eine Umformung der Bedingung $E[\pi_{UD1}^{F}] \geq E[\pi_{UD1}^{P}]$ durch Addition von $1/(2+\delta)^2+\sigma-\alpha$ auf beiden Seiten beweist den zweiten Teil des Satzes. q.e.d.

Da es nicht möglich ist, irgendwelche vertraglichen Anreize zu geben, wird Nichtintegration, egal welcher Fall, für alle möglichen Ausprägungen des Wettbewerbs und alle Niveaus der Aufbaukosten durch partielle Integration dominiert, obwohl die integrierte Struktur den nichtintegrierten Konsumgutproduzenten durch Kompensation so stellen muß, daß er nicht rückwärts integriert. Und $UD_1$ wird nur dann partielle Integration wählen, wenn die Profite bei voller Integration niedriger sind als die Profite bei partieller Integration. Dies ist insbesondere bei hohen Investitionskosten der Fall.

Als nächstes wird der Fall $\beta = 1$ untersucht. Die Anstrengungsniveaus sind $q_1^N = q_2^N = 1/(2+2\delta)$, $q_1^{NN} = q_2^{NN} = 1/(2+\delta)$, $q_1^F = q_2^F = 1/(2+\delta)$, $q_1^P = q_2^P = 1/(2+2\delta)$. Die Herleitung der erwarteten Profite ergibt: $E[\pi_{U1}^N + \pi_{D1}^N] = \alpha + 1/(4+4\delta) - \sigma/2$, $E[\pi_{U1}^{NN} + \pi_{D1}^{NN}] = \alpha + 1/(2+\delta)^2 - \sigma$, $E[\pi_{UD1}^F] = \alpha + 1/(2+\delta)^2 - \sigma$, $E[\pi_{UD1}^P] = \alpha + 1/(2+2\delta) - 1/(2+\delta)^2$.

❏ *Satz 3.1.5.8*: Für $\sigma > 0$ und $\beta = 1$ wird partielle Integration Nichtintegration und volle Integration immer dominieren.

○ *Beweis*: Die Bedingungen $E[\pi_{UD1}^P] > E[\pi_{U1}^N + \pi_{D1}^N]$, $E[\pi_{UD1}^P] > E[\pi_{U1}^{NN} + \pi_{D1}^{NN}]$ und $E[\pi_{UD1}^P] > E[\pi_{UD1}^F]$ reduzieren sich für $\beta = 1$ zu $\sigma/2 > 1/(2+\delta)^2 - 1/(4+4\delta)$. Eine Umformung führt zu $\sigma/2 > -\delta/(4(1+\delta)(2+\delta)^2)$. Da die rechte Seite für alle $\delta$ negativ ist, dominiert partielle Integration immer. q.e.d.

Der Grund für dieses Ergebnis ist, daß sich für $\beta$ nahe 1 $U_1$ und $D_1$ immer durch Integration verbessern können, da dies ihnen einen größeren Anteil an den Kollusionsprofiten der Industrie gibt. Die Industrieprofite sind bei Nichtintegration mit Belieferung beider abnehmender Einheiten durch den gleichen Faktorproduzenten genauso hoch wie bei partieller Integration, aber bei partieller Integration erhält die nichtintegrierte abnehmende Einheit nur soviel wie bei voller Integration.

Während die Analyse sich bisher nur auf die Randwerte von $\beta$ und $\delta$ konzentrierte, wird nun auf dazwischen liegende Werte gesehen.

❏ *Satz 3.1.5.9*: Es existieren Werte $0 < \beta < 1$, $0 < \delta < 1$ und $\sigma < \infty$, für die Nichtintegration mit Belieferung der abnehmenden Einheiten durch die gleiche faktorproduzierende Einheit die Strukturen Nichtintegration mit Belieferung der abnehmenden Einheiten durch unabhängige faktorproduzierende Einheiten, volle Integration und partielle Integration dominiert.

○ *Beweis*: Für den Beweis genügt ein Beispiel, z.B. der Fall $\beta = 0.6$, $\delta = 0.7$ und $\sigma = 0.025$. In diesem Fall sind $q_1^N = q_2^N = 0.211$, $q_1^{NN} = q_2^{NN} = 0.248$, $q_1^F = q_2^F = 0.37$, $q_1^P = 0.484$, $q_2^P = 0.03$. Die erwarteten Profite betragen $E[\pi_{U1}^N + \pi_{D1}^N] = \alpha + 0.123$, $E[\pi_{U1}^{NN} + \pi_{D1}^{NN}] = \alpha + 0.118$, $E[\pi_{UD1}^F] = \alpha + 0.112$, $E[\pi_{UD1}^P] = \alpha + 0.121$. Es gilt offensichtlich $E[\pi_{U1}^N + \pi_{D1}^N] > E[\pi_{U1}^{NN} + \pi_{D1}^{NN}]$, $E[\pi_{U1}^N + \pi_{D1}^N] > E[\pi_{UD1}^F]$ und $E[\pi_{U1}^N + \pi_{D1}^N] > E[\pi_{UD1}^P]$. q.e.d.

❏ *Satz 3.1.5.10*: Es existieren Werte $0 < \beta < 1$, $0 < \delta < 1$ und $\sigma < \infty$, für die Nichtintegration mit Belieferung der abnehmenden Einheiten durch unabhängige faktorproduzierende Einheiten die Strukturen Nichtintegration mit Belieferung der abnehmenden Einheiten durch die gleiche faktorproduzierende Einheit, volle Integration und partielle Integration dominiert.

○ *Beweis:* Für den Beweis genügt ein Beispiel, etwa der Fall $\beta = 0.6$, $\delta = 0.7$ und $\sigma = 0.01$. In diesem Fall sind $q_1^N = q_2^N = 0.211$, $q_1^{NN} = q_2^{NN} = 0.248$, $q_1^F = q_2^F = 0.37$, $q_1^P = 0.484$, $q_2^P = 0.03$. Die erwarteten Profite betragen $E[\pi_{U1}^N + \pi_{D1}^N] = \alpha + 0.13$, $E[\pi_{U1}^{NN} + \pi_{D1}^{NN}] = \alpha + 0.133$, $E[\pi_{UD1}^F] = \alpha + 0.127$, $E[\pi_{UD1}^P] = \alpha + 0.121$. Es gilt offensichtlich $E[\pi_{U1}^{NN} + \pi_{D1}^{NN}] > E[\pi_{U1}^N + \pi_{D1}^N]$, $E[\pi_{U1}^{NN} + \pi_{D1}^{NN}] > E[\pi_{UD1}^F]$ und $E[\pi_{U1}^{NN} + \pi_{D1}^{NN}] > E[\pi_{UD1}^P]$. q.e.d.

Da die Ergebnisse der Sätze 3.1.5.9 und 3.1.5.10 sehr wichtig sind, sollen sie im Detail diskutiert werden. Gegeben die vertraglichen Probleme, würde vertikale Integration in isolierten bilateralen Verhältnissen immer dominieren. In einer multilateralen Beziehung, wie sie hier vorliegt, tritt jedoch eine wesentliche Externalität auf. Aufgrund der Skalenerträge bei der Faktorproduktion und der Möglichkeit zur Kollusion gibt es neben der Tendenz zu vertikaler Integration die Tendenz zu nur einem aktiven Faktorproduzenten. Eine vertikal integrierte Struktur, die auch einen Wettbewerber beliefert, hat jedoch einen Anreiz, den Konkurrenten mit schlechter Qualität zu beliefern, da dies die Erfolgswahrscheinlichkeit des Wettbewerbers beeinträchtigt und damit die Gewinnchancen für die integrierte Struktur erhöht. Dies ist ein direkter Wettbewerbsbeschränkungseffekt. Da die verstärkten Anreize für die integrierte Strukur jedoch zu einem höheren Qualitätsniveau ihres Produkts führen, sinken die Anreize zur Bereitstellung hoher Qualität für den Wettbewerber noch weiter. Das bedeutet, es gibt auch einen indirekten Wettbewerbsbeschränkungseffekt. Der nichtintegrierte Konsumgutproduzent antizipiert, daß er mit schlechter Qualität beliefert wird, und kann nur von einer Rückwärtsintegration abgehalten werden, wenn er vertraglich durch die integrierte Struktur kompensiert wird. Das bedeutet, daß es aufgrund der vertraglichen Probleme und der Unmöglichkeit zur Bindung an ein effizientes Verhalten zu privaten Kosten einer Integration kommen kann. Aufgrund dieser Kosten kann Nichtintegration in multilateralen Beziehungen die Eigentums- und Lieferstruktur sein, die aufgrund der privaten Anreizsituation stabil ist.

Nichtintegration kann im Vergleich zu voller Integration vorteilhaft sein, weil sie den Wettbewerb abschwächt. Gegenüber partieller Integration kann sie günstiger sein, weil es nicht zu Unterschieden in den Niveaus der Faktorqualitäten aufgrund der geschilderten negativen Externalitäten kommt. Bei der Parameterkombination von Satz 3.1.5.9 entsteht Nichtintegration mit einer Belieferung der abnehmenden Einheiten die gleiche liefernde Einheit. Für die in Satz 3.1.5.10 betrachtete Parameterkonstellation kommt es zu Nichtintegration und einer Belieferung der abnehmenden Einheiten durch unabhängige liefernde Einheiten. Wie läßt sich verstehen, unter welchen Bedingungen welcher Fall der Nichtintegration im Gleichgewicht auftritt?

Im Vergleich zu Nichtintegration mit Belieferung der abnehmenden Einheiten durch die gleiche faktorproduzierende Einheit bietet Nichtintegration mit einer Belieferung der abnehmenden Einheiten durch unabhängige liefernde Einheiten den Vorteil, daß die Anstrengungsniveaus höher sind. Während die Belieferung durch den gleichen Faktorproduzenten gegenüber der Belieferung durch unterschiedliche Faktorproduzenten dann dominiert, wenn aufgrund guter Möglichkeiten, vertragliche Anreize zu geben, industrielle Kollusionsprofite zu erzielen sind, kommt es bei hinreichend stark eingeschränkten Möglichkeiten, vertragliche Anreize zu geben, zu Anstrengungsniveaus, die in Hinblick auf das Ziel der Maximierung der Unternehmens- bzw. der Industrieprofite zu niedrig sind.[89] Dann ist es aus Sicht der Unternehmen vorteilhaft, wenn zwei aktive nichtintegrierte Faktorproduzenten existieren.

Andererseits dominiert, wie schon ausgeführt, bei hinreichend guten Möglichkeiten, Anreize zu geben, Nichtintegration mit Belieferung der abnehmenden Einheiten durch die gleiche faktorproduzierende Einheit die Struktur Nichtintegration mit einer Belieferung der abnehmenden Einheiten durch unabhängige liefernde Einheiten, weil die erstgenannte Struktur die Erzielung von Kollusionsprofiten ermöglicht. Darüber hinaus bietet Nichtintegration mit Belieferung der abnehmenden Einheiten durch die gleiche faktorproduzierende Einheit den Vorteil, daß die abnehmenden Einheiten jeweils nur die halben Investitionskosten tragen müssen.

Um einen Eindruck davon zu geben, wie die Regime der stabilen Eigentumsstrukturen für unterschiedliche Parameterkonstellationen aussehen, werden im folgenden die Simulationsergebnisse in Diagrammen für unterschiedliche Grade des Wettbewerbs ($\delta = 0$, $\delta = 0.5$, $\delta = 0.7$ und $\delta = 0.99$) wiedergegeben. Die Aufbaukosten $\sigma$ ($0 \leq \sigma \leq 0.2$) sind auf der vertikalen Achse aufgetragen und der Anreizparameter $\beta$ ($0 \leq \beta \leq 1$) auf der horizontalen Achse. Die Regime der stabilen Strukturen sehen für die quadratische Kostenfunktion wie in Abbildung 3.1.5.1 dargestellt aus.

Die Diagramme geben einen guten Eindruck von den Bedingungen, unter denen eine bestimmte Struktur stabil ist. Wie schon die Analyse spezieller Parameterkonstellationen zeigte, dominieren für Randwerte von $\beta$ und $\delta$ die Strukturen volle Integration und partielle Integration, während im mittleren Wertebereich auch die beiden Fälle der Nichtintegration stabil sein können.

---

[89] Es läßt sich ein kritisches Niveau $\beta(\delta)$ berechnen, unter dem Struktur NN dominiert, während über diesem Niveau Struktur N dominiert.

Abb. 3.1.5.1

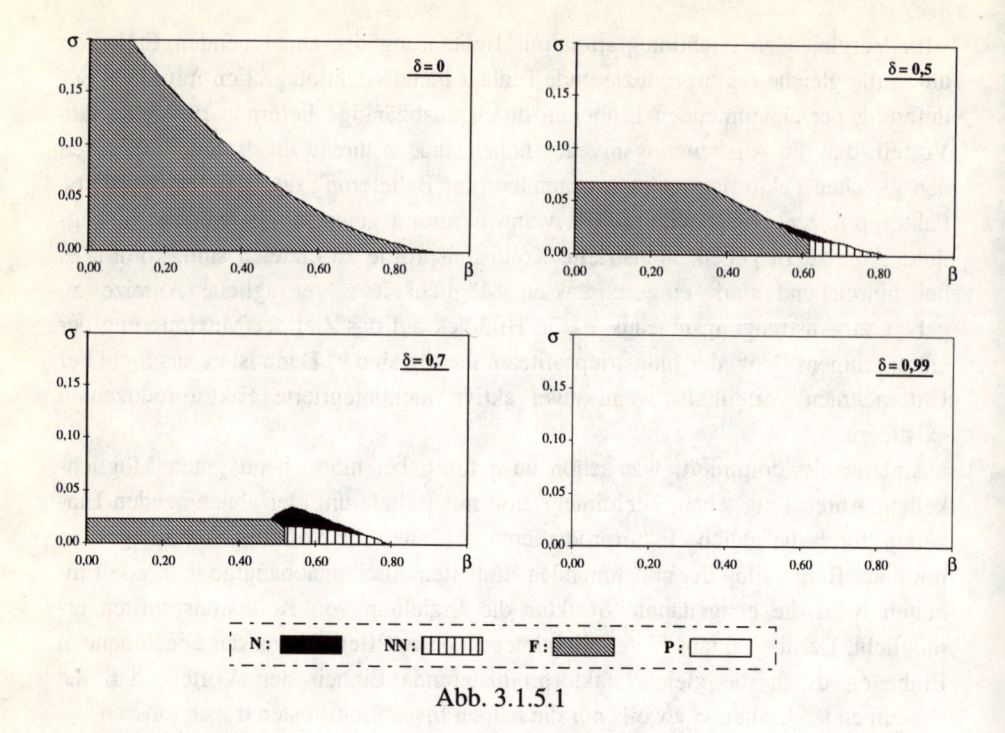

## 3.1.6 Die Effizienz von Eigentums- und Lieferstrukturen

Die Ergebnisse der Abschnitte 3.1.4 und 3.1.5 geben wesentliche Einsichten in die Art der Eigentums- und Lieferstrukturen, die für bestimmte Parameterwerte sozial optimal bzw. aufgrund der privaten Anreizlage tatsächlich stabil sind. Nun erscheint es sehr interessant zu sein festzustellen, inwieweit die stabile Eigentums- und Lieferstruktur von der sozial optimalen Struktur abweichen kann.

Einen ersten Eindruck gibt ein Vergleich der in der Abbildung 3.1.4.1 dargestellten Diagramme mit denen von Abbildung 3.1.5.1. Es zeigt sich folgendes: Partielle Integration ist sehr viel häufiger stabil als sozial optimal. Auch die beiden Fälle der Nichtintegration sind unter bestimmten Bedingungen stabil, aber nicht sozial optimal. Andererseits sind Nichtintegration mit einer Belieferung der abnehmenden Einheiten durch die gleiche liefernde Einheit und volle Integration häufig nicht die stabilen Strukturen, obwohl sie sozial optimal sind. Im weiteren werden diese Beobachtungen genauer untersucht.

In den Abschnitten 3.1.4 und 3.1.5 wurde gezeigt, daß die Struktur PP im allgemeinen weder stabil noch sozial optimal ist. Deshalb wird die Analyse auf die Strukturen Nichtintegration mit einer Belieferung der abnehmenden Einheiten durch die gleiche liefernde Einheit, Nichtintegration mit einer Belieferung der abnehmenden Einheiten durch unabhängige liefernde Einheiten, partielle Integration und volle Integration beschränkt.

Zunächst wird Nichtintegration betrachtet. Es gibt zwei Fälle der Nichtintegration: entweder mit einer Belieferung der abnehmenden Einheiten durch die gleiche liefernde Einheit oder aber mit einer Belieferung der abnehmenden Einheiten durch unabhängige liefernde Einheiten.

❏ *Satz 3.1.6.1:* Nichtintegration mit einer Belieferung der abnehmenden Einheiten durch die gleiche liefernde Einheite kann die stabile Eigentums- und Lieferstruktur sein, obwohl es nicht die sozial optimale Struktur ist. Insbesondere kann diese Struktur stabil sein, wenn volle Integration sozial optimal ist.

○ *Beweis:* Gemäß Satz 3.1.5.9 ist Struktur N bei den dort genannten Parameterwerten stabil. Für diese Werte gilt jedoch $E[W^N] = 0.277$, $E[W^{NN}] = 0.279$, $E[W^F] = 0.320$ und $E[W^P] = 0.243$. q.e.d.

❏ *Satz 3.1.6.2:* Nichtintegration mit einer Belieferung der abnehmenden Einheiten durch unabhängige liefernde Einheiten kann die stabile Eigentums- und Lieferstruktur sein, obwohl es nicht die sozial optimale Struktur ist.

○ *Beweis:* Gemäß Satz 3.1.4.1 wird Struktur NN im allgemeinen sozial dominiert. Satz 3.1.5.10 zeigt aber, daß Struktur NN stabil sein kann. q.e.d.

Es wurde schon begründet, warum Nichtintegration aus privater Sicht Vorteile gegenüber den alternativen Strukturen haben kann. Nichtintegration mit einer Belieferung der abnehmenden Einheiten durch die gleiche liefernde Einheit kann stabil sein, wenn volle Integration sozial optimal ist. Der Grund dafür ist der Kollusionseffekt. Nichtintegration mit einer Belieferung der abnehmenden Einheiten durch unabhängige liefernde Einheiten kann stabil sein, obwohl diese Struktur sozial suboptimal ist, weil die Qualitätsniveaus der Faktoren, die bei dieser Struktur realisiert werden, unter den sozial effizienten Niveaus liegen. Es kommt also in diesem Fall der Nichtintegration zu einer Wettbewerbsbeschränkung gerade deshalb, weil die Möglichkeit, vertragliche Anreize zu geben, eingeschränkt ist.

In jedem Fall kommt es bei Nichtintegration zu einer Minderung des Wettbewerbs auf dem Konsumgütermarkt. Das bedeutet, durch die Festlegung auf eine nichtintegrierte Industriestruktur ist es den Unternehmen möglich, den Wettbewerb zu beschränken.

Als nächstes wird partielle Integration analysiert.

❏ *Satz 3.1.6.3*: Partielle Integration kann die stabile Eigentums- und Lieferstruktur sein, obwohl sie sozial suboptimal ist. Insbesondere kann partielle Integration dann stabil sein, wenn entweder Nichtintegration mit einer Belieferung der abnehmenden Einheiten durch die gleiche liefernde Einheit oder aber volle Integration sozial optimal sind.

○ *Beweis:* Um zu beweisen, daß die sozial optimale Struktur N dominiert werden kann, genügt es, den Fall sehr hoher Aufbaukosten für die Faktorproduktionsanlage zu betrachten: $\sigma \to \infty$. Wie Satz 3.1.4.2 zeigt, kann Struktur N dann unter bestimmten Bedingungen sozial optimal sein. In diesem Fall kann die Bedingung dafür, daß Struktur N aufgrund der privaten Anreizlage Struktur P überlegen ist, d.h. $q_i^N + q_i^F - q_1^P - q_2^P - \delta(q_i^N)^2 - \delta(q_i^F)^2 + 2\delta q_1^P q_2^P - C(q_i^N) - C(q_i^F) + C(q_1^P) + C(q_2^P) \geq \sigma/2$, nie erfüllt sein.

Um zu zeigen, daß die sozial optimale Struktur F dominiert werden kann, genügt ebenfalls ein Beispiel. Es liege eine quadratische Kostenfunktion vor. Für diesen Fall zeigt Satz 3.1.5.8, daß partielle Integration volle Integration bei beliebigen Niveaus von $\sigma = 0$, $\beta \to 1$ und $\delta$, $0 < \delta < 1$, dominiert. Aus Satz 3.1.4.2 folgt jedoch, daß Struktur F zumindestens für $\sigma$ hinreichend klein sozial optimal wäre. q.e.d.

Die intuitive Begründung des Ergebnisses von Satz 3.1.6.3 ist einfach. Partielle Integration kann die sozial optimale Struktur Nichtintegration mit einer Belieferung der abnehmenden Einheiten durch die gleiche liefernde Einheit dominieren, weil $UD_1$ durch partielle Integration $U_2$ und $D_2$ auf den Payoff drücken kann, den sie bei voller Integration hätten, und dadurch den eigenen Profit steigern. Dies ist z.B. der Fall, wenn die Aufbaukosten für die Faktorproduktionsanlage sehr hoch sind.

Bei partieller Integration muß die integrierte Struktur der nichtintegrierten Einheit mindestens den Payoff geben, den diese bei voller Integration erzielen würde. Aufgrund dieser Tatsache dominiert partielle Integration genau dann, wenn die Industrieprofite bei dieser Struktur höher sind als bei voller Integration. Da partielle Integration Kollusion auf Kosten der Konsumenten ermöglicht, was bei voller Integration nicht möglich ist, folgt, daß partielle Integration volle Integration dominieren kann, obwohl letztere Struktur sozial optimal wäre.

Abschließend wird volle Integration betrachtet.

❏ *Satz 3.1.6.4:* Volle Integration ist nie stabil, wenn Nichtintegration sozial optimal ist. Volle Integration ist bei einer quadratischen Kostenfunktion nie stabil, wenn partielle Integration sozial optimal ist.

○ *Beweis:* Volle Integration dominiert sozial, wenn die soziale Wohlfahrt höher ist, als bei den alternativen Strukturen, d.h. es müssen folgende Bedingungen gelten: $\sigma < 2q_i^F - 2q_i^N - \delta(q_i^F)^2 + \delta(q_i^N)^2 - 2C(q_i^F) + 2C(q_i^N)$, $0 < 2q_i^F - 2q_i^{NN} - \delta(q_i^F)^2 + \delta(q_i^{NN})^2 - 2C(q_i^F) + 2C(q_i^{NN})$ und $2q_i^F - q_1^P - q_2^P - \delta(q_i^F)^2 + \delta q_1^P q_2^P - 2C(q_i^F) + C(q_1^P) + C(q_2^P) \geq \sigma$. Volle Integration dominiert aufgrund der privaten Anreizlage, wenn der Payoff von $U_1$ und $D_1$ bei dieser Struktur höher ist als bei den alternativen Strukturen: $\sigma < 2q_i^F - 2q_i^N - 2\delta(q_i^F)^2 + 2\delta(q_i^N)^2 - 2C(q_i^F) + 2C(q_i^N)$, $\sigma < 2q_i^F - 2q_i^{NN} - 2\delta(q_i^F)^2 + 2\delta(q_i^{NN})^2 - 2C(q_i^F) + 2C(q_i^{NN})$, und $2q_i^F - q_i^P - q_j^P - 2\delta(q_i^F)^2 + 2\delta q_i^P q_j^P - 2C(q_i^F) + C(q_i^P) + C(q_j^P) \geq \sigma$.

Angenommen, volle Integration würde stabil sein, obwohl Nichtintegration sozial optimal ist. Ein Vergleich der Bedingungen, unter denen Nichtintegration volle Integration sozial und privat dominiert, zeigt, daß dies nur dann der Fall sein kann, wenn $-\delta((q_i^F)^2-(q_i^N)^2) > 0$ (bzw. $-\delta((q_i^F)^2-(q_i^{NN})^2) > 0$) gelten würde. Da aber $q_i^F \geq q_i^N$ (bzw. $q_i^F \geq q_i^{NN}$) gilt, ist das Gegenteil, d.h. $-\delta((q_i^F)^2-(q_i^N)^2) \leq 0$ (bzw. $-\delta((q_i^F)^2-(q_i^{NN})^2) \leq 0$), für alle $\beta, \delta \in [0,1]$ erfüllt.

Angenommen, volle Integration würde stabil sein, obwohl partielle Integration sozial optimal ist. Ein Vergleich der Bedingungen, unter denen partielle Integration volle Integration sozial und privat dominiert, zeigt, daß dies nur dann der Fall sein kann, wenn $-\delta((q_i^F)^2-q_i^P q_j^P) \geq 0$ gilt. Für $\beta < \delta/(2-\delta)$ ist diese Bedingung offensichtlich erfüllt, da $q_i^F \geq 0$ und $q_j^P = 0$. Für $\beta \geq \delta/(2-\delta)$ hält diese Bedingung, wenn $1/(2+\delta)^2 \geq (4\beta-2(1+\beta^2)(1+\beta)\delta+\beta(1+\beta)^2\delta^2)/((2+(1+\beta)\delta)^2(2-(1+\beta)\delta)^2)$. Letztere Bedingung ist erfüllt, wenn $(2+(1+\beta)\delta)^2/(2+\delta)^2 \geq 1$ und $1 \geq (4\beta-2(1+\beta^2)(1+\beta)\delta+\beta(1+\beta)^2\delta^2)/(2-(1+\beta)\delta)^2$. Die erste dieser Bedingungen ist offensichtlich erfüllt und die zweite Bedingung kann umgeschrieben werden zu $(4-4\beta)+(2(1+\beta^2)(1+\beta)-4(1+\beta))\delta + (1-\beta)(1+\beta)^2\delta^2 \geq 0$. Die linke Seite hat ihr Minimum bezüglich $\delta$ bei $\delta = 1$. Der minimale Wert ist $(1-\beta)(4-(1+\beta)^2) \geq 0$. q.e.d.

Der Grund für dieses Ergebnis ist einleuchtend. Volle Integration ermöglicht - zumindestens bei quadratischer Kostenfunktion - im Gegensatz zu den anderen Eigentumsstrukturen keine Steigerung der Industrieprofite durch Beschränkung des Wettbewerbs, da es weder durch Anreizprobleme noch durch Kollusion zu sozial suboptimalen Anstrengungsniveaus kommt. Darüber hinaus tritt eine Beschränkung eines Konkurrenten, wie sie bei partieller Integration möglich ist, nicht auf.

### 3.1.7 Schlußfolgerungen

Im Rahmen der durchgeführten Analyse wurde untersucht, welcher Art die entstehende Eigentums- und Lieferstruktur in multilateralen Verhältnissen mit zwei Faktor- und zwei Konsumgüterproduzenten ist und ob diese Struktur von der sozial effizienten Struktur abweicht. Zwei Ergebnisse scheinen besonders interessant zu sein. Zum einen ist eine wichtige Eigenschaft des analysierten Modells, daß es zwischen nichtintegrierten Parteien nur eingeschränkte Möglichkeiten zur vertraglichen Absicherung von Zusagen gibt. Dies würde in bilateralen Verhältnissen dazu führen, daß Integration immer optimal wäre. Da jedoch multilaterale Verhältnisse vorliegen, entsteht eine aus privater Sicht wesentliche Externalität. Aufgrund der Skalenerträge bei der Faktorproduktion und der Möglichkeit, den Wettbewerb auf dem Konsumgütermarkt durch Kollusion zu beschränken, gibt es zusätzlich zur Tendenz zu vertikaler Integration eine Tendenz zu nur einem aktiven Faktorproduzenten. Aber eine vertikal integrierte Struktur, die auch ihren Konkurrenten beliefert, hat einen Anreiz, diesen mit schlechter Qualität zu beliefern, da der eigene Erfolg vom Erfolg des Wettbewerbers abhängt. Aufgrund der Möglichkeit des Faktorproduzenten, durch seine Entscheidungen den Erfolg beider Konsumgüter zu beeinflussen, ist dies ein direkter Wettbewerbsbeschränkungseffekt. Da die integrierte Struktur einen Anreiz hat, die eigene Qualität im Vergleich zur Qualität des Konkurrenten zu hoch zu setzen, verringern sich wettbewerbsbedingt die Anreize, den Wettbewerber mit Qualität zu beliefern, noch weiter. Es gibt also zusätzlich noch einen indirekten Wettbewerbsbeschränkungseffekt. Der nichtintegrierte Konsumgutproduzent antizipiert, daß er mit schlechter Qualität beliefert wird, und wird nur dann nicht rückwärts integrieren, wenn er mindestens genauso gut gestellt wird, als ob er integriert. Das bedeutet, daß es aufgrund der vertraglichen Probleme und der Unmöglichkeit, sich zu einem effizienten Verhalten zu verpflichten, zu privaten Kosten einer Integration kommen kann. Aufgrund dieser Kosten kann Nichtintegration die stabile Struktur sein.

Zum zweiten muß die stabile Struktur nicht unbedingt der sozial optimalen Struktur entsprechen. So kann zum Beispiel partielle Integration entstehen, obwohl Nichtintegration sozial optimal ist. Die Frage ist, was getan werden kann, um solche ineffizienten Zusammenschlüsse zu verhindern. Bolton und Whinston haben bereits auf die Tatsache hingewiesen, daß es sehr schwer ist, effizienzsteigernde und effizienzsenkende Integrationen voneinander zu unterscheiden. Gemäß ihrer Analyse hängt es von den Abläufen der Vertragsverhandlungen in Lieferbeziehungen ab, ob eine Integration effizienzsteigernd ist oder nicht.[90] Aus der Analyse von Hart und Tirole folgt, daß Zusammenschlüsse sozial effizient sein können, wenn die Aufbaukosten von Faktorproduktionsanlagen hoch sind. Im hier dargestellten Modell kann partielle Integration sogar für niedrige Niveaus der Aufbaukosten sozial optimal sein, wenn die dadurch bedingten Externalitäten nicht zu hoch sind. Das macht die Aufgabe, zwischen "guten" und "schlechten" vertikalen Zusammenschlüssen zu unterscheiden, noch schwerer. Es tritt hier sogar noch ein zusätzliches Problem auf. Aufgrund der Tatsache, daß nichtintegrierte Faktorproduzenten und Konsumgüterproduzenten Anreizverträge abschließen, kann Nichtintegration die stabile Eigentums- und Lieferstruktur sein, obwohl volle Integration sozial optimal ist. Aus Sicht der Unternehmen bietet die nichtintegrierte Form der Industriestruktur den Vorteil, daß sie den Wettbewerb abschwächt, weil die Qualitätsniveaus der gehandelten Faktoren reduziert werden. Aufgrund des beschriebenen Effekts muß daher selbst eine Situation ohne vertikale Zusammenschlüsse nicht sozial optimal sein. Dieser Gedanke könnte für die Diskussion um die richtige Wettbewerbspolitik interessant sein, da hier die Vorstellung dominiert, daß es zu einer Wettbewerbsbeschränkung vorrangig durch horizontale Preisabstimmung und vertikale Preisbeschränkung bzw. durch horizontale und vertikale Integration kommt.

---

[90] Vgl. Bolton und Whinston 1991 S. 221.

## 3.2 Asymmetrische Informationen und horizontale Integration von Unternehmungen

### 3.2.1 Einführung

Während in der Vergangenheit sehr ausführlich diskutiert wurde, unter welchen Umständen es zu Kosten einer vertikalen Integration kommt, ist die Frage nach den Bestimmungsgründen von Kosten einer horizontalen Integration vernachlässigt worden. Besonders interessant scheint dabei die Frage zu sein, welche Gründe dazu führen, daß - wie in der Realität häufig zu beobachten - Produkte unterschiedlicher Qualitätsabstufungen von unterschiedlichen Unternehmungen angeboten werden.

Die Literatur über die sogenannte vertikale Produktdifferenzierung untersucht zwar, welche Produktqualitäten von welchen Unternehmungen bei bestimmten Marktgegebenheiten angeboten und abgesetzt werden, geht dabei jedoch entweder von Einproduktunternehmungen oder von einer vorgegebenen Zahl von Unternehmungen aus.[91] Es ist offensichtlich, daß dann, wenn Mehrproduktunternehmungen zugelassen werden und die Zahl der Unternehmungen bei unbeschränkter Zulässigkeit von horizontaler Integration endogenisiert wird, eine Monopolisierung des Marktes eintreten sollte. Der Grund dafür ist, daß eine Monopolstruktur die Industrieprofite maximiert und es daher im Interesse aller Unternehmungen ist, wenn eine Verschmelzung stattfindet. Dem kann natürlich entgegengehalten werden, daß in der Realität eine staatliche Wettbewerbskontrolle existiert, die dies verhindert. Trotzdem zeigt sich immer wieder - so z.B. an den Konzentrationsprozessen im deutschen Einzelhandel -, daß die staatliche Wettbewerbskontrolle nur sehr bedingt wirksam ist. Das bedeutet, es wäre in vielen Märkten mit Produkten, die hinsichtlich ihrer Qualität differenziert sind, zumindest eine starke Konzentration zu erwarten. Gemessen daran scheinen die Märkte in der Realität - z.B. der Automobilmarkt - jedoch noch relativ kompetitiv zu sein. Im weiteren wird eine einfache und naheliegende Begründung dafür gegeben, daß für Unternehmungen in Märkten mit vertikaler Produktdifferenzierung Kosten einer horizontalen Integration entstehen können, die Konzentrationsprozesse verhindern.

Konsumenten können zum Zeitpunkt des Kaufes häufig die Qualität von Produkten nicht beobachten, d.h. es liegen asymmetrische Informationen vor. Unter bestimmten Bedingungen können sie jedoch aus den der Unternehmung zur Verfügung stehenden Produktionstechnologien auf die angebotene Produktqualität zurückschließen. Voraussetzung ist, daß unterschiedliche Technologien existieren, die sich hinsichtlich ihrer relativen Vorteilhaftigkeit bei der Produktion unterschiedlicher Qualitätsniveaus unterscheiden. Dann hat eine Unternehmung, die ausschließlich eine solche Technologie besitzt, die Vorteile bei der Produktion

---

91 Vgl. Shaked und Sutton 1983 sowie Champsaur und Rochet 1989.

hoher Qualität bietet, einen geringeren Anreiz, durch die Lieferung schlechter Qualität zu betrügen, als eine Unternehmung, die neben einer solchen Technologie auch über eine Technologie verfügt, die eine kostengünstige Produktion niedriger Qualität ermöglicht, weil die durch Betrügen erzielbare Kostenersparnis geringer ist. Sind die Investitionskosten so hoch, daß sich eine Investition nicht ausschließlich zum Betrügen lohnt, können die Konsumenten aus der gleichzeitigen Präsenz einer Unternehmung im Hoch- und im Niedrigqualitätssegment schließen, daß die Unternehmung kostengünstiger betrügen kann als eine Unternehmung, die ausschließlich im Hochqualitätssegment anbietet. Sie werden daher bevorzugen, höhere Qualität von einer Unternehmung zu kaufen, die ausschließlich in diesem Segment verkauft. Das gleiche gilt, wenn die Konsumenten die der Unternehmung zur Verfügung stehenden Technologien direkt beobachten können. Daraus folgt, daß eine Unternehmung, die horizontal integriert, Wettbewerbsnachteile hat. Es entstehen also bedingt durch das Vorliegen asymmetrischer Informationen Kosten einer horizontalen Integration.

### 3.2.2 Produktdifferenzierung bei symmetrischer Informationslage

Wie in der Einführung erläutert, soll im weiteren untersucht werden, welche Industriestruktur sich in Märkten mit Produkten ergibt, die hinsichtlich ihrer Produktqualität differenziert sind. Diese Problematik wurde in der Vergangenheit in der Industrieökonomik unter dem Stichwort Produktdifferenzierung ausführlich behandelt. Dabei wird üblicherweise von symmetrischen Informationen und der ausschließlichen Existenz einer Vielzwecktechnologie ausgegangen.

Die Industrieökonomik unterscheidet zwischen horizontaler und vertikaler Produktdifferenzierung. Horizontale Produktdifferenzierung tritt auf, wenn die Konsumenten bezüglich der Ausprägungen einer Produktcharakteristik - d.h. einer Qualität im weiteren Sinne - unterschiedliche Präferenzen haben. Dies ist beispielsweise in Hinblick auf den Angebotsort der Fall, wenn Transportkosten anfallen, deren Höhe von der jeweiligen Entfernung des Verbrauchsortes vom Angebotsort abhängt. Dieser klassische Fall geht auf Hotelling (1929) zurück.[92] Im Mittelpunkt der Analyse wird hier jedoch die vertikale Produktdifferenzierung stehen. Vertikale Produktdifferenzierung tritt auf, wenn die Konsumenten den Ausprägungen einer Produktcharakteristik die gleiche Rangfolge zuordnen. Dies ist z.B. bei der Produktqualität - d.h. der Qualität im engeren Sinne - typischerweise der Fall. Alle Konsumenten präferieren hohe Qualität gegenüber niedriger Qualität. In der Realität sind üblicherweise Mischformen der vertikalen und der horizontalen Produktdifferenzierung zu beobachten.

---

[92] Vgl. Tirole 1988 S. 277ff.

Sowohl für den Fall der horizontalen Produktdifferenzierung als auch für den Fall der vertikalen Produktdifferenzierung konnte gezeigt werden, daß dann, wenn mehrere Einproduktunternehmungen in den Markt eintreten bzw. im Preiswettbewerb bestehen können, diese danach streben, ihre Produkte möglichst weit voneinander zu differenzieren, um den Preiswettbewerb abzuschwächen.[93]
Champsaur und Rochet (1989) wiesen für den Duopolfall nach, daß dieses Prinzip der Differenzierung auch bei Vielproduktunternehmen gültig ist. Das bedeutet, die Unternehmen wählen die Bandbreiten der angebotenen Produktqualitäten so, daß sie keinesfalls überlappend und möglichst stark voneinander differenziert sind.
Das Prinzip der Differenzierung, das die Literatur als durchgängiges Ergebnis aufzeigt, ist aber kritisch von der Annahme abhängig, daß nur Einproduktunternehmen existieren bzw. daß die Zahl der Unternehmungen exogen vorgegeben ist. Ist unter den üblicherweise vorausgesetzten Bedingungen dagegen horizontale Integration unbeschränkt möglich, wird es zu einer Monopolisierung des Marktes kommen, da dies im Interesse der Unternehmen ist, die der Industrie angehören. Im weiteren wird ein einfaches Modell mit vertikaler Produktdifferenzierung bei asymmetrischer Informationslage analysiert, um zu zeigen, daß Bedingungen existieren, unter denen es nicht zu einer Monopolisierung des Marktes kommt.

### 3.2.3 Produktdifferenzierung bei asymmetrischer Informationslage

Viele in der Realität produzierte und angebotene Güter sind sogenannte Erfahrungsgüter. Bei Erfahrungsgütern können die Konsumenten die Qualität des Gutes erst nach längerer Nutzung erkennen, d.h. es liegen zum Zeitpunkt des Kaufes asymmetrische Informationen vor. Die Konsumenten können die Wahl der Qualität weder beobachten noch kontrollieren, sind aber am Kauf hoher Qualität bei angemessenem Preis interessiert.
Da Garantien aufgrund der Probleme bei der Bestimmung dessen, was unter Qualität zu verstehen ist, kostspielig und nur bedingt wirksam sind sowie darüber hinaus den Konsumenten Anreize zu nicht bestimmungsgemäßer Verwendung eines Gutes geben, können sie das Problem des "Moral Hazard" nicht vollständig beseitigen und werden deshalb in den weiteren Betrachtungen nicht explizit thematisiert.[94] Es wird davon ausgegangen, daß die Möglichkeiten der Qualitätssicherung durch Garantien ausgeschöpft sind und daß sich die Analyse auf die verbleibende Unsicherheit bezüglich der Produktqualität bezieht.
Steht der geschilderte Handel einmalig zur Disposition und existiert lediglich eine Art der Technologie, die die Produktion höherer Qualität zu höheren Stückkosten

---

[93] Vgl. Tirole 1988, S. 277ff., Shaked und Sutton 1982, Shaked und Sutton 1983, Shaked und Sutton 1984, Sutton 1986, Shaked und Sutton 1987, Sutton 1992 und Gabszewicz et al. 1986.
[94] Vgl. Overgaard 1992 S. 172f. und Shapiro 1983 S. 662.

erlaubt, wird es zu einem Marktversagen kommen, da der Produzent einen Anreiz hat, schlechte Qualität zu produzieren und so die zusätzlichen Kosten für die Produktion hoher Qualität einzusparen. Die Konsumenten werden dies antizipieren und lediglich bereit sein, den Preis für das Produkt niedriger Qualität zu zahlen. Der Handel des Produktes hoher Qualität kommt also nicht zustande, auch wenn er effizient wäre. Dies wird aufgrund der Rückwärtsinduktionsproblematik auch dann der Fall sein, wenn der Handel endlich oft wiederholt werden könnte. Dagegen kann es bei unendlicher Wiederholung des Handels zu einem Gleichgewicht kommen, in dem die Konsumenten dem Produzenten so lange eine Qualitätsprämie zahlen, bis der Produzent einmal betrügt. Ist die Qualitätsprämie ausreichend hoch, wird der Produzent nie betrügen, da er sonst die Prämienzahlungen verliert.[95]

Die vorstehenden Ausführungen geben die in der Literatur vorherrschende Sichtweise der Qualitätswahlproblematik bei asymmetrischer Informationslage wieder. Dabei wird grundsätzlich davon ausgegangen, daß lediglich eine Art der Technologie existiert. Es wird unterstellt, daß diese zur Produktion aller Qualitätsniveaus eingesetzt wird, wobei die mit der Produktion eines bestimmten Qualitätsniveaus verbundenen Stückkosten mit steigender Qualität wachsen. In der Realität ist es jedoch so, daß es unterschiedliche Technologien gibt, die sich hinsichtlich der Stückkosten unterscheiden, die bei der Produktion eines bestimmten Qualitätsniveaus anfallen. Für jedes Qualitätsniveau gibt es eine Technologie, die die Produktion dieser Qualität zu den günstigsten Stückkosten ermöglicht. Es kann beispielsweise so sein, daß es eine Technologie gibt, die am günstigsten eine standardisierte Produktion in großen Mengen bei niedriger Qualität ermöglicht, eine Technologie, die Vorteile bei der Produktion von mittleren Losgrößen bei mittlerer Qualität hat, sowie eine Technologie, die die Fertigung hoher Qualität bei niedrigen Mengen erlaubt. Wird mit einer bestimmten Technologie eine höhere Qualität produziert als die, zu deren Produktion sie vorrangig geeignet ist, treten üblicherweise stark erhöhte Stückkostenwerte auf. Wird dagegen mit einer bestimmten Technologie eine niedrigere Qualität produziert, treten häufig nur moderate Stückkostensenkungen auf. Wenn eine Unternehmung z.B. nur über die Technologie verfügt, die vorrangig zur Produktion hoher Qualität geeignet ist, hat sie deshalb nur einen sehr geringen Anreiz, mittlere oder schlechte Qualität zu liefern, und es wäre für die Konsumenten leichter z.B. durch entsprechende Prämien, die Lieferung hoher Qualität zu sichern. Verfügt eine Unternehmung dagegen über sämtliche Technologien, kann sie durch Betrügen höhere Stückkostenersparnisse erzielen.

Ist die Wahl der Technologie für die Konsumenten beobachtbar, können sie daraus Rückschlüsse ziehen auf die Anreize einer Unternehmung, "Betrugsgewinne"

---

[95] Vgl. Klein und Leffler 1981 sowie Shapiro 1983.

zu realisieren. Will eine Unternehmung glaubhaft eine höhere Qualität als die Mindestqualität anbieten, wird sie auf die Anschaffung einer Technologie, die eine kostengünstigere Produktion der niedrigeren Qualität ermöglicht, verzichten. Sind die zur Anschaffung einer Technologie notwendigen Investitionskosten niedriger als die mit dieser Technologie erzielbaren gesamten Ersparnisse bei den Stückkosten, kommt es tendenziell zu einer fragmentierten Industriestruktur, d.h. jede Unternehmung verfügt nur über eine Technologie und bietet nur eine Qualität an. Es entsteht also keine horizontale Integration, da dies Glaubwürdigkeitskosten nach sich ziehen würde. Dieses Argument gilt auch bei unendlich wiederholten Transaktionen, da der dann mögliche Reputationsmechanismus mit Qualitätssicherungskosten verbunden ist, die durch Nichtintegration vermindert werden können.

Allerdings scheint die Annahme, daß die Konsumenten die Wahl einer Technologie durch die Unternehmung beobachten können, sehr restriktiv zu sein. Zum einen ist dazu jedoch festzustellen, daß die Konsumenten in bestimmten Märkten bei großen, bekannten Unternehmungen tatsächlich über Informationen bezüglich der den Unternehmungen zur Verfügung stehenden Technologien verfügen. So verbreiten sich z.B. bezüglich der Automobilindustrie Informationen darüber, ob ein Produzent über die neuesten Produktionstechnologien verfügt, ob die Forschungsabteilung innovationsfreudig ist oder ob die Arbeitnehmerschaft qualifiziert ist. Es ist auch bekannt, daß aus der Wahl des Produktionsstandortes - z.B. in Deutschland oder in einem Billiglohnland - auf die Qualifikation der von einem Unternehmen beschäftigten Arbeitnehmer und die daher zu erwartende Produktqualität rückgeschlossen wird.[96] Zum anderen wird im folgenden gezeigt, daß es den Konsumenten unter bestimmten Umständen möglich ist, aus der Präsenz eines Unternehmens in bestimmten Märkten auf die dieser Unternehmung zur Verfügung stehenden Produktionstechnologien zu schließen. Um zu zeigen, daß es aufgrund von asymmetrischen Informationen zu Kosten einer horizontalen Integration kommen kann, ist es demnach nicht unbedingt notwendig vorauszusetzen, daß die Konsumenten die Wahl der Technologie durch die Unternehmungen direkt beobachten können.

### 3.2.4 Ein Modell

Das dargelegte Argument soll nun anhand eines einfachen Modells mit vertikaler Produktdifferenzierung verdeutlicht werden. In diesem Modell fragen die Konsumenten ein Produkt nach, das in zwei unterschiedlichen Qualitäten $q_L$ und $q_H$, mit $q_H > q_L$, produziert werden kann. Die Angebotspreise seien $p_L$ und $p_H$. Die Konsumenten unterscheiden sich hinsichtlich ihrer Präferenz für Qualität. Die

---

[96] Dies zeigt sich an der Debatte um die Verlagerung der Produktion von Daimler Benz in die Tschechische Republik. Vgl. Der Spiegel 1993b S. 81.

Intensität der Präferenz werde durch einen Parameter θ ausgedrückt. Die Konsumenten seien bezüglich des Parameters θ in der Region [$\underline{\theta},\overline{\theta}$] gleichverteilt mit der Dichte 1, wobei $\overline{\theta} > \underline{\theta}$. Der Einfachheit wegen sei $\underline{\theta} = 0$.

Der durch den Konsum des Produkts entstehende Nutzen sei $u = \theta q - p$ und der Reservationsnutzen betrage $\overline{u} = \theta q_0$. Der Reservationsnutzen kann z.B. so interpretiert werden, daß zu einem Preis $p = 0$ ein Ausweichprodukt mit der Qualität $q_0$ bezogen werden kann. Zur Vereinfachung wird angenommen, daß $q_H - q_L = q_L - q_0 = \Delta q$ gilt.

Die Konsumenten beziehen entweder eine Einheit des Produkts mit der Qualität $q_H$, eine Einheit des Produkts mit der Qualität $q_L$ oder keine Einheit des Produkts (bzw. das Ausweichprodukt). Die Nachfrage hängt von den Preisen ab. Um sie zu ermitteln, ist es zweckmäßig, die Präferenzrate $\hat{\theta}$ desjenigen Konsumenten zu bestimmen, der gerade indifferent ist zwischen dem Konsum hoher Qualität zum Preis $p_H$ und dem Konsum niedriger Qualität zum Preis $p_L$, sowie die Präferenzrate $\check{\theta}$ desjenigen Konsumenten, der indifferent ist zwischen dem Konsum des Produkts niedriger Qualität zum Preis $p_L$ und Nichtkonsum. Aus einem Nutzenvergleich folgt:

$$\hat{\theta} = (p_H - p_L)/\Delta q \qquad (3.2.4.1)$$

$$\check{\theta} = p_L/\Delta q \qquad (3.2.4.2)$$

Ohne Einschränkung sei angenommen, daß $\Delta q \overline{\theta} + p_L \geq p_H \geq 2p_L$. Für $p_H < 2p_L$ gibt es keine Nachfrage nach dem Niedrigqualitätsgut. Für $p_H > \Delta q \overline{\theta} + p_L$ besteht keine Nachfrage nach hoher Qualität. Es folgt $\hat{\theta} \geq \check{\theta}$. Konsumenten mit einer Präferenzrate $\overline{\theta} \geq \theta \geq \hat{\theta}$ werden das Produkt hoher Qualität nachfragen und Konsumenten mit einer Rate $\hat{\theta} > \theta \geq \check{\theta}$ das Produkt niedriger Qualität. Die Konsumenten mit der Präferenzrate $\check{\theta} > \theta \geq \underline{\theta}$ fragen nicht nach. Die Nachfragen $D_i$, $i = L, H$, berechnen sich damit zu:

$$D_H = \overline{\theta} - \hat{\theta} \qquad (3.2.4.3)$$

$$D_L = \hat{\theta} - \check{\theta} \qquad (3.2.4.4)$$

Die Produktion der Produkte sei nur möglich, wenn zunächst in eine Produktionstechnologie investiert wird. Es gebe zwei Technologien $T_1$ und $T_2$, für die jeweils Investitionskosten in Höhe von $\sigma$ notwendig seien. Bei Verwendung der Technologie $T_1$ sollen die Stückkosten für die Produktion niedriger Qualität $c_L = 0$ betragen und die für das Produkt hoher Qualität $c_H = \infty$. Für die Technologie $T_2$ seien die Stückkosten entsprechend $c_L = c$ und $c_H = c$. Es sollen im weiteren nur die Fälle untersucht werden, in denen die an späterer Stelle noch genauer definierten Duopolgewinne die Investitionskosten übersteigen, d.h.

$\sigma \leq \text{Min}\{2(c+\overline{\theta}\Delta q)^2/(49\Delta q), (4\overline{\theta}\Delta q - 3c)^2/(49\Delta q)\}$. Die Produktion des Hochqualitätsprodukts sei effizient, d.h. zumindestens für den Konsumenten mit der höchsten Präferenz für Qualität übersteigt der zusätzliche Nutzen, der aus dem Konsum hoher Qualität entsteht, die Kosten der Produktion hoher Qualität: $\overline{\theta}(q_H - q_L) \geq c$.

Bezüglich des Markteintritts von Unternehmungen wird angenommen, daß die Unternehmungen jeweils entweder eine Anlage der Technologie $T_1$ oder eine Anlage der Technologie $T_2$ erwerben können. Eine endliche Anzahl von Unternehmungen hat der Reihenfolge nach die Möglichkeit, in den Markt einzutreten: Zunächst $U_1$, dann $U_2$, dann $U_3$ usw. Die Anzahl n der Unternehmungen sei hinreichend groß, so daß es immer Unternehmungen gibt, die nicht in den Markt eintreten.

Nach Abschluß der Markteintrittsphase besteht die Möglichkeit, die Eigentumsrechte bezüglich der Produktionsanlagen zu tauschen. Es wird folgendes angenommen: Wenn es mehrere Unternehmungen gibt, die über dieselbe Technologie verfügen, verhandeln zunächst diese miteinander. Falls anschließend nur noch zwei Unternehmungen mit unterschiedlichen Technologien existieren, treten diese in Verhandlungen ein. Es sei unterstellt, daß andernfalls die Verhandlungskosten prohibitiv hoch wären. Bei den Verhandlungen findet jeweils ein Spiel statt, bei dem die tauschenden Parteien die über ihre Drohpunkte hinausgehenden Gewinne aus dem Tausch gleichmäßig teilen. Danach findet, wenn nach der Verhandlungsphase noch mehrere unabhängige, über mindestens eine Produktionsanlage verfügende Unternehmungen existieren, Bertrand-Wettbewerb mit potentiell differenzierten Produktqualitäten statt.

Das für die Tauschphase unterstellte Verhandlungsspiel ist sehr speziell. Man kann jedoch davon ausgehen, daß alternative Annahmen existieren, die qualitativ ebenfalls zu den im weiteren abgeleiteten Ergebnissen führen, allerdings mit einem unverhältnismäßig hohen Analyseaufwand verbunden wären.

Bevor die Analyse durchgeführt wird, ist es notwendig genau zu definieren, was als horizontale Integration anzusehen ist. In diesem Beitrag soll eine Unternehmung als horizontal integriert bezeichnet werden, wenn sie über beide Technologien verfügt und in beiden Qualitätssegmenten anbietet.

Um die weitere Analyse zu vereinfachen, ist es zweckmäßig, vorab zu untersuchen, welche Preise im Monopol- und im Duopolfall gesetzt werden und welche Gewinne realisiert werden. Dann kann bei Bedarf auf die Ergebnisse dieser Analyse zurückgegriffen werden. Es wird noch deutlich werden, warum gerade diese Fälle betrachtet werden. Eine Monopolunternehmung, die über beide Technologien verfügt, kann entweder beide Produkte oder nur ein Produkt anbieten. Da sie über beide Technologien verfügt, wird sie jede Qualität mit der Technologie produzieren, bei der geringere Stückkosten anfallen. Falls sie beide Produkte anbietet, lautet die Zielfunktion:

$$\pi^M = [(\bar{\theta}\Delta q - (p_H - p_L))(p_H - c) + (p_H - 2p_L)p_L]/\Delta q \qquad (3.2.4.5)$$

Die Herleitung der Bedingungen erster Ordnung ergibt:

$$\partial \pi^M/\partial p_H = \bar{\theta} + (-2p_H + 2p_L + c)/\Delta q = 0 \qquad (3.2.4.6)$$

$$\partial \pi^M/\partial p_L = (2p_H - 4p_L - c)/\Delta q = 0 \qquad (3.2.4.7)$$

Es ist leicht zu sehen, daß die Bedingungen zweiter Ordnung erfüllt sind. Die Monopolpreise errechnen sich zu:

$$p_L^M = 0.5\bar{\theta}\Delta q \text{ und } p_H^M = 0.5c + \bar{\theta}\Delta q. \qquad (3.2.4.8)$$

Und der Gewinn beträgt:

$$\pi^M = (2\bar{\theta}^2\Delta q^2 - 2c\bar{\theta}\Delta q + c^2)/(4\Delta q). \qquad (3.2.4.9)$$

Produziert der Monopolist dagegen nur niedrige Qualität, lautet seine Zielfunktion:

$$\pi^{ML} = [(\bar{\theta}\Delta q - p_L)p_L]/\Delta q \qquad (3.2.4.10)$$

Die Bedingung erster Ordnung ergibt sich zu:

$$\partial \pi^{ML}/\partial p_L = (\bar{\theta}\Delta q - 2p_L)/\Delta q = 0 \qquad (3.2.4.11)$$

Da die Einhaltung der Bedingung zweiter Ordnung gewährleistet ist, beträgt der gewinnmaximale Preis:

$$p_L^{ML} = 0.5\bar{\theta}\Delta q \qquad (3.2.4.12)$$

und der resultierende Gewinn:

$$\pi^{ML} = (\bar{\theta}^2\Delta q)/4. \qquad (3.2.4.13)$$

Produziert der Monopolist ausschließlich hohe Qualität, lautet der Maximand:

$$\pi^{MH} = [(\bar{\theta}\Delta q - 0.5p_H)(p_H - c)]/\Delta q \qquad (3.2.4.14)$$

Die Bedingung erster Ordnung lautet:

$$\partial \pi^{MH}/\partial p_H = (\bar{\theta}\Delta q - p_H + 0.5c)/\Delta q = 0 \qquad (3.2.4.15)$$

Da die Einhaltung der Bedingung zweiter Ordnung gewährleistet ist, errechnet sich der gewinnmaximale Preis zu:

$$p_H^{MH} = 0.5c + \bar{\theta}\Delta q \qquad (3.2.4.16)$$

Der resultierende Gewinn beträgt:

$$\pi^{MH} = (2\bar{\theta}^2\Delta q^2 - 2c\bar{\theta}\Delta q + 0.5c^2)/(4\Delta q). \qquad (3.2.4.17)$$

Nunmehr wird der Duopolfall analysiert, bei dem eine Unternehmung über die Technologie $T_1$ verfügt und das Produkt niedriger Qualität anbietet. Die zweite Unternehmung besitze die Technologie $T_2$ und biete das Produkt hoher Qualität an. Die Zielfunktion der Unternehmung, die die hohe Qualität anbietet, lautet:

$$\pi_H^D = (\bar{\theta}\Delta q - (p_H - p_L))(p_H - c)/\Delta q \qquad (3.2.4.18)$$

Die Herleitung der Bedingung erster Ordnung ergibt:

$$\partial \pi_H^D / \partial p_H = \bar{\theta} + (-2p_H + p_L + c)/\Delta q = 0 \qquad (3.2.4.19)$$

Die Zielfunktion des Anbieters niedriger Qualität ist gegeben durch:

$$\pi_L^D = (p_H - 2p_L)p_L/\Delta q \qquad (3.2.4.20)$$

Die Bedingung erster Ordnung lautet:

$$\partial \pi_L^D / \partial p_L = (p_H - 4p_L)/\Delta q = 0 \qquad (3.2.4.21)$$

Die Gleichgewichtspreise errechnen sich aus den Bedingungen erster Ordnung:

$$p_L^D = (c + \bar{\theta}\Delta q)/7 \text{ und } p_H^D = 4(c + \bar{\theta}\Delta q)/7. \qquad (3.2.4.22)$$

Die Duopolgewinne betragen bei den berechneten Gleichgewichtspreisen:

$$\pi_L^D = 2(c + \bar{\theta}\Delta q)^2/(49\Delta q) \qquad (3.2.4.23)$$

$$\pi_H^D = (4\bar{\theta}\Delta q - 3c)^2/(49\Delta q) \qquad (3.2.4.24)$$

Zunächst soll untersucht werden, welcher Gleichgewichtszustand realisiert wird, wenn die Produktqualität von allen Marktteilnehmern beobachtet werden kann. Es zeigt sich, daß nur das in Satz 3.2.4.1 beschriebene Gleichgewicht existiert.

❏ *Satz 3.2.4.1:* Die in den Markt eingetretenen Unternehmungen einigen sich darauf, daß eine Unternehmung sämtliche Produktionsanlagen erhält. Diese Unternehmung bietet das Hoch- und das Niedrigqualitätsprodukt zu den Monopolpreisen $p_H^M$ und $p_L^M$ an und realisiert den Monopolgewinn $\pi^M$.

○ *Beweis:* Da $\pi^M \geq \pi^{MH}$ und $\pi^M \geq \pi^{ML}$ gilt, wird die Unternehmung, die über sämtliche Produktionsanlagen verfügt, sowohl das Produkt hoher als auch das

Produkt niedriger Qualität anbieten. Aus dem Maximierungskalkül des Monopolisten bestimmen sich die Angebotspreise zu $p_H^M$ und $p_L^M$. Daraus resultiert der Monopolgewinn $\pi^M$.

Unabhängig davon, wieviele Unternehmungen in den Markt eintreten, können sie immer ihren gemeinsamen Gewinn durch eine Monopolisierung des Marktes maximieren. q.e.d.

Das Ergebnis, daß es zu horizontaler Integration kommt und daß der Markt monopolisiert wird, wenn dies möglich ist, überrascht nicht weiter, da es den Unternehmungen einer Industrie bei Vorliegen symmetrischer Informationen immer möglich ist, durch Monopolisierung die Industrieprofite zu maximieren. In den Modellen der vertikalen Produktdifferenzierung wird diese Möglichkeit üblicherweise dadurch ausgeschlossen, daß unterstellt wird, es gebe nur Einproduktunternehmen bzw. von vornherein eine beschränkte Anzahl von Unternehmungen. In der Realität besteht jedoch üblicherweise die Möglichkeit der horizontalen Verschmelzung. Dies gilt tendenziell auch, wenn berücksichtigt wird, daß der Staat im Rahmen seiner Wettbewerbspolitik Maßnahmen ergreift, um horizontale Integration einzuschränken. Das Beispiel des deutschen Einzelhandels zeigt, daß es mit Hilfe der Regeln des Wettbewerbsrechts nicht möglich ist, Konzentrationsprozesse auszuschließen. Im folgenden wird jedoch gezeigt, daß die Anreize zur horizontalen Integration unter Umständen dann verschwinden bzw. vermindert werden, wenn asymmetrische Informationen zwischen Produzenten und Konsumenten auftreten.

Die Informationsstruktur muß für den Fall der asymmetrischen Informationslage genauer spezifiziert werden. Es wird unterstellt, daß die in die Industrie eintretenden Unternehmungen beobachten können, in welche Technologien die anderen Unternehmungen investieren. Die Konsumenten können weder beobachten, in welche Technologien von den Unternehmungen investiert wird, noch ob die Qualität eines angebotenen Produkts hoch oder niedrig ist. Die Unternehmungen können jedoch kostenlos signalisieren, über welche Technologien sie verfügen. Diese Annahme kann dadurch begründet werden, daß es Unternehmungen in der Realität z.B. durch Ausstellungen auf Fachmessen möglich ist, ihre Leistungsfähigkeit zu demonstrieren. Die Unternehmungen werden die Möglichkeit zu signalisieren natürlich strategisch einsetzen und nur dann ein Signal abgeben, wenn es zu ihrem Vorteil ist. Außer diesem Signal können die Konsumenten auch beobachten, welche Unternehmung welche Produkte anbietet. Sie sind insbesondere darüber informiert, ob eine Unternehmung gleichzeitig hohe und niedrige Qualität anbietet. Wenn eine Unternehmung ein bestimmtes Qualitätsniveau anbietet, bedeutet dies, wie deutlich werden wird, nicht, daß sie dieses auch absetzen kann. Die für die Analyse wesentliche Struktur sei in folgendem Schaubild verdeutlicht:

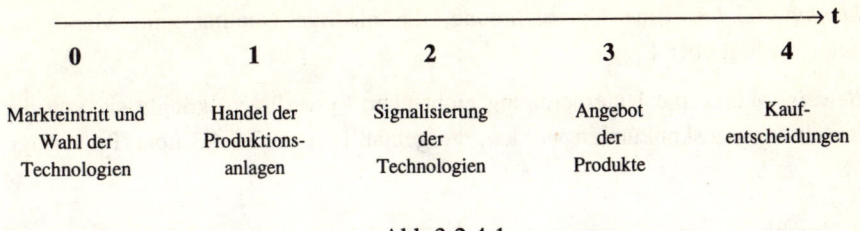

```
────────────────────────────────────────────────→ t
0           1              2              3            4
Markteintritt und  Handel der    Signalisierung   Angebot      Kauf-
Wahl der           Produktions-  der              der          entscheidungen
Technologien       anlagen       Technologien     Produkte
```

Abb 3.2.4.1

Um die Analyse verständlicher zu machen, werden zunächst einige vorläufige Ergebnisse hergeleitet.

❏ *Lemma 3.2.4.2:* Die Konsumenten werden das Angebot an Produkten hoher Qualität zu Preisen über denen der niedrigen Qualität nur dann akzeptieren, wenn die anbietende Unternehmung signalisiert hat, daß sie über Technologie $T_2$ verfügt.

○ *Beweis:* Angenommen, die Konsumenten würden angebotene hohe Qualität von einer Unternehmung kaufen, die nicht signalisiert hat, daß sie über $T_2$ verfügt. Dann hat in der Markteintrittsphase keine Unternehmung einen Anreiz, in $T_2$ zu investieren: Es können auch Unternehmungen, die nur über $T_1$ verfügen im Segment der hohen Qualität anbieten. Da die Konsumenten die Qualität der angebotenen Produkte nicht beobachten können und durch Produktion niedriger Qualität mit Technologie $T_1$ eine Stückkostenersparnis in Höhe von c erzielbar ist, dominiert die Strategie Investition in $T_1$ die alternative Strategie Investition in $T_2$. Das bedeutet, die Unternehmung wird die angebotene hohe Qualität nie liefern. Folglich werden die Konsumenten das Angebot nicht akzeptieren. q.e.d.

❏ *Lemma 3.2.4.3:* Im Gleichgewicht bietet mindestens eine Unternehmung mit der Technologie $T_1$ produzierte niedrige Qualität an.

○ *Beweis:* Angenommen, keine Unternehmung verfügt nach der Markteintrittsphase über $T_1$. Dann hätte während der Markteintrittsphase die Unternehmung $U_n$ eintreten und den Duopolgewinn $\pi_L^D - \sigma \geq 0$ realisieren können. Daraus folgt, daß im Gleichgewicht mindestens eine Unternehmung über Technologie $T_1$ verfügen muß.

Angenommen, es verfüge nach der Markteintritts- und der Verhandlungsphase schon eine Unternehmung über $T_1$, biete aber keine niedrige Qualität an. Dann muß die vorhandene Technologie $T_1$ zur Produktion derjenigen Produkte verwendet werden, die den Konsumenten als hohe Qualität angeboten werden, weil andernfalls kein Gewinn zu erzielen ist. Dies antizipieren jedoch die Konsumenten, weshalb folglich keine hohe Qualität abgesetzt werden kann. Gegeben diese Tatsache ist das Anbieten niedriger Qualität optimal. q.e.d.

❑ *Lemma 3.2.4.4:* Eine Unternehmung, die niedrige Qualität zum Marktpreis anbietet, verfügt über $T_1$.

○ *Beweis:* Würde die Unternehmung nicht über $T_1$ verfügen, könnte sie von der Unternehmung auskonkurriert werden, die gemäß Lemma 3.2.4.3 über $T_1$ verfügt. q.e.d.

Die Ergebnisse der Lemmata 3.2.4.2 bis 3.2.4.4 lassen sich einleuchtend interpretieren. Wenn es für eine Unternehmung, die glaubhaft hohe Qualität anbieten kann, nicht nötig wäre zu signalisieren, daß sie Technologie $T_2$ besitzt, würde nie in Technologie $T_2$ investiert werden. Da es immer mindestens einer Unternehmung möglich ist, durch Investition in Technologie $T_1$ einen positiven Profit zu erzielen, kommt es zwangsläufig zum Angebot niedriger Qualität. Aufgrund des Konkurrenzdrucks müssen deshalb Unternehmen, die niedrige Qualität zum Marktpreis anbieten, über die Technologie $T_1$ verfügen.
Nunmehr kann untersucht werden, ob es im Gleichgewicht dazu kommen kann, daß eine Unternehmung sowohl hohe als auch niedrige Qualität absetzt.

❑ *Satz 3.2.4.5:* Eine Unternehmung kann beim Vorliegen asymmetrischer Informationen im Gleichgewicht nie sowohl hohe als auch niedrige Qualität absetzen.

○ *Beweis:* Angenommen, die Konsumenten würden von einer Unternehmung, die sowohl hohe als auch niedrige Qualität anbietet, beide Qualitäten kaufen. Ein Unternehmung, die im Gleichgewicht sowohl hohe als auch niedrige Qualität anbietet, muß aufgrund von Lemma 3.2.4.2 bis Lemma 3.2.4.4 sowohl über Technologie $T_1$ als auch über Technologie $T_2$ verfügen. Da sie die Technologie $T_1$ einsetzen kann und die Konsumenten die Produktqualität nicht beobachten können, besteht dann aber ein Anreiz zu betrügen, indem sie den Konsumenten, die hohe Qualität nachfragen, niedrige Qualität liefert und so eine Kostenersparnis in Höhe von c je verkaufter Einheit erzielt. Dies antizipieren die Konsumenten, da sie aus dem Angebot der Niedrigqualität in jedem Fall schließen können, daß die Unternehmung über die Technologie $T_1$ verfügt und so die Möglichkeit hat zu betrügen, um Kosten zu sparen. Sie werden deshalb Produkte, die zu einem höheren Preis als dem der niedrigen Qualität angeboten werden, nicht kaufen. q.e.d.

Der Mechanismus, der zu dem Ergebnis von Satz 3.2.4.5 führt, ist sehr wesentlich. Die Konsumenten können aus der Präsenz einer Unternehmung in bestimmten Marktsegmenten auf die Technologien schließen, über die die Unternehmung verfügen muß. Dadurch können sie auch erkennen, welches Qualitätsniveau die von einer Unternehmung angebotenen Produkte haben. Auch in der Realität schließen Konsumenten aus der Präsenz einer Unternehmung in unterschiedlichen Qualitätssegmenten auf die Qualität der angebotenen Produkte zurück. In dem hier analysierten Modell führt dies dazu, daß eine Monopolisierung des Marktes, wie sie bei symmetrischer Informationslage auftrat, unter der geschilderten Informationsstruktur kein Gleichgewicht darstellt.

Es fragt sich nun, ob es in dem beschriebenen Markt generell zu einem Marktversagen in dem Sinne kommt, daß das Hochqualitätsprodukt weder nachgefragt noch glaubhaft angeboten wird. Die Antwort auf diese Frage gibt Satz 3.2.4.8, dem allerdings wesentliche Teilergebnisse der Analyse vorausgehen.

❑ *Lemma 3.2.4.6:* Ein Duopolanbieter, der den Konsumenten zum Preis hoher Qualität mit der Technologie $T_1$ produzierte niedrige Qualität verkaufen kann, realisiert Betrugsgewinne in Höhe von $\pi^B = (4\bar{\theta}\Delta q - 3c)c/7\Delta q$.

❍ *Beweis:* Pro verkaufter Einheit spart der Duopolist Stückkosten in Höhe von c. Er verkauft $(4\bar{\theta}\Delta q - 3c)/7\Delta q$ Einheiten. q.e.d.

❑ *Lemma 3.2.4.7:* Für $(4\bar{\theta}^2\Delta q^2 + 36\bar{\theta}\Delta qc - 17c^2)/196\Delta q \geq \sigma$ wird ein Duopol, in dem ein Anbieter hohe Qualität und ein Anbieter niedrige Qualität absetzt, kein Gleichgewicht sein.

❍ *Beweis:* Angenommen, die Konsumenten würden die vom Anbieter hoher Qualität angebotenen Produkte kaufen. Wenn zwei Unternehmungen in der Markteintrittsphase in $T_1$ investieren, hat aufgrund des unterstellten Verhandlungsspiels jede der Unternehmungen einen erwarteten Payoff von $\pi_L^D/2 + \pi^B/4$. Dann bestände wegen $\pi_L^D/2 + \pi^B/4 = (2(c+\bar{\theta}\Delta q)^2/(49\Delta q) + (4\bar{\theta}\Delta q - 3c)c/14\Delta q)/2 = (4\bar{\theta}^2\Delta q^2 + 36\bar{\theta}\Delta qc - 17c^2)/196\Delta q \geq \sigma$ für zwei Unternehmen ein Anreiz, in der Markteintrittsphase die Technologie $T_1$ zu Kosten von $\sigma$ zu erwerben. Eine Produktionsanlage der Technologie $T_1$ würde der Anbieter der hohen Qualität nach der Phase, in der Tausch von Eigentumsrechten an Produktionsanlagen möglich ist, zur Erzielung von Betrugsgewinnen einsetzen. Dies antizipieren jedoch die Konsumenten und fragen keine hohe Qualität nach. q.e.d.

Wenn die Kosten für den Erwerb der Technologie $T_1$ so niedrig sind, daß zwei Unternehmen in diese Technologie investieren, wird der Duopolanbieter der hohen Qualität auf jeden Fall die Technologie $T_1$ erhalten und zur Erzielung von Betrugsgewinnen einsetzen. Da die Konsumenten dies aber wissen, tritt der Duopolfall im Gleichgewicht nicht ein.

❑ *Satz 3.2.4.8:* Für $(4\bar{\theta}^2\Delta q^2 + 36\bar{\theta}\Delta qc - 17c^2)/196\Delta q \geq \sigma$ kommt es zu einer Monopolisierung des Marktes mit ausschließlichem Angebot von Qualität $q_L$ zum Preis $p_L^{ML}$.

❍ *Beweis:* Nach Lemma 3.2.4.3 gibt es mindestens einen Anbieter niedriger Qualität. Aus Satz 3.2.4.5 und Lemma 3.2.4.7 folgt, daß es für den betrachteten

Parameterbereich nie möglich ist, hohe Qualität abzusetzen. Für die in den Markt eingetretenen Unternehmungen ist es in der Tauschphase optimal, sich auf eine Monopolisierung des Marktes bei ausschließlichem Absatz niedriger Qualität zu einigen. q.e.d.

Da der Duopolfall bei hinreichend niedrigen Investitionskosten nicht eintritt, muß es zu einer Monopolisierung des Marktes bei ausschließlichem Absatz niedriger Qualität kommen. Nun ist zu untersuchen, ob der Duopolfall überhaupt auftreten kann.

❏ *Satz 3.2.4.9:* Für $\sigma > (4\bar{\theta}^2 \Delta q^2 + 36\bar{\theta}\Delta qc - 17c^2)/196\Delta q$ und $\bar{\theta}\Delta q > 2.794c$ kommt es zu einem Angebotsduopol: eine Unternehmung setzt hohe Qualität zum Preis $p_H{}^D$ ab und die andere Unternehmung niedrige Qualität zum Preis $p_L{}^D$.

○ *Beweis:* Vorbemerkung: Es ist leicht zu verifizieren, daß Parameterwerte existieren für die $\text{Min}\{2(c+\bar{\theta}\Delta q)^2/(49\Delta q), (4\bar{\theta}\Delta q - 3c)^2/(49\Delta q)\} \geq \sigma > (4\bar{\theta}^2\Delta q^2 + 36\bar{\theta}\Delta qc - 17c^2)/196\Delta q$ und $\bar{\theta}\Delta q > 2.794c$ gilt.

Aufgrund von Satz 3.2.4.5 kann es nicht zu einer Monopolisierung des Marktes mit gleichzeitigem Angebot hoher und niedriger Qualität kommen. Wegen Lemma 3.2.4.3 wird mindestens eine Unternehmung mit der Technologie $T_1$ produzierte niedrige Qualität anbieten. Um zu zeigen, daß es sich für mindestens eine Unternehmung lohnt, in $T_2$ zu investieren und daß es zum Angebot hoher Qualität kommt, ist zunächst nachzuweisen, daß während der Markteintrittsphase keine weitere Unternehmung in $T_1$ investiert. Angenommen, es würde eine zweite Unternehmung in $T_1$ investieren. Durch diese Investition wären höchstens Gewinne in Höhe von $\pi_L{}^D/2 + \pi^B/4 = (4\bar{\theta}^2\Delta q^2 + 36\bar{\theta}\Delta qc - 17c^2)/196\Delta q$ erzielbar. Da aber die Investitionskosten annahmegemäß höher sind, lohnt sich eine Investition nicht.

Angenommen, es bietet keine Unternehmung hohe Qualität an. Da die Konsumenten wissen, daß ausschließlich in $T_1$ investiert wird, um niedrige Qualität anzubieten, ist es einer Duopolunternehmung, die signalisiert hat, daß sie über $T_2$ verfügt, möglich, zum Duopolpreis glaubhaft hohe Qualität anzubieten. Es folgt unmittelbar, daß es sich in der Markteintrittsphase für mindestens eine Unternehmung lohnt, in $T_2$ zu investieren. Da, wie leicht zu zeigen ist, für $\bar{\theta}\Delta q > 2.794c$ $\pi_L{}^D + \pi_H{}^D \geq \pi^{ML}$ gilt, lohnt sich für die in den Markt eingetretenen Unternehmungen eine Monopolisierung des Marktes bei ausschließlichem Angebot niedriger Qualität nicht. q.e.d.

Die Ergebnisse der Sätze 3.2.4.5 und 3.2.4.9 sind für die hier untersuchte Fragestellung sehr wesentlich. Es zeigt sich, daß es bei asymmetrischer Informationslage zu Kosten einer horizontalen Integration kommen kann. Die Ursache für diese Kosten besteht darin, daß sich für die Unternehmungen der

Erwerb der Technologie, die vorrangig zur Produktion von niedriger Qualität geeignet ist, bei hinreichend hohen Investitionskosten (vgl. Lemma 3.2.4.7) nur lohnt, wenn die Unternehmung im Gleichgewicht auch niedrige Qualität absetzen kann. Da aber aufgrund der Konkurrenz ein wettbewerbsfähiges Angebot niedriger Qualität nur mit der entsprechenden Technologie möglich ist, können die Konsumenten aus der Präsenz in diesem Marktsegment schließen, daß der Anbieter über die Technologie verfügt, mit der günstig niedrige Qualität erstellt werden kann. Versucht ein solcher Anbieter gleichzeitig hohe Qualität anzubieten, werden die Konsumenten schließen, daß das Angebot nicht glaubhaft ist.

### 3.2.5 Eine Erweiterung des Modells auf den Mehrperiodenfall

Wie in diesem Abschnitt gezeigt werden soll, bleibt die Aussage des vorgestellten Modells, daß es unter bestimmten Bedingungen zu Kosten einer horizontalen Integration kommen kann, auch gültig, wenn unendlich oft wiederholte Transaktionen betrachtet werden. Der für die Diskontierung maßgebliche Zinssatz sei r.

Bei unendlich oft wiederholten Transaktionen ist es wesentlich, die Strategien der Spieler genau zu definieren. Für die Unternehmungen wird zur Vereinfachung angenommen, daß Trigger-Strategien, d.h. solche Strategien, bei denen eine Unternehmung ihr eigenes Preissetzungsverhalten von dem in der Vergangenheit beobachteten Preissetzungsverhalten anderer Unternehmungen abhängig macht, ausgeschlossen seien. Würden solche Strategien zugelassen, könnte in bestimmten Gleichgewichten kollusives Preissetzungsverhalten konkurrierender Unternehmungen auftreten.[97] Ein solches Verhalten wird in der Realität jedoch vergleichsweise selten beobachtet und deshalb hier nicht weiter berücksichtigt. Für die Konsumenten wird angenommen, daß sie ein Produkt bestimmter Qualität von einer Unternehmung kaufen, solange noch kein Konsument durch die Lieferung niedrigerer Qualität betrogen wurde.[98] Das bedeutet, die Konsumenten machen ihr Kaufverhalten von der Reputation einer Unternehmung abhängig. Aus der Literatur ist bekannt, daß es bei vollständigem Wettbewerb, bei Existenz einer Universaltechnologie und bei den geschilderten Strategien zu einem Reputationsgleichgewicht kommen kann, bei dem die Anbieter hoher Qualität einen Prämienaufschlag erhalten, der ihnen Anreize gibt, hohe Qualität zu liefern. Es fragt sich, ob die Möglichkeit der Reputationsbildung bei unendlichem Zeithorizont in dem vorgestellten Modell einer Unternehmung ermöglicht, den Markt zu monopolisieren. Die Antwort gibt Satz 3.2.5.3. Vorab werden jedoch zwei Zwischenergebnisse hergeleitet.

---

[97] Vgl. Green und Porter 1984.
[98] Diese Strategie unterstellen auch Klein und Leffler 1981 sowie Shapiro 1983.

❑ *Lemma 3.2.5.1:* Wenn $r \leq (4\bar{\theta}\Delta q-3c)/7c$ kann ein Duopolist zum Duopolpreis $p_H^D$ glaubhaft hohe Qualität anbieten.

○ *Beweis:* Ein Duopolist, der hohe Qualität anbietet, würde dann betrügen, wenn der einmalige Betrugsgewinn den abdiskontierten Duopolgewinn aus dem ausschließlichen Verkauf hoher Qualität übersteigt. Bei Betrug kann der Duopolist nur den einmaligen Betrugsgewinn realisieren, weil er daraufhin bestenfalls niedrige Qualität anbieten kann, wobei er aufgrund des Bertrand-Wettbewerbs einen Gewinn in Höhe von Null zu erwarten hat. Das heißt, der Duopolist wird nur dann nicht betrügen, wenn $((4\bar{\theta}\Delta q-3c)c/7\Delta q) \leq \pi_H^D/r$. Diese Bedingung reduziert sich zu $r \leq (4\bar{\theta}\Delta q-3c)/7c$. Ist sie erfüllt, würden die Konsumenten zu den Duopolpreisen in jeder Periode hohe Qualität nachfragen und der hohe Qualität anbietende Duopolist immer den Duopolgewinn $\pi_H^D$ realisieren. q.e.d.

❑ *Lemma 3.2.5.2:* Ein Monopolist kann zum Monopolpreis $p_H^M$ dann und nur dann glaubhaft hohe Qualität anbieten, wenn $r \leq (\bar{\theta}\Delta q-c)/2c$.

○ *Beweis:* Ein Monopolist würde dann betrügen, wenn die Summe aus den einmaligen Betrugsgewinnen und den abdiskontierten Monopolgewinnen aus dem ausschließlichen Verkauf niedriger Qualität die Summe der abdiskontierten Monopolgewinne aus dem Verkauf hoher und niedriger Qualität übersteigt. Das heißt, der Monopolist wird nur dann nicht betrügen, wenn $(\pi^M+(0.5\bar{\theta}\Delta q-0.5c)c/\Delta q)/(1+r) + \pi^{ML}/(1+r)r \leq \pi^M/r$. Diese Bedingung reduziert sich zu $r \leq (\bar{\theta}\Delta q-c)/2c$. Ist sie erfüllt, würden die Konsumenten zu den Monopolpreisen in jeder Periode sowohl niedrige als auch hohe Qualität nachfragen und der Monopolist immer den Monopolgewinn realisieren. q.e.d.

Die Lemmata 3.2.5.1 und 3.2.5.2 zeigen, daß es zwischen dem Duopolfall und dem Monopolfall einen interessanten Unterschied gibt. Da der Monopolist im Gegensatz zum Duopolisten nach einmaligem Betrügen durch den Absatz im Niedrigqualitätssegment noch immer einen Gewinn erzielen kann, ist die Anreizkompatibilitätsbedingung im Monopolfall "schärfer" als im Duopolfall. Wie im weiteren noch deutlich werden wird, ist darüber hinaus die für den Duopolfall angegebene Anreizkompatibilitätsbedingung keine notwendige Bedingung für ein glaubhaftes Angebot hoher Qualität.

❑ *Satz 3.2.5.3:* Für $r \leq (\bar{\theta}\Delta q-c)/2c$ kommt es zu einer Monopolisierung des Marktes bei gleichzeitigem Absatz hoher und niedriger Qualität.

○ *Beweis:* Vorbemerkung: Es gilt $r \leq (\bar{\theta}\Delta q-c)/2c \leq (4\bar{\theta}\Delta q-3c)/7c$, d.h. ein Duopolist kann glaubhaft hohe Qualität anbieten.

Es ist zu zeigen, daß sich die Unternehmen in der Verhandlungsphase auf eine Monopolisierung einigen und daß jeweils mindestens eine Unternehmung in $T_1$ und $T_2$ investieren wird.

Angenommen, es läge kein Monopol bei gleichzeitigem Absatz hoher und niedriger Qualität vor. Nach Lemma 3.2.5.1 ist es für $r \leq (\bar{\theta}\Delta q-c)/2c$ möglich, den Markt zu monopolisieren und in jeder Periode gleichzeitig hohe und niedrige Qualität abzusetzen. Da dies die gewinnmaximierende Industriestruktur ist, können die in den Markt eingetretenen Unternehmungen ihre Profite erhöhen, wenn sie sich in der Verhandlungsphase auf eine Monopolisierung einigen.

Angenommen, es werde in mindestens eine der Technologien nicht investiert. Dann hätte es sich für eine der Unternehmungen, die nicht investiert haben, gegeben das Verhalten der anderen Unternehmungen wegen $\pi_L^D > \sigma$ und $\pi_H^D > \sigma$ gelohnt, in die Technologie zu investieren, in die noch nicht investiert wurde. q.e.d.

Das Ergebnis von Satz 3.2.5.3 ist naheliegend. Wenn Anreizkompatibilität gegeben ist, kommt es zur Monopolstruktur, da diese die Industrieprofite maximiert.

❏ *Satz 3.2.5.4:* Für $(\bar{\theta}\Delta q-c)/2c < r \leq (4\bar{\theta}\Delta q-3c)/7c$ und $\bar{\theta}\Delta q > 2.794c$ kommt es zu einem Angebotsduopol: eine Unternehmung setzt hohe Qualität zum Preis $p_H^D$ ab und die andere Unternehmung niedrige Qualität zum Preis $p_L^D$.

○ *Beweis:* Nach Lemma 3.2.5.1 ist es möglich, glaubhaft hohe Qualität anzubieten. Duopolanbieter können hohe Qualität zum Preis $p_H^D$ und niedrige Qualität zum Preis $p_L^D$ absetzen.

Nach Lemma 3.2.5.2 ist eine Monopolisierung bei gleichzeitigem Absatz hoher und niedriger Qualität nicht möglich. Wie leicht verifizierbar ist gilt für $\bar{\theta}\Delta q > 2.794c$: $\pi_L^D + \pi_H^D > \pi^{ML}$. Die in den Markt eingetretenen Unternehmungen einigen sich daher auf eine Duopolisierung des Marktes. Es folgt unmittelbar, daß ein Investitionsanreiz besteht. q.e.d.

Die in Satz 3.2.5.4 analysierten Bedingungen, die zu einem Duopol führen, sind äußerst interessant. Wie im Zusammenhang mit den Lemmata 3.2.5.1 und 3.2.5.2 ausgeführt, ist die Anreizkompatibilitätsbedingung für einen Monopolisten "schärfer" als für einen Duopolisten. Dadurch kommt es zu einem Parameterbereich, der dadurch gekennzeichnet ist, daß im Duopolfall glaubhaft hohe Qualität angeboten werden kann, während dies im Monopolfall nicht möglich ist. Das bedeutet, es kommt hier zu Kosten einer horizontalen Integration, jedoch aus anderen Gründen als im Einperiodenfall.

Es kommt aber im Gleichgewicht nicht nur unter den im Satz 3.2.5.4 genannten Bedingungen zu einem Duopol, sondern wie im Einperiodenfall auch dann, wenn die Konsumenten schließen können, daß der Duopolanbieter hoher Qualität nie über Technologie $T_1$ verfügt.

❏ *Satz 3.2.5.5:* Für $r > (\bar{\theta}\Delta q - c)/2c$, $\sigma > (2(c+\bar{\theta}\Delta q)^2(1+r)/(49\Delta q)r + (4\bar{\theta}\Delta q - 3c)c/14\Delta q)/2$ und $\bar{\theta}\Delta q > 2.794c$ kommt es zu einem Angebotsduopol: eine Unternehmung setzt hohe Qualität zum Preis $p_H^D$ ab und die andere Unternehmung niedrige Qualität zum Preis $p_L^D$.

○ *Beweis:* Es läßt sich leicht verifizieren, daß Parameterwerte existieren, für die $r > (\bar{\theta}\Delta q - c)/2c$ und Min $\{2(c+\bar{\theta}\Delta q)^2/(49\Delta q), (4\bar{\theta}\Delta q - 3c)^2/(49\Delta q)\} \geq \sigma > (2(c+\bar{\theta}\Delta q)^2(1+r)/(49\Delta q)r + (4\bar{\theta}\Delta q - 3c)c/14\Delta q)/2$ und $\bar{\theta}\Delta q > 2.794c$ gilt.
Nach Lemma 3.2.5.2 kommt es nicht zu einer Monopolisierung des Marktes. Weiter gilt der Beweis von Satz 3.2.4.9 analog. q.e.d.

In diesem Abschnitt konnte gezeigt werden, daß es auch bei unendlich wiederholten Transaktionen aufgrund von asymmetrischen Informationen zu Kosten einer horizontalen Integration kommen kann. Ursache hierfür ist, daß es bei hohen Diskontierungsraten nicht möglich ist, einer integrierten Unternehmung hinreichend Anreize zur Lieferung hoher Qualität zu geben. Die kurzfristig erzielbaren Betrugsgewinne übersteigen die durch Lieferung hoher Qualität zusätzlich erzielbaren zukünftigen Erträge.

### 3.2.6 Schlußfolgerungen

Besteht in Märkten mit vertikaler Produktdifferenzierung ohne Informationsasymmetrien die Möglichkeit des Zusammenschlusses von Unternehmungen, ist zu erwarten, daß es zu horizontaler Integration und dadurch letztendlich zu einer Monopolisierung oder mindestens zu einer starken Konzentration kommt. Dies gilt insbesondere angesichts der Tatsache, daß bei gemeinsamer Produktion artverwandter Produkte häufig Bandbreitenvorteile ("Economies of Scope") realisierbar sind. In der Realität scheint die Konzentration in solchen Märkten jedoch relativ moderat zu sein.

In diesem Beitrag wurde versucht, anhand eines einfachen Modells zu zeigen, daß es beim Vorliegen asymmetrischer Informationen sowohl bei begrenztem als auch bei unbegrenztem Zeithorizont von Transaktionsbeziehungen zu Kosten einer horizontalen Integration kommen kann, die bisher noch nicht analysiert wurden. Die Argumentation ist einfach. Voraussetzung ist, daß unterschiedliche Technologien existieren, die sich hinsichtlich ihrer relativen Vorteilhaftigkeit bei der Produktion unterschiedlicher Qualitätsniveaus unterscheiden. Dann hat eine Unternehmung, die ausschließlich eine solche Technologie besitzt, die Vorteile bei der Produktion hoher Qualität bietet, einen geringeren Anreiz, durch die Lieferung schlechter Qualität zu betrügen, als eine Unternehmung, die neben einer solchen Technologie auch über eine Technologie verfügt, die eine kostengünstige Produktion niedriger Qualität ermöglicht, weil die erzielbare Kostenersparnis geringer ist. Sind die Investitionskosten so hoch, daß sich eine Investition nicht ausschließlich zum Betrügen lohnt, können die Konsumenten unter bestimmten Bedingungen aus der gleichzeitigen Präsenz einer Unternehmung im Hoch- und im Niedrigqualitätssegment schließen, daß diese Unternehmung einen größeren Anreiz zum Betrügen hat als eine Unternehmung, die ausschließlich im Hochqualitätssegment anbietet. Sie werden daher bevorzugen, höhere Qualität von einer Unternehmung zu kaufen, die ausschließlich in diesem Segment verkauft. Das gleiche gilt, wenn die Konsumenten die der Unternehmung zur Verfügung stehenden Technologien direkt beobachten können. Daraus folgt, daß eine Unternehmung, die horizontal integriert, unter Umständen Wettbewerbsnachteile hat. Es können also bedingt durch das Vorliegen asymmetrischer Informationen Kosten einer horizontalen Integration entstehen.

# 4. Wahrnehmung, Motivation und Unternehmensgrenzen: Über die Bedeutung der Unternehmensidentität

## 4.1 Einführung

Die Theorie der unvollständigen Verträge bietet, wie in Abschnitt 2.6 erläutert, den schlüssigsten existierenden Ansatz zur Erklärung der Grenzen von Unternehmungen. Die Unternehmung wird im Rahmen dieser Theorie durch die unter einheitlichem Eigentum stehenden Sachkapitalgüter definiert. So stellen beispielsweise Hart und Moore fest: "[W]e identify a firm with the assets it possesses".[99] Die Verteilung von Eigentumsrechten - und damit die Festlegung der Grenzen von Unternehmungen - ist für das Ergebnis ökonomischer Interaktionen wesentlich, weil diese beim Vorliegen unvollständiger Verträge und unsicherer Erwartungen bestimmt, wer welche Anreize zur Durchführung sachkapitalspezifischer Investitionen hat.

Der beschriebene Ansatz hat den Vorteil, daß er eine formale, systematische Analyse bezüglich der Grenzen von Unternehmungen ermöglicht, und konnte vor allem verdeutlichen, unter welchen Umständen Investitionen, die spezifisch von bestimmten Sachkapitalgütern abhängen, zu einer Integration von Unternehmungen führen. Dagegen ist die Tatsache, daß sich Unternehmen auch maßgeblich durch eine zentralisierte Koordination von Humankapital auszeichnen, keinesfalls adäquat berücksichtigt. Da die Unternehmung als eine Menge von Sachkapitalgütern gesehen wird, ist es nicht möglich zu erklären, weshalb Unternehmungen auch in Bereichen existieren, in denen Sachkapital bei der Gütererstellung keine oder nur eine untergeordnete Rolle spielt, während Humankapital sehr wesentlich ist. Beispiele hierfür sind Beratungs- und Wirtschaftsprüfungsgesellschaften.

Die Ursache für diesen Erklärungsmangel scheint in der Art des methodischen Ansatzes zu liegen. Menschliches Verhalten wird modelliert, "als ob" es sich als Ergebnis einer Nutzenmaximierung bei durch die Umweltgegebenheiten festgelegten Beschränkungen ergibt. Dazu dient die Vorstellung vom "homo oeconomicus". Die Verteilung von Eigentumsrechten bzw. die Festlegung der Grenzen der Unternehmungen beeinflußt lediglich die von den Nutzenfunktionen unabhängigen Beschränkungen. Die Existenz von Unternehmungen hat nach dieser Sichtweise keinerlei eigenständige, d.h. von der Änderung der Beschränkungen unabhängige Bedeutung für die Individuen.[100] Bei Aufrechterhaltung einer solchen

---

[99] Hart und Moore 1990 S. 1120.

[100] Die Verteilung von Eigentumsrechten beeinflußt die Beschränkungen allerdings nur dann, wenn eine Änderung von Eigentumsverhältnissen Verhaltensimplikationen hat. Zu einer entsprechenden Theorie des Eigentums vgl. Kubon-Gilke und Schlicht 1993.

Sicht kann sich die Koordination von Humankapital innerhalb von Unternehmungen nicht von der Koordination über Märkte unterscheiden, da die bloße Zugehörigkeit von Individuen zu einer Unternehmung an sich keine umweltbedingten Beschränkungen ändert. Eine ausschließliche Veränderung der Bezeichnung der Koordinationsform kann keine Auswirkung auf das individuelle Verhalten haben. Es wäre z.B. zu folgern, daß die Befolgung von Anweisungen in unternehmensinternen Hierarchien sich in keiner Weise von der Erfüllung eines Vertrages zwischen zwei beliebigen Marktteilnehmern unterscheidet.[101] Das heißt, die Existenz von Autorität wäre zu verneinen. Dies widerspricht der Realität und macht deutlich, daß sich die Koordination von Humankapital in Unternehmungen von einer marktmäßigen Koordination unterscheidet.[102] Der Existenz der für Unternehmungen typischen situativen Rahmenbedingungen kommt eine eigenständige Bedeutung zu.

Das Verständnis wesentlicher Aspekte des realen Phänomens Unternehmung - wie z.B. der Existenz von Unternehmungen in humankapitalintensiven Bereichen - scheint daher nur mit Hilfe einer umfassenderen Erklärung menschlichen Verhaltens möglich zu sein, als sie die oft sehr zweckmäßige Vorstellung vom "homo oeconomicus" bietet. Im folgenden soll dargelegt werden, daß die kognitive Sozialpsychologie, die menschliches Verhalten als durch ein Streben nach einer Konsistenz von Wahrnehmungen, Erinnerungen, Gefühlen und Aktionen verursacht versteht, eine adäquate Erklärung menschlichen Verhaltens ermöglicht. Darüber hinaus soll aufgezeigt werden, daß ein solcher Ansatz auch einen interessanten Beitrag zur Begründung von Kosten vertikaler und horizontaler Integration liefert.

Der Übergang zu einem anderen Verhaltensmodell führt zwangsläufig zu einem veränderten Vorgehen bei der Analyse. Auf der Basis der kognitiven Verhaltenstheorie ist eine formale Analyse, wie sie zumindestens die neoklassisch orientierte, ökonomische Analyse kennzeichnet und in den vorhergehenden Abschnitten dieser Arbeit durchgeführt wurde, nicht möglich. Da die kognitive Sozialpsychologie die Bedeutung situativer Faktoren für das individuelle Verhalten in den Vordergrund stellt, wird es vielmehr notwendig sein, fortlaufend theoretische Überlegungen anhand von Beispielen plausibel zu machen.

Die Analyse wird in mehreren Schritten durchgeführt. Wegen ihrer großen Bedeutung für das menschliche Verhalten ist es notwendig, zunächst ausführlich auf die Wahrnehmung einzugehen. Dabei wird vor allem untersucht, wie Unternehmungen und ihre Identität wahrgenommen werden. Sodann soll der Frage nachgegangen werden, wie sich die Existenz von Unternehmungen auf das individuelle

---

[101] Diese Ansicht vertreten Alchian und Demsetz 1972 S. 777. Zur Sicht der Unternehmung als Vertragsgeflecht siehe Williamson 1990b.

[102] Vgl. insbesondere Milgram 1974 und Akerlof 1991.

Verhalten auswirkt und welche Rolle dabei die Identität von Unternehmungen spielt. In diesem Zusammenhang wird auch diskutiert, inwiefern diese Verhaltenseffekte von der Unternehmensgröße abhängen. Anschließend wird aufgezeigt, daß die Existenz von Unternehmungen das individuelle Verhalten so beeinflußt, daß sich die Koordination von Humankapital in Unternehmungen von der Koordination über Märkte unterscheidet. Dabei soll auch anhand zahlreicher Beispiele verdeutlicht werden, weshalb die mit einer Unternehmensintegration unter Umständen einhergehende Identitätsänderung zu Kosten führen kann, die eine Integration von Unternehmungen verhindert. Zum Schluß werden die Ergebnisse der Analyse zusammengefaßt.

## 4.2 Wahrnehmung und Unternehmensidentität

### 4.2.1 Zur Thematik

Zunächst soll näher untersucht werden, wie Unternehmungen wahrgenommen werden. Daher ist es angebracht, nochmals kurz zu verdeutlichen, weshalb es interessant ist, sich mit der Wahrnehmung zu beschäftigen. Auf den ersten Blick erscheint es als selbstverständlich, daß bestimmte soziale Phänomene als Unternehmungen wahrgenommen werden. Dies kommt in einem Beitrag von Herbert A. Simon zum Ausdruck:[103]

"A mythical visitor from Mars, not having been apprised of the centrality of markets and contracts, might find the new institutional economics rather astonishing. Suppose that it (the visitor - I´ll avoid the question of its sex) approaches the Earth from space, equipped with a telescope that reveals social structures. The firms reveal themselves, say, as solid green areas with faint interior contours marking out divisions and departments. Market transactions show as red lines connecting firms, forming a network in the spaces between them. Within firms (and perhaps even between them) the approaching visitor also sees pale blue lines, the lines of authority connecting bosses with various levels of workers. As our visitor looked more carefully at the scene beneath, it might see one of the green masses divide, as a firm divested itself of one of its divisions. Or it might see one green object gobble up another. At this distance, the departing golden parachutes would probably not be visible.

No matter whether our visitor approached the United States or the Soviet Union, urban China or the European Community, the greater part of the space below it would be within green areas, for almost all of the inhabitants would be employees, hence inside the firm boundaries. Organizations would be the dominant feature of

---

[103] Simon 1991 S. 27.

the landscape. A message sent back home, describing the scene, would speak of "large green areas interconnected by red lines." It would not likely speak of "a network of red lines connecting green spots."

Bei genauem Lesen des Abschnitts fällt jedoch auf, daß der Besucher vom Mars zur Aufdeckung sozialer Strukturen ein spezielles "Teleskop" benötigt. Diese Feststellung wirft unmittelbar die Frage auf, wie es kommt, daß menschliche Wesen scheinbar ohne Probleme die Unternehmungen, das heißt hier die grünen Flächen, erkennen und von den Freiräumen mit den Verbindungen über Märkte, das heißt den roten Linien, abgrenzen können? Oder deutlicher formuliert: Wie können Menschen erkennen, wer und was zu einer Unternehmung gehört?

Die Beantwortung dieser Frage scheint aus zwei Gründen sehr wesentlich zu sein. Zum einen ist die Abgrenzung dessen, was eine Unternehmung ist, in der Realität nicht so einfach, wie es die im Rahmen der Theorie der Unternehmung oft verwendete Definition der Unternehmung als einer Menge von Sachkapitalgütern nahelegt. Eine Analyse der Grundlagen der Wahrnehmung kann dazu beitragen, genauer zu verstehen, welche realen Phänomene als Unternehmungen wahrgenommen werden und inwieweit diese Phänomene überhaupt durch Definitionen beschreibbar sind. Zum anderen wird individuelles Verhalten durch die Art und Weise, in der die Umwelt wahrgenommen wird, geprägt. Um zu verstehen, warum Unternehmungen individuelles Verhalten anders steuern als Märkte, ist es zunächst notwendig zu untersuchen, wie Unternehmungen wahrgenommen werden. Da, wie in Abschnitt 4.3 erläutert werden wird, die Unternehmensidentität für das individuelle Verhalten von Angehörigen und Transaktionspartnern einer Unternehmung von großer Wichtigkeit ist, wird ihrer Entstehung eine besondere Bedeutung zukommen.

### 4.2.2 Die grundlegenden Prinzipien der Wahrnehmung[104]

Die wahrgenommene Umwelt ist nicht so, wie sie nach naiver Vorstellung zu sein scheint. Sie entspricht nicht einfach der realen Umwelt. Das bedeutet, die Wahrnehmung ist nicht nur repräsentationistisch, wie im weiteren erläutert werden soll.[105]

Die Wahrnehmung ist ein äußerst komplexer neurobiologischer Prozeß, dem physikalische Prozesse vorausgehen.[106] Diese physikalischen Prozesse sollen kurz am Beispiel des Sehens verdeutlicht werden. Die elektromagnetischen Wellen des vom Objekt der Wahrnehmung reflektierten Lichts lösen auf der Netzhaut eine Vielzahl von Stimulationen aus. Diese erzeugen wiederum neuronale Impulse, die über

---

[104] Einen sehr differenzierten und ausführlichen Überblick gibt Kubon-Gilke 1990. Vgl. auch Metzger 1963, Mueller/Thomas 1976 S. 120ff. und Anderson 1988 S. 63ff.

[105] Der Begriff "Wahrnehmung" ist aus diesem Grund umstritten. Vgl. Mueller/Thomas 1976 S.118.

[106] Vgl. Asch 1987 S. 47 und Anderson 1988 S. 29ff. Siehe auch Maturana/Varella 1980.

Nervenbahnen die Sehrinde, d.h. den visuellen Cortex, erreichen. Ähnlich komplexe Prozesse laufen auch bei der Wahrnehmung mittels Hören, Riechen und Tasten ab. Obwohl die Beschreibung der im Zusammenhang mit der Wahrnehmung ablaufenden Prozesse hier nur sehr grob sein kann, wird deutlich, daß im Verlauf der beschriebenen Prozesse die ursprüngliche Form und Organisation der Umwelt zunächst verloren geht.[107] Es stellt sich nun die Frage, nach welchen Gesetzmäßigkeiten die wahrgenommene Umwelt auf der kognitiven Ebene reorganisiert wird und inwieweit dabei die ursprüngliche Form und Organisation rekonstruiert wird. Im Gegensatz zu anderen Richtungen der Psychologie ist dies für die kognitive Psychologie, die sich u.a. mit dem Wesen der menschlichen Intelligenz und des menschlichen Denkens beschäftigt, eine der zentralen Fragestellungen.[108]

Bis zum Ende des 19. Jahrhunderts wurde in der Forschung nahezu unangefochten die Auffassung vertreten, daß der kognitive Reorganisationsprozeß elementaristischer Art ist. Nach dieser Ansicht ergibt sich die Gesamtwahrnehmung als die Summe der elementaren Komponenten. Die 1890 durch von Ehrenfels gemachte Entdeckung, daß transponierte Melodien wiedererkennbar sind, obwohl sämtliche Noten geändert wurden, führte jedoch in der Folge zur Entwicklung der Gestaltthese, die in Form der sogenannten Gestaltgesetze ausformuliert wurde.[109]

Grundlegend für die Gestaltthese ist das Gesetz von der Ganzheitlichkeit der Wahrnehmung. Dies besagt, daß die Wahrnehmung nicht elementaristisch ist. Die Gesamtwahrnehmung beinhaltet demnach Qualitäten, die nicht den wahrgenommenen Elementen zugeordnet werden können und daher als Gestalt-Qualitäten bezeichnet werden. Dies trifft z.B. auf die Glattheit des Verlaufs einer Serie von Einzelpunkten zu. Ein glatter Verlauf, wie ihn die Punkte auf der linken Seite von Abbildung 4.2.2.1 zeigen, stellt eine Qualität dar, die keinem einzelnen Punkt zugeordnet werden kann.

Ebenso fundamental ist das Gesetz von der guten Gestalt, das oft auch als Prägnanzregel bezeichnet wird. Gemäß diesem Gesetz erfolgt der Zusammenschluß von Elementen zu mit spezifischen Gestalteigenschaften behafteten Ganzen derart, "daß die entstehenden Ganzen in irgendeiner Weise vor anderen denkbaren Einteilungen gestaltlich ausgezeichnet sind."[110]

---

[107] Vgl. Asch 1987 S. 47.

[108] Vgl. zum Gegenstand der kognitiven Psychologie Anderson 1988 S. 15. Zu einer Darstellung und Kritik anderer Richtungen der Psychologie vgl. z.B. Arkes/Garske 1982. Zur auch von Ökonomen häufig vertretenen behavioristischen Sicht siehe insbesondere Skinner 1938.

[109] Vgl. von Ehrenfels 1890.

[110] Metzger 1963 S. 108. Ein interessantes Beispiel für prägnante Strukturen geben Albers und Albers 1983.

Abb. 4.2.2.1[111]

Daraus ergibt sich auch, daß das gesamte Wahrnehmungsfeld grundsätzlich organisiert und gestaltet erscheint. Gestaltlich ausgezeichnet, d.h. prägnant, sind in der Regel insbesondere einfache und klare Einteilungen. Dazu sei folgendes Beispiel angeführt:

Abb. 4.2.2.2a[112]                    Abb. 4.2.2.2b[112]

Beim Betrachten der Abbildung 4.2.2.2a wird man eine diamantförmige Figur sehen, die auf einem Rechteck liegt, und nicht die alternative Einteilung, die in Abbildung 4.2.2.2b dargestellt ist.

Das grundlegende Gesetz von der guten Gestalt konkretisiert sich unter anderem in den Gesetzen, die bezüglich des Zusammenschlusses von einzelnen Elementen zu strukturellen Einheiten gelten. Hier sind insbesondere das Gesetz der Nähe, das der Ähnlichkeit, das des glatten Verlaufs und das der Geschlossenheit zu nennen. Diese besagen, daß Elemente, die einander nah oder ähnlich sind, beziehungsweise einen glatten oder geschlossenen Verlauf haben, tendenziell eher als zusammengehörige Einheiten gesehen werden. Diese Gesetzmäßigkeiten verdeutlichen in entsprechender Reihenfolge die folgenden Abbildungen:

---

[111] Asch 1987 S. 52.
[112] Asch 1987 S. 53.

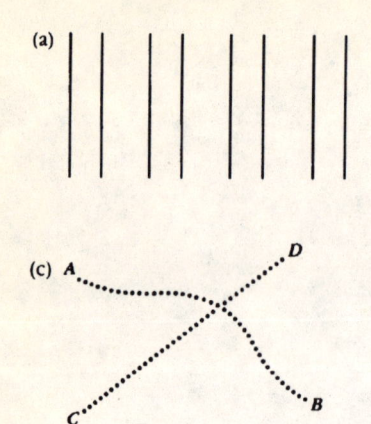

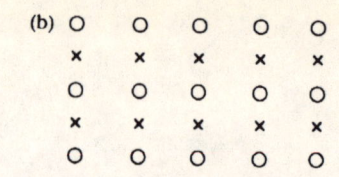

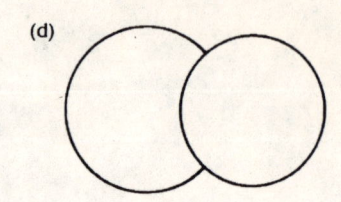

Abb. 4.2.2.3[113]

In Abbildung 4.2.2.3a werden die näher beieinander liegenden Linien einander zugeordnet und in Abbildung 4.2.2.3b die gleichartigen Kreise bzw. Kreuze. In Abbildung 4.2.2.3c werden die Punktfolgen A-B und C-D als eine Einheit gesehen sowie in Abbildung 4.2.2.3d der "verdeckte" und der "aufliegende" Kreis.

Genauso wichtig ist das ebenfalls aus dem Gesetz von der guten Gestalt ableitbare "Figur-Grund-Gesetz", gemäß dem die Gegebenheiten der Wahrnehmungswelt in einen undifferenzierten Grund und herausgehobene Figuren strukturiert werden:

Abb. 4.2.2.4[114]

---

[113] Anderson 1988 S. 64.

Daß die Gestaltgesetze u.a. für die Orientierung des Menschen in seiner Umwelt - insbesondere in seiner sozialen Umwelt - von fundamentaler Bedeutung sind, wird am Beispiel der Spracherkennung deutlich. Es sind die Gestaltgesetze der Wahrnehmung, die zur Gliederung von Laut- oder Symbolfolgen in einzelne Sätze und einzelne Worte führen. Erfolgt beispielsweise die Darstellung einer Symbolfolge so, daß keine visuelle Strukturierung erfolgen kann, wird das Erkennen des Sinnes erheblich erschwert:

DiEsErSaTzIsTsChWiErIgZuLeSeN.

Abb. 4.2.2.5[115]

Gibt es für eine Gesamtheit von Elementen mehrere mögliche prägnante Einteilungen bzw. "gute Gestalten", kann eine instabile Wahrnehmungsstruktur entstehen. Dies sei an den sogenannten "Kippfiguren" verdeutlicht:

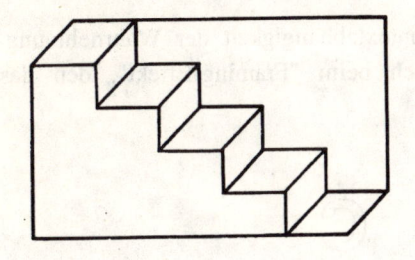

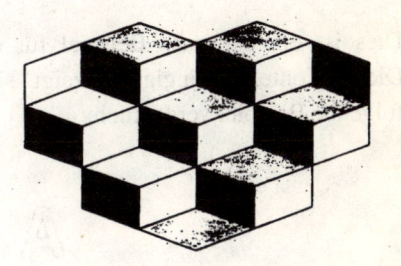

Abb. 4.2.2.6a[116]    Abb. 4.2.2.6b[116]

Sowohl bei der "Schröder´schen Treppe" (Abbildung 6a) als auch bei dem Würfelmuster (Abbildung 6b) können im Rahmen des Strukturierungsprozesses der Wahrnehmung die Richtungen der parallel verlaufenden schrägen Linien nicht prägnant festgelegt werden. Dadurch kann es - insbesondere bei längerem und intensivem Betrachten - zu einem Kippen der Figuren kommen. Abwechselnd sieht man die Treppe beziehungsweise die Würfel von oben und von unten.

---

[114] Asch 1987 S. 54.
[115] Vgl. Anderson 1988 S. 64.
[116] Metzger 1953 S. 312.

Hervorzuheben ist wegen der großen Bedeutung für die folgenden Ausführungen auch noch eine weitere, sich unmittelbar aus dem Gesetz von der Ganzheitlichkeit der Wahrnehmung und dem Gesetz von der guten Gestalt ergebende Eigenheit der Wahrnehmung. Da die Wahrnehmung ganzheitlich ist, wird die Qualität einer Substruktur von der umgebenden Gesamtstruktur mitbestimmt. Die Figur in Abbildung 7a wird beispielsweise als zweidimensional angesehen, während sie nach ihrer Einbettung in eine umhüllende Struktur in einer dreidimensional erscheinenden Figur aufgeht, die in Abbildung 7b dargestellt ist:

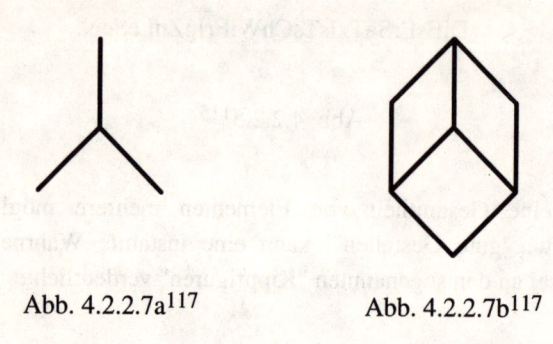

Abb. 4.2.2.7a[117]        Abb. 4.2.2.7b[117]

Dies ist ein extremes Beispiel für die Kontextabhängigkeit der Wahrnehmung. Diese Kontextabhängigkeit zeigt sich auch beim "Framing-Effekt", den das folgende Beispiel verdeutlicht:

Abb. 4.2.2.8[118]

Das Symbol "I3" wird hier in Abhängigkeit vom Umfeld als "B" oder als "13" wahrgenommen.

Vom Kontext abhängige Verzerrungen treten nicht nur bei der Wahrnehmung selbst auf, sondern auch bei dem Abrufen von Wahrnehmungsinhalten aus dem

---

[117] Mueller/Thomas 1976 S. 121.
[118] Arkes/Garske 1982 S. 228.

Gedächtnis. Dies liegt daran, daß beim Abspeichern komplexerer Wahrnehmungsinhalte der Kontext einzelner Objekte zur Einordnung dieser Objekte in den Gesamtzusammenhang herangezogen wird. Als Beispiel kann das Abrufen von gespeicherten Informationen über Landkarten dienen. Stevens und Coupe zeigten im Rahmen eines Experiments einer Reihe von Versuchspersonen die folgenden, künstlichen Landkarten:

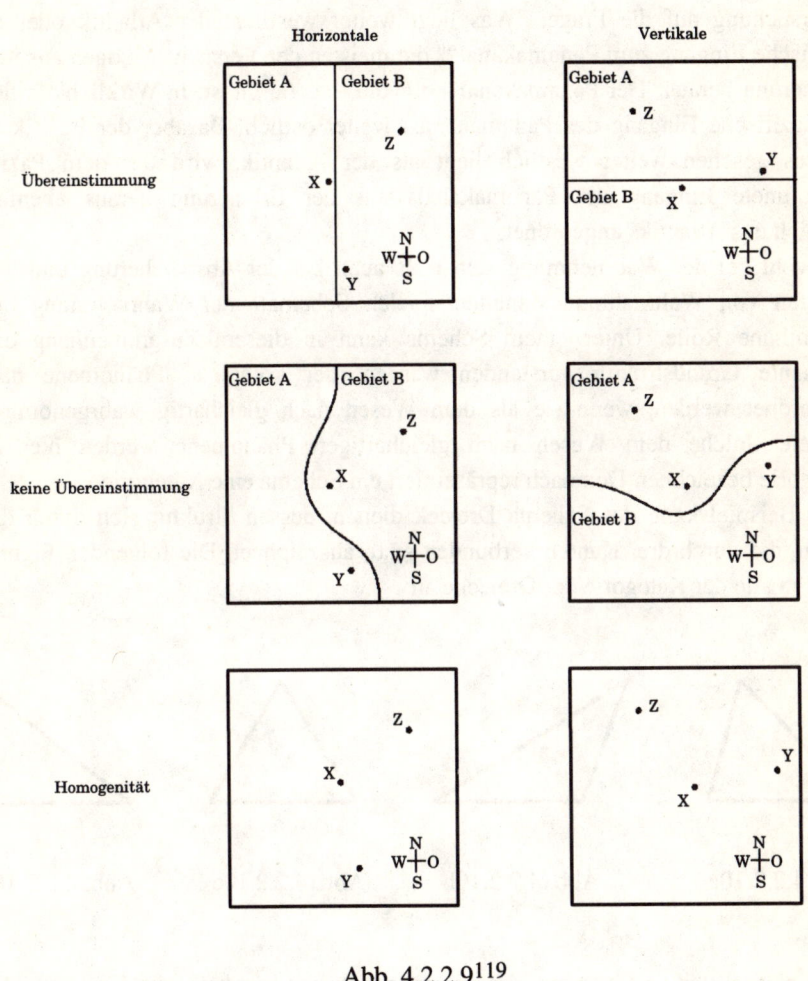

Abb. 4.2.2.9[119]

---

[119] Stevens und Coupe 1978 S. 426; wiedergegeben mit deutschen Bezeichnungen nach Anderson 1988 S. 95.

Nachdem die Probanden sich die Karten eingeprägt hatten, wurden sie nach der Lage der Städte X, Y und Z gefragt. Zum Beispiel sollte bezüglich der links abgebildeten Karten beantwortet werden, ob X westlich oder östlich von Y liegt und bezüglich der rechtsabgebildeten Karten entsprechend, ob X nördlich oder südlich von Y liegt. Dabei zeigte sich, daß sich die Versuchspersonen bei den Karten, bei denen die relative Lage der Städte X und Y nicht mit der der Gebiete A und B übereinstimmt, in 45% aller Fälle täuschten, während dies bei den anderen Karten in weniger als 20% der Fälle passierte. Dieser Effekt läßt sich auch bei realen geographischen Zuordnungen nachweisen. So antworteten im Rahmen derselben Untersuchung auf die Frage, "Was liegt weiter westlich: der Atlantik oder der pazifische Eingang zum Panamakanal?" die meisten der Versuchspersonen aus ihrer Erinnerung heraus "Der Panamakanal", obwohl dies falsch ist. In Wirklichkeit liegt der pazifische Eingang des Panamakanals weiter östlich. Da aber der Pazifik als Ganzes gesehen weiter westlich liegt als der Atlantik, wird der dem Pazifik zugeordnete Eingang des Panamakanals aus der Erinnerung heraus ebenfalls westlich des Atlantiks angeordnet.

Sowohl bei der Wahrnehmung selbst als auch bei der Abspeicherung und dem Abrufen von Wahrnehmungsinhalten spielen Schemata der Wahrnehmung eine wesentliche Rolle. Unter einem Schema kann in diesem Zusammenhang eine prägnante Grundstruktur verstanden werden, der komplexe Phänomene dann zugeordnet werden, wenn sie als dem Wesen nach gleichartig wahrgenommen werden. Solche dem Wesen nach gleichartigen Phänomene werden hier als Kategorie bezeichnet. Demnach repräsentiert ein Schema eine Kategorie.

Als Beispiel kann das Schema Dreieck dienen, dessen Struktur sich durch drei Ecken, die durch drei Kanten verbunden sind, auszeichnet. Die folgenden Figuren gehören alle der Kategorie der Dreiecke an:

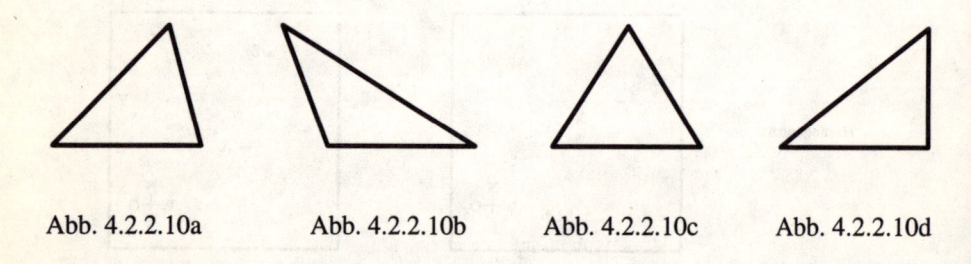

Abb. 4.2.2.10a     Abb. 4.2.2.10b     Abb. 4.2.2.10c     Abb. 4.2.2.10d

Am einfachsten und klarsten, d.h. am prägnantesten, erscheint die Figur 10c. Sie ist ein besonders zentraler Vertreter der Kategorie der Dreiecke und wird daher am ehesten mit dem Schema assoziiert. Wichtig ist, daß das Schema weder das durchschnittliche noch das am häufigsten vorkommende Element einer Kategorie repräsentiert.

Bei der Zuordnung zu Schemata spielen Strukturierungseffekte eine wesentliche Rolle. Zum einen werden unerhebliche Unterschiede zwischen dem Objekt der Wahrnehmung und dem Schema vernachlässigt. Dies wird als "Levelling" bezeichnet. Zum anderen werden wesentliche Unterschiede hervorgehoben. Dies wird als "Sharpening" bezeichnet. So wird unter dem Einfluß dieser Effekte beispielsweise die folgende Figur als ein Dreieck ohne Spitze wahrgenommen:

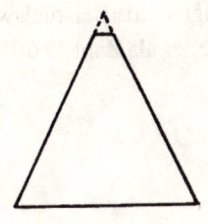

Abb. 4.2.2.11[120]

Das Beispiel zeigt, daß Objekte auch dann einem Schema zugeordnet werden können, wenn sie einzelne typische Merkmale nicht aufweisen. So wird die Figur hier dem Schema Dreieck zugeordnet, obwohl sie vier Ecken und Kanten aufweist.

Schemata gehen nicht fließend ineinander über, sondern sind scharf voneinander abgegrenzt. Das heißt, es gibt kein Kontinuum von Schemata. Die Ursache dafür liegt in der Prägnanztendenz der Wahrnehmung. Wahrgenommene Objekte werden anhand ihrer prägnanten Wesenseigenheiten identifiziert. Dabei werden individuell kennzeichnende Besonderheiten unterschlagen. Bei kontinuierlicher Variation eines wahrgenommenen Objekts kann es daher zu einem abrupten Wechsel des Schemas kommen, dem das Objekt zugeordnet wird. Die Variation des ursprünglich wahrgenommenen Objekts geht dann soweit, daß die Besonderheiten zur Veränderung des Wesensgehalts führen. Diesen Vorgang nennt man "Gestalt Switch".[121] Das in Abbildung 4.2.2.12 dargestellte Beispiel verdeutlicht dies: Während das Trapez anfangs dem Schema Dreieck zugeordnet wird, geht mit der kontinuierlichen Zunahme der Länge der Trapezoberseite ein "Gestalt Switch" einher. Das Trapez wird mit zunehmender Länge der Oberseite eher als modifiziertes Quadrat wahrgenommen.

---

[120] Schlicht 1979 S. 55.
[121] Vgl. Schlicht 1979 S. 56.

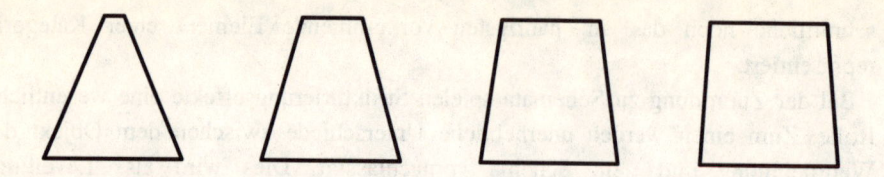

Abb. 4.2.2.12[122]

Zu einem "Gestalt Switch" kann es auch kommen, wenn einem Objekt ein zusätzliches Element hinzugefügt wird. Beispielsweise wird das Wort "ZOO" nach dem Hinzufügen der Ziffer "3" eher als Zahl "300" gelesen:

**ZOO**  **3ZOO**

Abb. 4.2.2.13a[123]     Abb. 4.2.2.13b[123]

Schemata sind oft größere "Wissenseinheiten, die die typischen Eigenschaften von Mitgliedern allgemeiner Kategorien kodieren."[124] Ein Beispiel ist das Wissen über Häuser. Dieses Wissen kann zum Beispiel die folgenden Einzelheiten umfassen:[125]

> Häuser haben Zimmer.
> Häuser können aus Holz gebaut sein.
> Häuser haben Dächer.
> Häuser haben Wände.
> Häuser haben Fenster.
> In Häusern wohnen Menschen.

Demnach besitzt ein typisches Haus die unterschiedlichsten Eigenschaften (Attribute), wie z.B. hinsichtlich seiner Funktion oder Größe. Bezüglich dieser Eigenschaften werden bestimmte Merkmale gespeichert, so z.B. daß das Haus als menschlicher Wohnraum dient und zwischen 50 und 500 Quadratmeter groß ist.

---

[122] Schlicht 1979 S. 56.
[123] Schlicht 1991 S. 21f.
[124] Vgl. Anderson 1988 S. 103. Anderson faßt den Begriff Schema jedoch enger, als er hier gesehen wird.
[125] Anderson 1988 S. 120.

Darüber hinaus werden Objekte im allgemeinen Obermengen zugeordnet. Im vorliegenden Fall kann dies z.B. die Menge der Gebäude sein. Für das Schema Haus kann man sich die folgende (unvollständige) Schemarepräsentation vorstellen:[126]

>Haus
>Oberbegriff: Gebäude
>Material: Holz, Stein
>Enthält: Zimmer
>Funktion: menschlicher Wohnraum
>Form: rechteckig
>Größe: 50 bis 500 Quadratmeter
>Ort: ebenerdig

Das Schema gibt aber nur eine Vorstellung davon, wie ein typisches Mitglied der repräsentierten Kategorie aussieht. Ein wahrgenommenes, komplexes Phänomen wird dem Schema zugeordnet, dem es von der Gestalt her, d.h. in den prägnanten Wesenseigenschaften, am meisten ähnelt. Häuser können deshalb auch dann als solche erkannt werden, wenn sie nicht alle typischen Merkmale aufweisen. So muß ein Haus nicht zwangsläufig als menschlicher Wohnraum dienen, rechteckig sein oder ebenerdig gebaut sein, um als Haus wahrgenommen zu werden. Die Zuordnung eines Phänomens zu einer Kategorie kann aber auch erfolgen, wenn das Phänomen selbst dem Schema dem Wesen nach nur wenig ähnelt, aber einem anderen Kategoriemitglied, das wichtige Züge des Schemas aufzeigt, ähnlich ist.

Daß sich die einzelnen Kategorievertreter deutlich hinsichtlich ihrer Typizität unterscheiden, konnte Rosch im Rahmen eines Experiments zeigen.[127] Dabei sollten die Versuchspersonen auf einer Skala von 1 bis 7 angeben, wie typisch ihnen verschiedene Mitglieder einer Kategorie für diese zu sein schienen. Im Experiment ergab sich zum Beispiel für die Kategorie Vögel, daß das Rotkehlchen ein sehr typischer Vertreter ist (Durchschnittswert 1,1), während das Huhn weniger typisch ist (Durchschnittswert 3,8).

Während die zentralen, sehr typischen Mitglieder der Kategorie immer dem entsprechenden Schema zugeordnet werden, können bei den peripheren Mitgliedern interindividuelle, durch unterschiedliche Erfahrungen bedingte Abweichungen existieren.[128] Dies konnte Labov im Rahmen eines Experimentes nachweisen, bei dem er den Versuchspersonen fünf Objekte zeigte und fragte, was jedes einzelne darstellt.[129] Von diesen Objekten sind vier in der folgenden Abbildung dargestellt.

---

[126] Anderson 1988 S. 121.
[127] Vgl. Rosch 1973.
[128] Vgl. Anderson 1988 S. 125.
[129] Vgl. Labov 1973.

Das fünfte weist eine noch weitergehende Modifikation auf. Die gezeigten Objekte zeichnen sich, wie in der Abbildung (nächste Seite) zu sehen, dadurch aus, daß das Verhältnis von Durchmesser zu Tiefe ansteigt.

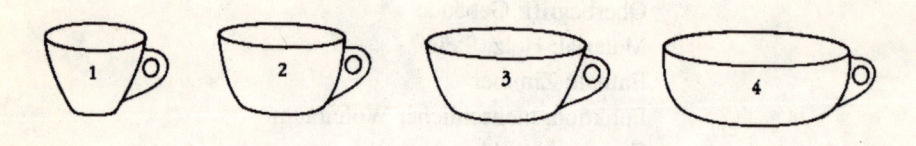

Abb. 4.2.2.14[130]

Der Versuch ergab, daß die Verwendung des Begriffs Tasse mit steigendem relativen Durchmesser allmählich abnimmt. Es gibt jedoch keinen genau bestimmbaren Punkt, ab dem der Begriff Tasse nicht mehr verwendet wird. Bei sehr hohem relativem Durchmesser wird der Begriff Schüssel jedoch häufiger genannt als der Begriff Tasse. Wurden die Versuchspersonen aufgefordert, sich die Objekte mit Kartoffelpüree gefüllt vorzustellen, wurde der Begriff Tasse weniger oft genannt. Der Begriff Schüssel wurde dagegen schon bei Objekt 3 häufiger genannt als der Begriff Tasse. Die Zuordnung eines Objekts zu einem Schema hängt also nicht nur von den Eigenschaften des Objekts ab, sondern auch vom relevanten Kontext (hier dem Bezug zum Essen).

### 4.2.3 Die Wahrnehmung von Personen und Gruppen

Die für die Wahrnehmung im allgemeinen geltenden Prinzipien sind auch für die Wahrnehmung im sozialen Bereich maßgeblich. Dies soll am Beispiel der Wahrnehmung von Personen und von Gruppen von Personen verdeutlicht werden, wobei in diesem Abschnitt nicht auf die Besonderheiten formal organisierter Gruppen eingegangen wird.

Das Wissen über Personen und Gruppen beruht üblicherweise auf einer über einen längeren Zeitraum erfolgenden Wahrnehmung. Dabei wird eine Vielzahl von Charakteristika beobachtet. Personen können beispielsweise die unterschiedlichsten Fähigkeiten, Interessen und Gefühle zeigen. Gruppen bestehen wiederum aus mehreren Personen, die selbst wieder viele Eigenschaften aufweisen. Eine Personen- oder Gruppenbeschreibung erschöpft sich jedoch nicht in einer Aufzählung einzelner Charakteristika, sondern ist vielmehr deren Einordnung in ein stimmiges Gesamtbild. Es stellt sich daher die zentrale Frage, wie aus den elementaren Eigenschaften der Gesamteindruck entsteht.

---

[130] Labov 1973 S. 354.

Dabei sind wiederum die Gesetze von der Ganzbestimmtheit der Wahrnehmung und der guten Gestalt von grundlegender Bedeutung. Dies sei anhand des klassischen Experiments von Asch zur Personenwahrnehmung erläutert.[131] Bei diesem Experiment wurde zwei Gruppen A und B jeweils eine Liste mit Adjektiven präsentiert, die einige Charaktereigenschaften einer Person beschreiben sollten. Die Listen unterschieden sich nur hinsichtlich des Adjektivs "warm" bzw. "cold":

    A: intelligent-skillful-industrious-warm-determined-practical-cautious

    B: intelligent-skillful-industrious-cold-determined-practical-cautious

Die Versuchsteilnehmer wurden daraufhin aufgefordert, eine Personenbeschreibung zu erstellen. Dabei zeigte sich, daß die Beschreibungen der Person, der die Eigenschaft warm zugeordnet war, wesentlich positiver ausfielen. Zusätzlich sollten die Probanden aus einer Liste von Eigenschaften diejenigen nennen, die zur beschriebenen Person passen. Die Teilnehmer der Gruppe A nannten bei diesem Teilexperiment viel häufiger positive Charakteristika wie Großzügigkeit, Humor, Popularität usw. Offensichtlich kann aus dem Experiment geschlossen werden, daß sich bei Änderung einer einzigen Eigenschaft der Gesamteindruck von einer Person vollkommen ändern kann. Andere konstant gehaltene Eigenschaften erfahren dabei zum Teil eine völlig unterschiedliche Interpretation. Ob ein "Gestalt Switch" erfolgt oder nicht, hängt dabei davon ab, ob die Eigenschaft, die geändert wird, zentral oder peripher ist. So wurde in einem Kontrollexperiment zu dem beschriebenen Experiment das Begriffspaar "warm - cold" durch das Paar "polite - blunt" ersetzt. Danach waren die zwischen den Gruppen beobachtbaren Differenzen in der Personeninterpretation wesentlich schwächer ausgeprägt. Allerdings läßt sich nicht allgemeingültig festlegen, welche Eigenschaften zentral oder peripher sind. Dies hängt aufgrund der Gestaltgesetze wiederum von der Gesamtwahrnehmung ab.

Bei zeitlich aufeinanderfolgenden Beobachtungen von Eigenschaften einer Person ist ein anfänglich gewonnener Eindruck maßgeblich für die Interpretation zusätzlicher Informationen. Der erste Eindruck bestimmt die Richtung des Bildes, das sich entwickelt. Weitere Informationen werden so in das Gesamtbild eingefügt, daß sich ein auch im Zeitablauf möglichst prägnanter Eindruck ergibt. Dies konnte Asch in einem weiteren Experiment nachweisen, bei dem er zwei Gruppen von Probanden jeweils identische Adjektive in umgekehrter Reihenfolge präsentierte:[132]

    A: intelligent-industrious-impulsive-critical-stubborn-envious

    B: envious-stubborn-critical-impulsive-industrious-intelligent

---

[131] Vgl. Asch 1987 S. 208ff.

[132] Vgl. Asch 1987 S. 212 ff.

Die den Versuchsteilnehmern abverlangten Personenbeschreibungen unterschieden sich zum Teil wesentlich. Während die Beschreibungen der Gruppe A positiv ausfielen, waren die der Gruppe B eher negativ. Besonders deutlich wurde bei dem Experiment wiederum, daß einzelne Charakteristika, die verbal identisch beschrieben waren, sehr unterschiedlich interpretiert wurden. Dies gilt beispielsweise für die Charakteristik "impulsive". Die Gruppe A beschrieb sie als vorteilhafte Eigenschaft, für Gruppe B war das Gegenteil der Fall.

Während im Rahmen der geschilderten Experimente die Anzahl der den Gesamteindruck bestimmenden Eigenschaften vorgegeben war, werden in der Realität aus der Vielzahl der Eigenschaften, deren Beobachtung prinzipiell möglich ist, bestimmte ausgewählt. Dies sind die Charakteristika, die eine prägnante Charakterisierung der jeweiligen Person im Vergleich zu anderen Personen erlauben.

Die anhand von Beispielen erläuterten Prinzipien der Personenwahrnehmung sind auch für die Wahrnehmung von Gruppen gültig. Gruppen haben eine eigene Wirklichkeit, die nicht allein aus den Eigenschaften ihrer Mitglieder zu erklären ist. Wir können beispielsweise für eine längere Zeit eine Menschenschlange vor einer Kinokasse sehen, obwohl deren Zusammensetzung ständig wechselt. Die Gruppe ist folglich etwas anderes als die Summe der ihr zugehörigen Personen. Daher ist das Problem der Vielfältigkeit der Charakteristika bei Gruppen noch ausgeprägter als bei Personen. Die Eindrucksbildung verläuft aber prinzipiell so, wie bei der Personenwahrnehmung.

Bei der Wahrnehmung von Gruppen taucht aber ein Problem auf, das bei der Wahrnehmung von Personen zumindest auf den ersten Blick nicht vorhanden zu sein scheint. Personen scheinen natürliche Einheiten mit festen Grenzen zu sein.[133] Von daher wirkt es fast selbstverständlich, daß von Personen auf kognitiver Ebene ein einheitlicher Gesamteindruck gebildet wird. Dagegen stellt sich bei einer größeren Anzahl von wahrgenommenen Personen die Frage, welche davon einer einheitlichen Gruppe zugeordnet werden und welche nicht.

Ausschlaggebend ist wiederum das Gesetz von der guten Gestalt. Die sehr allgemeine Aussage, daß die Einteilung in Gruppen in möglichst prägnanter Weise erfolgt, läßt sich mit Hilfe der sozialpsychologischen Kategorisierungstheorie präzisieren.[134] Gemäß dieser Theorie erfolgt die Kategorisierung in Gruppen mit Hilfe eines nach Abstraktionsebenen hierarchisiertem Klassifikationsschema. Es wird davon ausgegangen, daß mindestens drei Ebenen existieren: Auf dem höchsten Abstraktionsniveau wird das Individuum als Mensch wahrgenommen ("human level"). Auf der Ebene darunter wird es als einer sozialen Gruppe zugehörig

---

[133] Bei genauerem Hinsehen stellt man jedoch fest, daß die Grenzen doch nicht so natürlich sind. Es stellt sich dann zum Beispiel die Frage, ob Schweiß, ausgeatmete Luft oder abgestorbene Hautpartikel noch Teil der Person sind oder nicht.

[134] Vgl. hierzu u. a. Bruner 1957, Campbell 1958, Tajfel 1969, Rosch 1978 und Turner 1987.

angesehen ("social level") und auf der untersten Stufe als ein von den Gruppenmitgliedern verschiedenes Subjekt ("personal level").[135]

Die sozialen Kategorien bilden sich annahmegemäß nach dem Prinzip des Metakontrastes. Nach diesem, nicht nur im Zusammenhang mit der hier vorgestellten Theorie wesentlichen Prinzip wird eine Anzahl von Elementen einer als relevant angesehenen nächst höheren Kategorie, die die Menge der relevanten Stimuli darstellt und so den Vergleichsrahmen festlegt, umso eher als eine einheitliche Kategorie angesehen, je geringer die Intraklassendifferenz im Vergleich zur Interklassendifferenz ist. Die Prototypizität eines Kategorieelements ist also meßbar durch das als "Meta Contrast Ratio" bezeichnete Verhältnis zwischen durchschnittlicher Interkategoriedifferenz und durchschnittlicher Intrakategoriedifferenz.

Bezüglich der Bildung von sozialen Kategorien wird angenommen, daß diese durch eigene Erfahrung oder die anderer vorgeprägt sind oder deren Abgrenzung spontan - wie z. B. im Fall einer wartenden Menschenschlange - im Rahmen des Wahrnehmungsprozesses erfolgt. In konkreten Situationen werden aber nur dann neue Kategorien entstehen, wenn nicht auf schon bestehende, abgespeicherte Kategorien zurückgegriffen werden kann. Das Hervortreten von bestehenden Kategorien erfolgt gemäß der Kategorisierungstheorie in Abhängigkeit von den Faktoren "relative Zugänglichkeit der Kategorie" ("relative accessibility") und "Angepaßtheit an die Situation" ("fit").[136]

Unter "Accessibility" versteht man die Bereitschaft, mit der ein mit gegebenen Eigenschaften behafteter Stimulus einer bestimmten Kategorie zugeordnet wird.[137] Die Zugänglichkeit wird hauptsächlich von vergangener Erfahrung und der momentanen Motivation des jeweiligen Individuums bestimmt. Das bedeutet, bei hoher Zugänglichkeit einer Kategorie reicht ein schwacher Stimulus, um eine entsprechende Kategorisierung zu erzeugen, ein weiter Bereich von Stimuluscharakteristiken wird der Kategorie zugeordnet und weniger zugängliche Kategorien werden eher verdeckt.

Das Konzept der Angepaßtheit bezieht sich auf die Übereinstimmung der wahrgenommenen Realität mit denjenigen Kriterien, die eine Kategorie definieren. Das heißt, die Kategorisierung wird derart vorgenommen, daß eine Zuordnung des Wahrgenommenen zu derjenigen Kategorie erfolgt, die mit dem höchsten Meta-Kontrast-Verhältnis verbunden ist.

---

[135] Ein Problem, das bezüglich der Hierarchie besteht, ist, daß die Kategorisierung immer einen Vergleich innerhalb einer höheren Kategorie voraussetzt. Demnach müßte es eine Urkategorie geben, denn auch die Kategorie Mensch kann sich nur aus einem Vergleich ergeben. Für die weiteren Ausführungen ist dieses Problem jedoch weniger bedeutend, weshalb hier von einer ausführlichen Diskussion abgesehen wird.

[136] Vgl. Turner 1987 S. 54 ff. und Oakes 1987 S. 117ff.

[137] Vgl. Turner 1987 S. 55 nach einer Definition von Bruner 1957.

Das Hervortreten einer bestimmten Kategorie hängt daher maßgeblich vom relevanten Bezugsrahmen ab.[138] Die Kategorisierungstheorie nimmt an, daß bei Hervortreten einer Kategorie die entsprechenden Intraklassenähnlichkeiten und die zugehörigen Interklassendifferenzen betont wahrgenommen werden, während die Ähnlichkeiten und Differenzen, die den Kategorisierungen auf einem höheren, parallelen oder niedrigeren Niveau zugrundeliegen, abgeschwächt werden.

Unter einer Gruppe kann gemäß der geschilderten Theorie eine Ansammlung von Individuen verstanden werden, die von diesen selbst und/oder Außenstehenden als Mitglieder derselben sozialen Kategorie wahrgenommen werden.[139] Beispiele für solche Gruppen sind Berufsgruppen, Geschlechtsgruppen oder Sportmannschaften.

Während die Bildung von Gruppen auf den Charakteristika von Personen beruht, führt die Eigenständigkeit des Phänomens Gruppe dazu, daß die Gruppenzugehörigkeit selbst wieder als Charakteristik der Person gesehen wird. Folglich geht die Gruppenzugehörigkeit selbst als wesentliche Eigenschaft in die Eindrucksbildung ein. Es ist eine alltägliche Erfahrung, daß Personen nach ihrer Gruppenzugehörigkeit beurteilt werden. So macht es beispielsweise einen Unterschied bei der Beurteilung einer Person, ob diese der Gruppe der Inländer oder der Gruppe der Ausländer zugeordnet wird.

Ebenso wie die Zuordnung von Städten zu Gebieten zu Verzerrungen bei der Einschätzung der geographischen Lage dieser Städte führen kann, ist es möglich, daß die Zuordnung von Personen zu Gruppen zu Veränderungen bei der Einschätzung ihrer Persönlichkeit führt.[140] Sogar die Interpretation von Aussagen einzelner Personen hängt stark davon ab, welcher Gruppe sie zugerechnet wird. Asch führte dazu verschiedene Experimente durch, von denen an dieser Stelle eines kurz geschildert werden soll.[141] Im Jahr 1944 wurde einer Gruppe von Studenten eine Aussage des Präsidenten des "Chambers of Commerce" der Vereinigten Staaten Eric A. Johnston vorgelegt. Diese lautete:[142]

"Only the wilfully blind can fail to see that the old style capitalism of a primitive freebooting period is gone forever. The capitalism of complete laissez-faire, which thrived on low wages and maximum profits for minimum turnover, which rejected collective bargaining and fought against justified public regulation of the competitive process, is a thing of the past."

---

[138] Vgl. Turner 1987 S. 48ff.

[139] Diese Defintion steht in enger Anlehnung an Turner 1987 S. 101. Turner sieht Gruppen jedoch einseitig als Ergebnis der Selbstkategorisierung.

[140] Vgl. zum Experiment mit den Landkarten Abschnitt 4.2.2.

[141] Vgl Asch 1987 S. 425ff.

[142] Asch 1987 S. 425.

Einem Teil der Studenten (Anzahl 35) wurde der wahre Urheber genannt, während dem anderen Teil (Anzahl 33) gesagt wurde, die Aussage stamme von dem bekannten Gewerkschaftsführer Harry Bridges. Während die Aussage von den Probanden, die Johnston als den Urheber ansahen, als Perspektive einer Politik im Interesse der Industrie gesehen wurde, drückte sie nach Ansicht des anderen Teils der Versuchsteilnehmer den Willen der Arbeiter aus, die gegenüber dem Kapital gewonnene Position zu verteidigen. Bemerkenswert ist, daß 7 von den 35 Studenten, denen der wahre Urheber genannt wurde, anzweifelten, daß die Aussage wirklich von diesem kommt, während die angebliche Urheberschaft des Gewerkschaftsführers nicht angezweifelt wurde.

### 4.2.4 Die Wahrnehmung der Institution Unternehmung

Während in dem vorhergehenden Abschnitt die Wahrnehmung von Personen und Gruppen erläutert wurde, soll nunmehr die Art, wie Unternehmungen wahrgenommen werden, analysiert werden. Dabei ist zuerst zu prüfen, wann ein wahrgenommenes Phänomen als eine Unternehmung angesehen wird und wann nicht. Das Phänomen Unternehmung ist äußerst komplex. Dies wird allein schon daran deutlich, daß eine Unternehmung üblicherweise aus einer Vielzahl von Personen besteht, zwischen denen ein Netz von Beziehungen existiert. Diesen Personen sind wiederum materielle und immaterielle Güter zugeordnet. Im folgenden wird deshalb nicht nur gefragt werden, wann ein Phänomen als Unternehmung angesehen wird, sondern insbesondere auch, wann Personen (Humankapital) und Güter (Sachkapital) einer Unternehmung zugeordnet werden.

Wie bereits erläutert, erfolgt die Wahrnehmung komplexer Phänomene mit Hilfe von Schemata. Die dargestellten Erkenntnisse über die Verwendung von Schemata im Rahmen der Wahrnehmung lassen sich direkt auf die Wahrnehmung von Unternehmungen anwenden.[143] Es soll hier daher versucht werden, eine Vorstellung vom Schema Unternehmung zu erarbeiten. Die Phänomene, die als Unternehmungen angesehen werden, haben eine Vielzahl von Eigenschaften, hinsichtlich derer sie bestimmte Merkmale aufweisen. Als typische Merkmale kann man z.B. aufzählen:

      Unternehmungen produzieren Güter.
      Unternehmungen sollen einen Gewinn erzielen.
      Unternehmungen setzen für die Produktion Arbeit und Kapital ein.
      Unternehmungen sind zentralisiert strukturiert.
      Unternehmungen operieren in Märkten.
      Unternehmungen sind eine besondere Form der Institutionen.

---

[143] Vgl. Abschnitt 4.2.2.

Das Schema Unternehmung könnte man sich demnach wie folgt vorstellen:

> Unternehmung
> Oberbegriff: Institutionen
> Ziel: Gewinn
> Funktion: Produktion von Gütern
> Produktionsfaktoren: Arbeit, Kapital
> Struktur: Zentralisiert
> Operationsgebiet: Märkte

Das Schema Unternehmung stellt die typische Unternehmung dar. Es können jedoch auch Phänomene als Unternehmungen wahrgenommen werden, die nicht alle typischen Eigenschaften aufweisen. Das heißt zum Beispiel, daß eine Unternehmung, um als solche erkannt zu werden, nicht unbedingt gewinnorientiert arbeiten oder strikt hierarchisch organisiert sein muß. Während die Zuordnung weitgehend typischer Wahrnehmungsphänomene zum Schema Unternehmung eindeutig ist, ergeben sich hinsichtlich der Zuordnung peripherer Phänomene ebenso wie bei dem dargestellten Beispiel des Schemas Tasse interindividuelle Unterschiede.[144] Dies zeigt sich beispielsweise an der Diskussion um die "richtige" Definition - d.h. die "richtige" Beschreibung des Schemas - der Unternehmung im Bereich der Wissenschaft. So wird in der modernen Betriebswirtschaftslehre die Unternehmung im Gegensatz zum Betrieb als dem Ort der technischen Leistungserstellung überwiegend als rechtlich-organisatorische, selbständige Institution aufgefaßt.[145] Gutenberg sah die Unternehmung dagegen als eine kapitalistische Spezialform des Betriebes.[146] Je nach der Auffassung von dem, was eine Unternehmung ist, werden nicht typische Phänomene, wie z.B. Betriebe in sozialistischen Wirtschaften, als Unternehmung gesehen oder nicht.

Wie zuvor erläutert, ist es für die weiteren Ausführungen auch von Interesse zu untersuchen, wann Personen und Güter als einer bestimmten Unternehmung zugehörig angesehen werden. Entscheidend ist, ob die Zuordnung aus der Sicht eines Betrachters als prägnant erscheint. Die in den vorangegangenen Abschnitten sehr ausführlich erläuterten Prinzipien der Wahrnehmung sind demnach maßgebend. Da es nicht notwendig ist, diese hier zu wiederholen, soll an dieser Stelle anschaulich dargestellt werden, wie sich ihre Gültigkeit in der Praxis des Rechts bei der Abgrenzung des Phänomens Unternehmung auswirkt. Die Art und Weise, wie im Rahmen der Wahrnehmung das, was einer Unternehmung zuzuordnen ist,

---

[144] Vgl. zum Beispiel der Tasse Abschnitt 4.2.2.
[145] Vgl. Kuhn 1982 S.1. Siehe auch Wöhe 1984 S. 12ff und Marr 1984 S. 50.
[146] Vgl. Gutenberg 1973 S. 507ff.

abgegrenzt wird, kann deshalb besonders gut an der Behandlung des Phänomens Unternehmung im Bereich des Rechts verdeutlicht werden, weil dort sowohl die Problematik der Zuordnung von Personen zu einer Unternehmung als auch der Zuordnung von organisatorischen Einheiten behandelt wird.

Unternehmen bestehen in der Regel aus einer Vielzahl von Personen. Wann aber ist eine Person Teil der Unternehmung, das heißt, Unternehmensangehöriger? Ist der Arbeitnehmer Unternehmensangehöriger, ist der Kleinaktionär Unternehmensangehöriger, ist der Mehrheitsgesellschafter Unternehmensangehöriger? Daß die Beantwortung dieser Fragen nicht einfach ist, soll zunächst kurz am Beispiel des Arbeitnehmers verdeutlicht werden. Dazu sei die arbeitsrechtliche Begriffsabgrenzung dargestellt: "Arbeitnehmer ist, wer als Nichtselbständiger aufgrund freier Bereitschaft für einen anderen fremdbestimmte Arbeit leistet. (...) Wer nicht selbständig ist, richtet sich nach dem Maßstab, den § 84 I 2 HGB für Handelsvertreter angibt: ob er im wesentlichen frei seine Tätigkeit gestalten und seine Arbeitszeit (sowie den Ort) bestimmen kann."[147] Daß eine eindeutige Abgrenzung nicht möglich ist, zeigt sich beispielsweise daran, daß vor Gericht häufig strittig ist, ob jemand freier Mitarbeiter, d.h. Selbstständiger und damit nicht Unternehmensangehöriger, ist oder nicht. Die Wahl der Vertragsform "freier Mitarbeiter" ist zumindest nicht maßgeblich dafür, ob eine Person nicht Arbeitnehmer im juristischen Sinn - und damit auch nicht Unternehmensangehöriger im herkömmlichen Sinn - ist. So legte das Bundesarbeitsgericht in seiner Rechtsprechung fest, "daß es bei der Frage, ob jemand seine Dienstleistung als Arbeitnehmer oder als freier Mitarbeiter erbringt, auf den Grad der persönlichen Abhängigkeit des Betreffenden von seinem Arbeitgeber bzw. seinem Dienstherrn ankommt."[148] Ein sogenannter "freier Mitarbeiter", der im Büro des Auftraggebers zu festgelegten Zeiten arbeitet, ist demnach ein Arbeitnehmer und kein Selbstständiger. Man kann daraus folgern, daß die Wahrnehmung der Unternehmenszugehörigkeit nicht von der Vertragsbezeichnung abhängt, sondern vom Wesensgehalt der Beziehung.

Dies gilt auch für die Zuordnung von Anteilseignern zur Unternehmung. Eine Familie, deren Vorfahren ein Unternehmen gründeten und die es noch heute kontrolliert, wird meist völlig mit dem Unternehmen identifiziert, insbesondere wenn es den Namen dieser Familie trägt. Ein Beispiel für ein solches Familienunternehmen ist die Firma Porsche. Dagegen wird ein Kleinaktionär einer großen Aktiengesellschaft kaum mit dem Unternehmen in Verbindung gebracht.

---

[147] Hanau/Adomeit 1986, S. 143.
[148] Vgl. Bundesarbeitsgericht 1974.

Das bedeutet aber auch, daß eine Unternehmung, z.B. wenn es nur Kleinaktionäre gibt, als ein von den Anteilseignern losgelöstes Phänomen existieren kann.[149]

Als Beispiel für die Untersuchung der Frage, wann eigenständige, organisatorische Einheiten - d.h. üblicherweise eine Vielzahl von Personen, die durch ein Netz von Beziehungen verbunden und denen Güter zugeordnet sind - als eine Unternehmung gesehen werden, kann das deutsche Gesellschaftsrecht angeführt werden. Sehr instruktiv sind die Regelungen des Aktienrechts über "verbundene Unternehmen", die dann gelten, wenn mindestens eine beteiligte Unternehmung eine Aktiengesellschaft (AG) oder eine Kommanditgesellschaft auf Aktien (KGaA) ist. "Verbundene Unternehmen" zeichnen sich dadurch aus, daß sie trotz ihres Fortbestehens als rechtliche Einheiten in einer generellen rechtlichen oder tatsächlichen Verbindung und Abhängigkeit stehen.[150] Da bei solchen Verflechtungen insbesondere die Gefahr besteht, daß die Gläubiger und Anteilseigner der beteiligten Unternehmungen beispielsweise durch verdeckte, konzerninterne Vermögensumschichtungen geschädigt werden, beinhalten die bei der Neufassung des Aktienrechts 1965 neu aufgenommenen §§ 291 bis 338 Regelungen zum Schutz dieser Gruppen, so z.B. bezüglich der Rechnungslegung im Konzern.

Hinsichtlich der hier behandelten Problematik ist besonders interessant, was eine "Unternehmung" im Sinne des Rechts der "verbundenen Unternehmen" ist und wann eine Verbindung zwischen solchen Unternehmungen vorliegt. Bezüglich der ersten Fragestellung ist zum Beispiel strittig, "ob auch eine natürliche Person als Großaktionär ein "Unternehmen" betreibt. Dies ist zu bejahen, wenn der Großaktionär abgesehen von seiner Beteiligung in der Gesellschaft auch außerhalb von ihr unternehmerische Interessen verfolgt, nicht aber, wenn sich sein unternehmerisches Interesse auf die Gesellschaft beschränkt, um deren Beteiligung es im konkreten Fall geht (vgl. Emmerich - Sonnenschein, S. 37f.)."[151] Kontrovers diskutiert wird auch, ob die öffentliche Hand dem Recht der "verbundenen Unternehmen" unterliegt. Vom Bundesgerichtshof wurde die Bundesrepublik Deutschland teilweise als "herrschendes Unternehmen" im Sinne der §§ 17 und 320 des Aktiengesetzes angesehen.[152]

Als "Unternehmensverbindungen" definiert das Aktiengesetz in den §§ 15-19 fünf sich weitgehend überschneidende Verflechtungen zwischen rechtlich selbständigen Unternehmungen:

---

[149] Dies widerspricht der Sicht der Unternehmung in der Theorie der unvollständigen Verträge. In dem Modell von Hart und Moore (1990) werden die Anteilseigner, die die Kontrolle ausüben, mit der Unternehmung identifiziert.

[150] Vgl. Kraft/Kreutz 1985 S. 67 und Werner 1977. Hier wird zur Vermeidung eines begrifflichen Durcheinanders der juristische Ausdruck Gesellschaft nicht gesondert eingeführt.

[151] Kraft/Kreutz 1985 S. 68.

[152] Vgl. Kraft/Kreutz 1985 S. 68 und Bndesgerichtshof 1984.

"(1) **Mehrheitsbeteiligung** eines Unternehmens an einem anderen durch Innehabung der Mehrheit der Anteile oder der Stimmrechte (§16); (...);

(2) **Abhängigkeit** eines Unternehmens von einem anderen (herrschenden Unternehmen), die vom Gesetz bei Mehrheitsbesitz vermutet wird (§17); diese Vermutung ist widerlegbar, wie umgekehrt eine Abhängigkeit auch auf sonstige Weise dargetan werden kann (Minderheitsbeteiligung bei im übrigen zersplittertem Aktienbesitz, langfristige Lieferverträge, Identität der Organmitglieder). (...);

(3) **Konzernverhältnis** von zwei oder mehreren Unternehmen, das in der tatsächlichen Leitung dieser Unternehmen durch eines der beteiligten Unternehmen zum Ausdruck kommt (Konzern als wirtschaftliche Einheit; §18), die ihrerseits durch Mitgliedschaftsrechte oder Beherrschungsvertrag (§ 291) oder auf sonstige Weise (etwa Personalunion bei Organträgern verschiedener Unternehmen) ermöglicht wird; (...);

(4) **Wechselseitig beteiligte Unternehmen,** worunter § 19 den Fall versteht, daß jedes Unternehmen mehr als 25% der (Kapital-)Anteile des anderen innehat, ohne daß jedoch eines der Unternehmen vom anderen abhängig ist; (...);

(5) **Vertragsteile eines Unternehmensvertrages** i. S. der §§ 291, 292."[153]

Wichtig erscheint an dieser Aufzählung von Arten der Unternehmensverbindungen vor allem zu sein, daß es keine für alle möglichen Einzelfälle gültige Festlegung dessen gibt, was eine Unternehmensverbindung ist. Während man sowohl bei dem Vorliegen einer Mehrheitsbeteiligung als auch eines Beherrschungsvertrags oder einer Personalunion der Organträger häufig von einer Zentralisierung der Verfügungsgewalt und daher von der Existenz einer einheitlichen Unternehmung ausgehen kann, gibt es immer Grenzfälle, bei denen die Zuordnung zum Schema Unternehmung nicht eindeutig möglich ist. Als Beispiel kann der Fall dienen, bei dem eine Unternehmung eine Minderheitsbeteiligung an einer anderen Unternehmung bei im übrigen zersplittertem Aktienbesitz hält. Für diesen Fall läßt sich kaum eine feste Beteiligungsquote angeben, ab der eine "Unternehmensverbindung" vorliegt. Letztlich kann nur im Einzelfall abgewogen werden.

Die aktienrechtlichen Regelungen über verbundene Unternehmungen sind hier nicht nur von Interesse, weil sie die Schwierigkeiten der Abgrenzung der Kategorie Unternehmung verdeutlichen, sondern auch deshalb, weil der darin enthaltene Abgrenzungsversuch Teile des kognitiven Schemas "Unternehmung" erfaßt. Die dargestellten Regelungen sind insofern nicht nur für Unternehmen relevant, die dem

---

[153] Kraft/Kreutz 1985 S. 69f.

Aktienrecht unterliegen. Sie geben allgemeine Hinweise darauf, wann rechtlich selbständige Gebilde faktisch als eine Unternehmung wahrgenommen werden. So gelten Seat oder Skoda beispielsweise seit dem Bekanntwerden der Übernahme einer Beteiligungsmehrheit als Teil des Volkswagenkonzerns.

Zusammenfassend kann man feststellen, daß letztlich für die Beantwortung der Frage: "Unternehmung, ja oder nein?" entscheidend ist, ob die Wesenseigenschaften des wahrgenommenen Phänomens nach der Prägnanzregel eine Zuordnung zum Schema Unternehmung bewirken. Während dies für zentrale Mitglieder der Kategorie Unternehmung eindeutig ist, hängt die Zuordnung peripherer Mitglieder vom Kontext und vom wahrnehmenden Individuum ab, so z.B. von dessen persönlichem Erfahrungsschatz. Das gilt entsprechend auch für die Zuordnung von Personen oder von organisatorischen Einheiten zu einer Unternehmung. In Hinblick auf die ökonomische Theorie der Unternehmung scheint sehr wesentlich zu sein, daß eine Unternehmung auch als ein von den Anteilseignern losgelöstes Phänomen existieren kann. Dies bedeutet, eine Definition der Unternehmung als die Menge der unter der Kontrolle eines Individuums stehenden Sachkapitalgüter ist als problematisch zu beurteilen.

Wird ein wahrgenommenes Phänomen als Unternehmung identifiziert, so wird sich im Rahmen der Wahrnehmung ein einheitlicher Eindruck bilden. Der Vorgang der Eindrucksbildung gleicht im Prinzip dem bei der Personen- und Gruppenwahrnehmung.[154] Sämtliche Informationen über die Unternehmung - egal ob aus der Werbung, aus der Erfahrung mit Produkten, aus dem Zusammentreffen mit Repräsentanten der Unternehmung, aus internen Kenntnissen aufgrund der Unternehmenszugehörigkeit oder aus anderen Quellen - werden in möglichst prägnanter Weise so interpretiert, daß sich ein einheitliches Bild ergibt. Dieses Bild wird vor allem durch das Unternehmensverhalten, das Unternehmenserscheinungsbild und die Unternehmenskommunikation beeinflußt. Bei Änderungen im Verhalten, im Erscheinungsbild oder in der Kommunikation eines Unternehmens, die z.B. als Folge einer Integration auftreten können, ändert sich auch das Bild, das die Unternehmung abgibt.

Üblicherweise erfolgt die Eindrucksbildung auf der Basis weniger Informationen über eine Unternehmung. Als Beispiel seien die folgenden Informationen bezüglich zweier Unternehmungen A und B gegeben:

> A: Automobile, Rüstung, solide, langlebig, groß, qualifizierte Belegschaft
>
> B: Büromaschinen, Computer, solide, träge, groß, bürokratisch

---

[154] Vgl. Abschnitt 4.2.3.

Die Beispiele sollen verdeutlichen, daß wie bei der Personenwahrnehmung schon wenige Informationen genügen, um ein lebhaftes Bild von einer Unternehmung zu vermitteln. Wesentlich ist, daß der Eindruck von einer Unternehmung immer auch maßgeblich durch das Schema Unternehmung mitgeprägt wird. Das heißt, das Wissen über Unternehmungen im allgemeinen, wie z.B. daß Unternehmungen in der Regel Gewinne maximieren, in Märkten operieren, usw., verschmilzt mit den Informationen über eine konkrete Unternehmung zum resultierenden Gesamteindruck.

Die Eindrucksbildung erfolgt auf individuellem Niveau. Da jedoch die Gestaltgesetze gelten, die mit einer bestimmten Unternehmung gemachten Erfahrungen selten sehr unterschiedlich sein werden und diese darüber hinaus noch kommuniziert werden, ist zu erwarten, daß die individuell vorhandenen Eindrücke überwiegend sehr ähnlich sein werden. Der von einer Vielzahl von Individuen geteilte Eindruck kann als Identität eines Unternehmens aufgefaßt werden.[155]

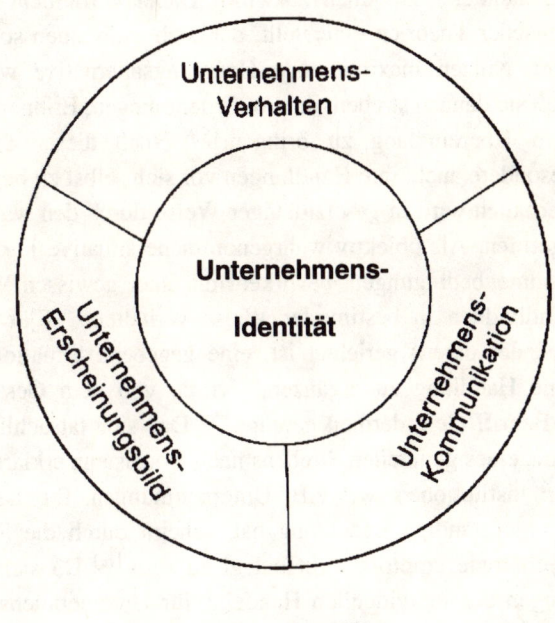

Abb. 4.2.4.1[156]

Da die hier durchgeführte Analyse auf einem hohen Abstraktionsniveau erfolgt, wird im weiteren vernachlässigt, daß unterschiedliche Bezugsgruppen eventuell

---

[155] Vgl. die sehr ausführliche Diskussion unterschiedlicher Begriffsauffassungen in Kammerer 1988.
[156] Leicht abgewandelt erstellt nach Birkigt/Stadler 1992 S. 23.

unterschiedliche Vorstellungen von einer Unternehmung haben. Daher wird auch die teilweise in der Literatur gebräuchliche Begriffsunterscheidung zwischen der "Corporate Identity" als dem Eigenbild und dem "Corporate Image" als dem Fremdbild einer Unternehmung nicht verwendet.[157]

## 4.3 Unternehmensidentität und individuelle Motivation

### 4.3.1 Zur Thematik

Während in dem vorangehenden Abschnitt untersucht wurde, wer und was als einer bestimmten Unternehmung zugehörig angesehen wird und wie die Identität einer Unternehmung entsteht, wird im weiteren analysiert, wie sich die Existenz einer Unternehmung mit einer spezifischen Identität auf das Verhalten der Angehörigen und der in einer marktmäßigen Transaktionsbeziehung zu dieser Unternehmung stehenden Individuen auswirkt. Dabei wird nicht wie häufig im Rahmen ökonomischer Theorien unterstellt, daß sich Individuen so verhalten, "als ob" sie die ihren Nutzen maximierende Handlungsalternative wählen, sondern angenommen, daß sie danach streben, ihre Wahrnehmungen, Erinnerungen, Gefühle und Aktionen in Übereinklang zu bringen.[158] Nach dieser Sicht versuchen Individuen insbesondere auch, ihre Handlungen vor sich selbst zu begründen und zu rechtfertigen. Verhalten wird in gesetzmäßiger Weise durch den wahrgenommenen Kontext hervorgerufen. Als objektiv wahrgenomme situative Faktoren, wie z.B. institutionelle Rahmenbedingungen, bewirken mit einer gewissen Wahrscheinlichkeit, daß sich Individuen in bestimmter Weise verhalten. "[F]ür diese Art von Verhaltensimpuls, der darauf gerichtet ist, eine gegebene Situation in sinnvoller Weise durch eine Handlung zu ergänzen," wurde von dem Gestaltpsychologen Wertheimer der Begriff Gefordertheit geprägt.[159] Daß sich tatsächliches Verhalten besser als Ergebnis eines generellen Strebens nach Konsistenz erklären läßt und daß die Existenz von Institutionen, wie z.B. Unternehmungen, für das Handeln von Individuen eine eigenständige Bedeutung hat, scheint durch die Sozial- und die Organisationspsychologie empirisch gut belegt zu sein.[160] Da sich die situativen Rahmenbedingungen des individuellen Handelns für Unternehmensangehörige systematisch von denen der Transaktionspartner unterscheiden, ist es zweckmäßig, die Bedeutung der Unternehmensidentität für die individuelle Motivation, d.h. für die handlungsbestimmenden Beweggründe, in Bezug auf beide Gruppen getrennt zu

---

[157] Vgl. Birkigt/Stadler 1992 S. 23.
[158] Vgl. Schlicht 1989 S. 8 und Schlicht 1984.
[159] Kubon-Gilke und Schlicht 1993. Vgl. Wertheimer 1935.
[160] Vgl. u.a. Asch 1987 und Arkes und Garske 1982.

betrachten. Innerhalb von Unternehmungen sind Autoritäts-, Rollen- und Kategorisierungseffekte sehr viel stärker ausgeprägt als in Märkten. Daher werden zunächst die Auswirkungen dieser Effekte auf das Verhalten von Unternehmensangehörigen dargestellt und dabei die Bedeutung der Unternehmensidentität diskutiert. Anschließend werden die motivationalen Auswirkungen der Unternehmensidentität auf die Tauschbereitschaft der Transaktionspartner der Unternehmung untersucht.

### 4.3.2 Die Motivation von Unternehmensangehörigen

### 4.3.2.1 Das Autoritätsverhältnis

Wie zuvor ausgeführt, sind Unternehmen unter anderem durch eine vereinheitlichte Kontrolle von Humankapital gekennzeichnet. Bestimmte Individuen üben Kontrolle aus - wie z.B. die Unternehmer oder die von ihnen bestimmten Führungskräfte - und andere - die Arbeitnehmer - sind in deren Interesse tätig. Ein solches Verhältnis kann als Autoritätsverhältnis bezeichnet werden. Die Anweisungen eines Übergeordneten werden aber im allgemeinen nicht in jedem Fall befolgt. Vielmehr müssen sie als aus der gesamten Situation heraus legitimiert erscheinen.[161] Im weiteren wird der Begriff Autorität daher auch nur in dem Sinne verwendet, daß eine starke Abhängigkeit von den Entscheidungen eines bestimmten Individuums besteht.[162]

Wird ein Verhältnis zwischen Individuen als Autoritätsverhältnis wahrgenommen, hat dies Auswirkungen auf das Verhalten sowohl desjenigen, der Autorität ausübt, als auch desjenigen, der der Autorität unterliegt.

Zunächst wird das Verhalten des Individuums betrachtet, das der Autorität unterliegt. Dazu seien die berühmten Experimente von Milgram und deren Ergebnisse beschrieben. Im Rahmen dieser Experimente wurde den im voraus bescheiden entlohnten Teilnehmern mitgeteilt, daß die Auswirkungen von Bestrafungen auf das Lernverhalten untersucht werden sollten, wobei jeweils ein Teilnehmer die Position des Lehrers und ein anderer die Position des Schülers einzunehmen hatte. Zu lernen hatten die Schüler Begriffspaare, von denen jeweils ein Begriff genannt und der zugehörige Begriff abgefragt wurde. Die Bestrafung bestand darin, daß der Lehrer für falsche Antworten elektrische Schocks erteilte, die sich in 30 Schritten von 0V bis 450V steigerten. Den Teilnehmern war unbekannt, daß das zuvor jeweils "ausgeloste" Opfer ein Komplize des Leiters des Experiments war, der die mit zunehmender Härte der Strafe einhergehenden Proteste, Schreie und schließliche Verzweiflung lediglich simulierte. Im Verlauf der Experimente zeigte sich, daß viele der Teilnehmer (bei den meisten Teilexperimenten über 60%!) das Experiment

---

[161] Häufig wird der Begriff Autorität fälschlicherweise mit der Vorstellung verbunden, daß das der Autorität unterliegende Individuum unabhängig von der Art der Anordnungen diese befolgt.

[162] Eine entsprechende Definition des Autoritätsbegriffs geben Mueller/Thomas 1976 S. 420.

bis zur Höchststrafe von 450V fortsetzten, obwohl sie sich dabei in der Regel äußerst unwohl fühlten und Ihnen bewußt war, daß sie faktisch frei waren, das Experiment abzubrechen. Letzteres war auch dann der Fall, wenn der Leiter des Experiments auf zweifelnde Nachfragen der Teilnehmer stets eine stereotype Antwort mit dem Inhalt "Das Experiment erfordert, daß Sie fortfahren!" gab.

Die vorstehende Beschreibung verdeutlicht, daß die Zuordnung zu einem Autoritätsverhältnis Verhaltenskonsequenzen hat, die sich mit Hilfe der Nutzenmaximierungshypothese nicht (ohne weiteres) erklären lassen.[163] So wird deutlich, daß durch die Ausführung des Experiments den Individuen enorme psychische Kosten entstehen, die durch die geringe Entlohnung keinesfalls ausgeglichen werden. Es scheint vielmehr so zu sein, daß das Verhalten der Individuen durch die Situation, der sie ausgesetzt sind, geprägt wird. Das Experiment dient aus der Sicht der Teilnehmer der Erweiterung der wissenschaftlichen Erkenntnis und ist dadurch legitimiert, auch wenn zur Durchführung einzelnen Individuen Leid zugefügt werden muß. Die Teilnehmer nehmen sich im Verlauf des Experiments - d.h. mit der Erklärung ihrer Bereitschaft zur Teilnahme, der Einweisung und letztlich der Durchführung - zunehmend als Teil des Experiments wahr. Dadurch sehen sie sich selbst auch nicht mehr als die für ihr Handeln Verantwortlichen. Von entscheidender Bedeutung ist auch, daß der Leiter des Experiments als solcher wahrgenommen wird. Dies zeigt eine Variante des Experiments, bei der der Leiter des Experiments angeblich dringend telefonieren muß und die Aufgabe der Überwachung einem "gewöhnlichen" Assistenten überträgt. In diesem Fall verweigern sehr viele der Teilnehmer den Gehorsam.

Obwohl die geschilderten Experimente natürlich unter sehr speziellen Verhältnissen im Labor durchgeführt wurden, gleichen die wesentlichen situativen Faktoren denjenigen, die das Verhältnis zwischen Arbeitgeber und Arbeitnehmer kennzeichnen. So nehmen sich die Arbeitnehmer als Unternehmensangehörige wahr, die sich zur Mitwirkung bei der Erreichung der Unternehmensziele verpflichtet fühlen. Der Arbeitgeber übt die Kontrolle aus. Er wird als der für die Handlungen der Organisation Verantwortliche wahrgenommen. Der Arbeitnehmer sieht seine eigenen Handlungen letztlich kausal durch den Arbeitgeber veranlaßt und wird Anweisungen daher so lange ausführen, wie er sie als durch das Autoritätsverhältnis legitimiert ansieht. Hierbei spielt die Unternehmensidentität die entscheidende Rolle. Die Unternehmensidentität wird, wie ausgeführt, durch das Unternehmensverhalten, das Unternehmenserscheinungsbild und die Unternehmenskommunikation geprägt. Sie spiegelt daher auch die Unternehmensphilosophie und die unternehmenspolitischen Ziele der Organisation wieder. Sie ist Ausdruck des Selbstverständnisses der

---

[163] Vgl. aber Akerlof 1991. Dieser beschreibt das geschilderte Verhalten durch ein Nutzenmaximierungskalkül, bezieht dabei jedoch entscheidende situative Faktoren in die Betrachtung mit ein.

Organisation. Daher bestimmt die Identität maßgeblich mit, ob ein Arbeitnehmer Anweisungen als legitimiert ansieht oder nicht. Bei Änderungen der Identität kann sich daher auch das Verhalten von Arbeitnehmern ändern.

Während bisher das Autoritätsverhältnis aus der Perspektive desjenigen betrachtet wurde, der der Autorität unterliegt, soll nun untersucht werden, wie sich das Vorliegen eines solchen Verhältnisses auf das Verhalten desjenigen auswirkt, der Autorität innehat. Da sich in der Literatur zur Autoritätsproblematik keine einschlägigen Experimente fanden, wird an dieser Stelle das individuelle Verhalten bei ähnlichen situativen Gegebenheiten betrachtet. Wie sich die Übertragung von Verantwortung, die mit Autorität deshalb einhergeht, weil dem Inhaber der Autorität die Konsequenzen seiner Anweisung kausal zugerechnet werden, auf das Verhalten von Individuen auswirkt, zeigt sich an der schon dargestellten Variante des Experiments von Milgram. Verläßt der Leiter des Experiments den Raum, so daß lediglich sein Gehilfe, der Proband sowie das "Opfer" anwesend sind, brechen die Individuen das Experiment ab, sobald das "Opfer" protestiert, weil sie sich als die Verursacher seines Leidens sehen. Sie haben dann keine Möglichkeit mehr, ihr Verhalten als durch andere bestimmt zu rechtfertigen.

Ein ähnliches Phänomen zeigt sich in der Realität in Situationen, in denen ein Individuum in Not gerät, z. B. bei Badeunfällen. Es passiert häufig, daß Menschen ertrinken, obwohl viele potentielle Retter anwesend sind. So berichtete das Fernsehmagazin Explosiv des Senders RTL unter dem Titel "Die Gaffer" vom Fall eines kleinen Mädchens, das in einem See ertrank, obwohl 200 Zuschauer anwesend waren, die hätten eingreifen können.[164] Umgekehrt werden Menschen aus Notsituationen gerettet, obwohl nur ein anderer Mensch in der Nähe ist. Ursache hierfür ist, daß wenn viele Individuen in einer solchen Situation zugegen sind, sich keiner allein verantwortlich fühlt. Ist jedoch nur ein Individuum anwesend, lastet die Verantwortung allein auf ihm, und es besteht keine Möglichkeit, ein Nichteinschreiten dadurch zu rechtfertigen, daß andere helfen könnten. Auch psychologische Experimente zum Hilfeverhalten belegen dies.[165]

Die wesentlichen Aspekte der situativen Rahmenbedingungen, denen sich der Inhaber von Autorität gegenübersieht, gleichen denen der dargestellten Fallbeispiele. Der Untergebene unterwirft sich weitgehend den Anweisungen des Vorgesetzten und ist deshalb von dessen Handeln abhängig. Daher wird das Individuum, das Anweisungen gibt, sich auch die Auswirkungen - insbesondere die negativen Auswirkungen - zurechnen. Es kann seine Anweisungen nur vor sich selbst rechtfertigen, wenn diese Auswirkungen erträglich sind oder kompensiert werden.

---

[164] Vgl. RTL 1993.
[165] Vgl. Bierhoff 1983 S. 439ff.

Daß dies in Unternehmen durchaus der Fall ist, zeigt das Beispiel der patriarchalischen Unternehmer, die für die ihnen Untergebenen umfassend sorgen. Auch wenn die Fürsorge, die Unternehmen ihren Angehörigen zukommen ließen, zu den Zeiten, als die staatliche Absicherung nicht so umfassend war wie in unserer Zeit, wesentlich ausgeprägter war, stellen Unternehmen den Arbeitnehmern viele Leistungen zur Verfügung, die über ihre vertraglichen Pflichten hinausgehen.

Es läßt sich also feststellen, daß sich im Rahmen eines gegebenen Autoritätsverhältnisses sowohl derjenige, der der Autorität unterliegt, als auch der Inhaber der Autorität in der Regel nicht nutzenmaximierend und opportunistisch verhalten, sondern ihre Handlungen so wählen, daß sie in konsistentem Zusammenhang zur wahrgenommenen Situation stehen. Der Untergebene gehorcht Anweisungen, auch wenn der Vorgesetzte keine explizite Sanktionsmöglichkeit hat, und der Vorgesetzte kompensiert den Untergebenen für entstandene physische oder psychische Kosten, auch wenn er dazu nicht verpflichtet ist. Daher können Autoritätsverhältnisse zu einem kooperativen Verhalten führen, durch das es möglich ist, die sich aus opportunistischem Verhalten ergebenden Gefangenendilemmaprobleme zu vermindern. Inwieweit dies tatsächlich der Fall ist, wird von der Unternehmensidentität beeinflußt. Änderungen der Unternehmensidentität können daher das Ausmaß an kooperativem Verhalten ändern.

**4.3.2.2 Das Rollensystem**

Organisationen im allgemeinen und Unternehmen im besonderen wären sicher funktionsunfähig, wenn sie nur auf der Basis expliziter Anweisungen arbeiten würden. Vielmehr ist es so, daß die Position, die einem Individuum in der Organisation zugewiesen wird, grob die Art und Weise festlegt, in der das Individuum zur Erfüllung des Organisationszwecks beitragen soll. Unter der Position wird hier der Ort verstanden, an dem sich ein Individuum in einem sozialen System befindet.[166]

Im Verlauf der Tätigkeit der Organisation erfüllen die Individuen die sich aus ihrer Position ergebenden Pflichten je nach den situativen Gegebenheiten, auch ohne daß es dafür immer explizite Anweisungen gibt. Das sich im dynamischen Verlauf ergebende Verhaltensmuster wird als Rolle bezeichnet.[167] Die Rolle ist der dynamische Aspekt des statischen Begriffs Position. Selbstverständlich ist für die Art des Verhaltens eines Individuums die individuelle Wahrnehmung seiner Position in der Organisation und der situativen Gegebenheiten wesentlich. Da jedoch die Gesetzmäßigkeiten der Wahrnehmung überindividuell gelten, sind die Verhaltensdispositionen nicht vollkommen beliebig. Obwohl das Verhalten eines

---

[166] Vgl. Mueller/Thomas 1976 S. 77.

[167] Vgl. Mueller/Thomas 1976 S. 77. Zu anderen Definitionen vgl. Müller/Müller-Andritzky 1983 und Sutherland 1991.

Individuums beispielsweise auch durch individuelle Erfahrungen geprägt ist und deshalb von dem abweichen kann, was allgemein von dem Inhaber einer bestimmten Position erwartet wird, bewirkt die Geltung der Gestaltgesetze eine Stabilisierung einer Organisation. Bei völlig beliebigem individuellen Verhalten wäre es nicht möglich, Aufgaben durch Zuweisung zu einer Position zu deligieren. Nur weil die objektiven situativen Rahmenbedingungen, denen sich der Inhaber einer Position innerhalb einer Organisation gegenüber sieht, in gleichartiger Weise wahrgenommen und interpretiert werden, kann ein Rollensystem relativ stabil sein.

Leibenstein (1960) und Nelson/Winter (1982) sehen die Unternehmung als ein System von Rollen. Insbesondere Leibenstein beschreibt detailliert Rollen unterschiedlichster Art, wie sie typischerweise in Unternehmungen zu finden sind.[168] Die Rolle des Vorgesetzten und die des Untergebenen, wie sie bei der Diskussion des Autoritätsverhältnisses beschrieben wurden, sind nur zwei Beispiele. Nach dieser Ansicht hat die Koordination mit Hilfe eines Rollensystems Effizienzvorteile, da sie eine routinisierte Abwicklung von Aufgabenbündeln erlaubt. Dies ist sicher richtig, nur fragt sich, weshalb sich ein besonderes Verhalten innerhalb von Unternehmungen zeigen sollte. Die Hauptursache hierfür liegt darin, daß sich Individuen in Unternehmungen aus dem Verhältnis von Position zu Organisation in eindeutigerer Weise das Rollenverständnis erschließt als in einem Marktsystem. Insbesondere sehen sie ihr Rollenverhalten als durch den Unternehmenszweck legitimiert und sind daher bei der Wahl einer Handlung, die nicht diesen Zwecken dient, kognitiven Dissonanzen ausgesetzt, falls sie ihr Handeln nicht anderweitig rechtfertigen können. Insofern kann das für das Autoritätsverhältnis angeführte Argument, daß die Existenz von Unternehmungen das Verhalten von Individuen ändert und zu einer Milderung von Problemen nach der Art des Gefangenendilemmas führt, aufrecht erhalten werden. Dabei kommt wiederum der Unternehmensidentität eine entscheidende Bedeutung zu, weil sie den Individuen den Unternehmenszweck vermittelt. Da sich in der Unternehmensidentität auch die Verhaltensweisen der Unternehmensangehörigen - insbesondere auch der Unternehmensführung - niederschlägt, kann aus der Unternehmensidentität auf die Art und Weise geschlossen werden, in der im Unternehmen gehandelt wird.[169] Die Unternehmensidentität kann insofern handlungsleitend wirken.[170] Änderungen der Identität können daher zu Änderungen im Verhalten der Unternehmensangehörigen führen, unter Umständen in einer Weise, die sich negativ auf die Erreichung der Unternehmensziele auswirkt.

---

[168] Vgl. Leibenstein 1960 S. 119ff.
[169] Die Unternehmensidentität bildet somit einen Teil des Gedächtnises einer Organisation im Sinne von Nelson und Winter 1982.
[170] Vgl. Birkigt/Stadler 1992 S. 42.

### 4.3.2.3 Die Selbstkategorisierung

Ein wesentliches Kennzeichen der Institution Unternehmung ist, daß sie ein soziales System darstellt. Es wurde in Abschnitt 4.2.4 ausführlich erläutert, unter welchen Umständen ein Individuum als einer Unternehmung zugehörig angesehen wird. Die Selbstkategorisierung erfolgt nach den gleichen Gesetzmäßigkeiten wie die Fremdkategorisierung. Allerdings ist dabei zu beachten, daß Individuen nach einer positiven Selbstbewertung streben und daher dazu tendieren, sich selbst eher positiv bewerteten sozialen Kategorien zuzuordnen und solche Kategorien, denen sie sich zurechnen, positiver als Außenstehende zu bewerten.[171] Prinzipiell ist auch eine negative Bewertung von Selbstkategorien möglich, etwa auf der Basis von Merkmalen einer relevanten Selbstkategorie eines höheren Abstraktionsniveaus. Es ist jedoch anzunehmen, daß ein solcher Zustand kognitive Dissonanzen auslöst, die beispielsweise zu kognitiven Neubewertungen oder auch aktiven Handlungen zur Wiederherstellung einer positiven Bewertung führen.[172] Diese Besonderheiten der Selbstkategorisierung sind aber für die weiteren Ausführungen nicht relevant, weshalb nicht weiter darauf eingegangen wird.

Eine Selbstkategorisierung kann auf das Verhalten des Individuums, das sich als Teil einer bestimmten sozialen Kategorie wahrnimmt, entscheidenden Einfluß haben. Dies soll am Beispiel einiger Experimente verdeutlicht werden.

Besonders wichtig ist in diesem Zusammenhang ein von Wilson und Kollegen durchgeführter Versuch, bei dem die Wahlhandlungen von Individuen in Gefangenendilemmaspielen untersucht wurden.[173] Dazu wurden die Individuen vom Leiter des Experiments beliebig in Gruppen eingeteilt. Es zeigte sich, daß bei Spielen zwischen Gruppenangehörigen die Kooperationslösung doppelt so häufig gewählt wird (in ungefähr 60% der Fälle) wie bei Spielen zwischen Angehörigen unterschiedlicher Gruppen. Das Experiment macht sehr deutlich, daß "in derselben Gruppe sein" - selbst wenn diese Gruppe kurzlebig ist und auf der Basis eines beliebigen Auswahlmechanismus' entsteht - ökonomische Konfliktsituationen mildern kann.

Einen ähnlichen Schluß legt auch ein von Turner durchgeführtes Experiment nahe, bei dem die Teilnehmer mit Hilfe von Allokationsmatrizen an sich selbst und an andere Teilnehmer Punkte verteilen sollten.[174] Den Probanden wurden Codenummern zugewiesen, die mit der Zahl 4 oder der Zahl 5 anfingen. Der Hälfte der Teilnehmer wurde gesagt, daß die Zuweisung aufgrund der Informationen aus einem Personalfragebogen derart durchgeführt wurde, daß diejenigen mit der 4er

---

[171] Vgl. Turner 1987 S. 56.
[172] Vgl. Turner 1987 S. 58.
[173] Vgl. Wilson et al. 1965, Wilson und Kayatani 1968, Wilson 1971 und Turner 1987 S. 35.
[174] Vgl. Turner et al. 1983, Hogg 1987 S. 104ff. und Turner et al. 1979.

Codezahl sich wahrscheinlich mögen, während der anderen Hälfte mitgeteilt wurde, daß die Codezuweisung per Münze erfolgte. Darüber hinaus erfuhr ein Teil der Probanden, daß sie im Experiment entsprechend der Codeklassenzugehörigkeit in zwei Gruppen A und B eingeteilt würden. Bei der Punktverteilung konnten sie zwischen den Strategien Fairneß, Maximierung der Gesamtpunktzahl, Maximierung der Gruppenpunktzahl und Maximierung der Punktedifferenz zwischen Personen mit unterschiedlichen Codenummerklassen wählen. Das Ergebnis dieses Experiments war, daß die Individuen deutlich zugunsten ihrer Gruppe diskriminierten. Dies galt selbst dann, wenn ihnen mitgeteilt wurde, daß die Codezuweisung und damit die Gruppeneinteilung willkürlich erfolgte. Auch hier zeigt sich, daß Individuen auf eigene Vorteile verzichten, um ihre Gruppe in eine bessere Position zu bringen als andere Gruppen.

Die Selbstkategorisierungstheorie erklärt die sich in diesen Experimenten zeigenden Phänomene dadurch, daß dann, wenn ein Individuum sich selbst als Gruppenmitglied kategorisiert, ein Depersonalisierungsprozeß einsetzt. Das Individuum identifiziert sich selbst mehr mit dem die Gruppe kennzeichnenden Stereotyp. Dies gilt insbesondere auch für die Gruppenziele.[175] Deshalb können Selbstkategorisierungsprozesse zu einer Verstärkung der gruppeninternen Kooperation führen.

Eine Selbstkategorisierung erfolgt auch in Unternehmen und führt demzufolge zu den dargestellten Effekten, insbesondere zu einer erhöhten Kooperation. Dabei spielt die Unternehmensidentität eine sehr wesentliche Rolle. Das Unternehmensverhalten, die Unternehmenskommunikation und das Unternehmenserscheinungsbild werden einerseits von den Unternehmensangehörigen bestimmt, beeinflussen aber andererseits durch ihren Niederschlag in der Identität das Verhalten der Mitglieder der Unternehmung. Die Unternehmensidentität repräsentiert also auch das, was für die Gruppe der Unternehmensangehörigen typisch ist. Sie bestimmt gemäß der Selbstkategorisierungstheorie deshalb, inwieweit die der Unternehmung angehörigen Individuen sich mit der Unternehmung identifizieren können. Verhält sich die Unternehmung beispielsweise in einer aus ethischer Sicht bedenklichen Art und Weise - etwa indem sie die Umwelt verschmutzt -, schlägt sich dies in ihrer Identität nieder. Dies kann zu einer verminderten Identifikation mit dem Unternehmen führen, da Individuen danach streben, sich eher positiv bewerteten Kategorien zugehörig zu fühlen.

### 4.3.2.4 Der Einfluß der Unternehmensgröße

Es wurde argumentiert, daß die Zuordnung von Individuen zu Autoritäts- bzw. Rollenverhältnissen und zur Kategorie der Unternehmensangehörigen kooperatives Verhalten in Situationen begünstigen kann, die die Struktur des Gefangenen-

---

[175] Vgl. Turner 1987 S. 65. Siehe z.B. auch Kandel/Lazear 1990.

dilemmas aufweisen. Insofern kann die Koordination von Humankapital innerhalb von Unternehmungen gegenüber der Koordination durch Märkte Effizienzvorteile aufweisen.[176] Solch kooperatives Verhalten hat aber auch seine Grenzen, da die Auswirkungen, die die Zuordnung zu einem Autoritätsverhältnis oder zu einer Gruppe hat, sehr stark von der Unternehmensgröße abhängt.

Zum einen wird in großen Unternehmungen die Vermittlung der Art und Weise der Aufgabenerfüllung sowie der Unternehmensziele, aus denen sich die Legitimität von Anordnungen im wesentlichen ableitet, dadurch erschwert, daß für die Individuen die Organisation als Ganzes kaum mehr ersichtlich und verständlich ist. Darüber hinaus ist eine große Anzahl von Individuen in mehrschichtigen Hierarchien zugleich Untergebener als auch Vorgesetzter bzw. in großen Unternehmungen in den unterschiedlichsten Bereichen tätig. Dies kann zu Rollenkonflikten führen, die die Ausführung von Aufgaben behindern bzw. verhindern.[177] Als Beispiel kann eine Führungskraft dienen, die aufgrund einer empfundenen Fürsorgeverpflichtung für Untergebene die Erfüllung von Anordnungen verweigert.

Zum anderen läßt sich bezüglich der Verhaltenseffekte, die eine Kategorisierung als Unternehmensangehöriger auslöst, feststellen, daß mit zunehmender Unternehmensgröße eine zunehmende Bildung von Unterkategorien eintritt. Der Grund hierfür ist, daß bei einer größeren Anzahl von unternehmenszugehörigen Individuen diejenigen, die beispielsweise die gleiche berufliche Ausbildung oder ein verwandtes Betätigungsfeld - etwa in einer Abteilung - haben, sich als gleichartig wahrnehmen. Dies kann dazu führen, daß die Individuen je nach den situativen Gegebenheiten sich verstärkt mit diesen Untergruppierungen identifizieren und ihre Handlungen verstärkt an den Zielen dieser Gruppen orientieren. Weil die Gruppenzielsetzungen häufig von den Unternehmenszielsetzungen divergieren, werden die durch die Unternehmenszugehörigkeit ausgelösten Kategorisierungseffekte abgeschwächt. Da die Angehörigen solcher Gruppen nach einer positiven Selbstbewertung und deshalb auch nach einer positiven Gruppenbewertung streben, kann es aufgrund der Bildung von Unterkategorien sogar zu kontraproduktiven Handlungen kommen, die nur dazu dienen, die eigene Gruppe relativ zu anderen Gruppen "besser aussehen" zu lassen oder materiell besser zu stellen. Ineffiziente wechselseitige Gefälligkeiten zwischen Angehörigen solcher Gruppen lassen sich als Beispiel anführen.[178] Außerdem werden sich bei zunehmender Größe der unternehmensinternen Hierarchie die Angehörigen einer bestimmten Hierarchiestufe als

---

[176] Man könnte sagen, daß die Unternehmung in der Form der Organisation Sozialkapital besitzt. Zum Begriff Sozialkapital vgl. Coleman 1988 und 1990 sowie Kubon-Gilke 1991b. Interessant ist in diesem Zusammenhang auch Ouchis Sicht von Märkten, Bürokratien und Clans. Vgl. Ouchi 1980.

[177] Vgl. Müller/Müller-Andritzky 1983 S. 251.

[178] Vgl. Williamson 1990a S. 171.

eine Gruppe wahrnehmen. Die Existenz von Hierarchien mit Autoritätsbeziehungen wirkt sich demnach unter Umständen negativ auf die Identifizierung mit dem Gesamtunternehmen aus. Dies muß jedoch nicht unbedingt der Fall sein. Solange die Existenz der Hierarchie als notwendig zur Erreichung der Unternehmensziele gesehen wird, besteht hier kein Konflikt.

**4.3.3 Die Motivation von Transaktionspartnern**

In diesem Abschnitt soll untersucht werden, inwiefern die Identität einer Unternehmung die Motivation der Transaktionspartner, Güter und Leistungen mit der Unternehmung zu tauschen, beeinflußt. Dabei wird zunächst unterstellt, daß die Herkunft von Gütern und Leistungen vollständig beobachtbar ist. Dann kann die Unternehmensidentität auch für mittelbare Transaktionspartner wesentlich sein. Sämtliche Argumente gelten jedoch analog, wenn nur eine gewisse Wahrscheinlichkeit für die Beobachtbarkeit der Herkunftsgeschichte besteht.

Da die für das Verhalten der Unternehmensangehörigen maßgeblichen Effekte beim Tausch zwischen gleichberechtigten, nicht in einer besonderen Relation zueinander stehenden Transaktionspartnern keine wichtige Rolle spielen, kann sich der Einfluß der Unternehmensidentität nur auf die Bewertung der von der Unternehmung zum Tausch angebotenen Güter bzw. Leistungen beziehen. Dabei scheinen vor allem zwei Mechanismen wesentlich zu sein. Zum einen ist der Wert eines Gutes bzw. einer Leistung häufig nicht kostenfrei feststellbar. Da die Unternehmensidentität die Art und Weise der Güter- bzw. Leistungserstellung widerspiegelt, hängt auch die Bewertung des Angebots der Unternehmung durch die Transaktionspartner von ihr ab. Insbesondere antizipieren die Transaktionspartner, daß die Identität das Verhalten der Unternehmensangehörigen in einer Weise beeinflußt, von der der Wert der zum Tausch angebotenen Güter abhängt. Zum anderen kann die Bewertung der zum Tausch offerierten Güter durch die Transaktionspartner direkt von der Identität abhängen. Dies ist dann der Fall, wenn die Transaktionspartner im Tausch bzw. im Verbrauch von Gütern eine besondere Bedeutung sehen, die von der Unternehmensidentität beeinflußt wird.

Die Unternehmensidentität ist für die Bereitschaft von Transaktionspartnern, die von der Unternehmung zum Tausch angebotenen Güter einzutauschen, zunächst dann wesentlich, wenn sie Rückschlüsse auf nicht unmittelbar beobachtbare Eigenheiten von Gütern und Leistungen ermöglicht. Es wurde schon dargelegt, daß die Unternehmensidentität für das Rollenverhalten der Unternehmensangehörigen wichtig ist. Dies gilt zunächst einmal für das bei der Güter- bzw. Leistungserstellung wesentliche Verhalten im allgemeinen. Gehört es beispielsweise zum Selbstverständnis der Unternehmensangehörigen, daß die Güter und Leistungserstellung in höchster Qualität zu erfolgen hat, können die Transaktionspartner aus einer entsprechenden Identität schließen, daß die von der Unternehmung angebotenen Güter und Leistungen mit hoher Wahrscheinlichkeit diesem Standard entsprechen. Die Identität prägt darüber hinaus auch unmittelbar das Verhalten der Unternehmensangehörigen den Transaktionspartnern gegenüber. Die Identität vermittelt, ob die Unternehmensangehörigen sich den Tauschpartnern gegenüber "freundschaftlich", d.h. kooperativ verhalten oder nicht. Zu Rollenkonflikten kann es beispielsweise kommen, wenn ein Transaktionspartner gleichzeitig Wettbewerber der Unternehmung ist. Dann ist für die Unternehmensangehörigen nicht eindeutig ersichtlich, ob sie sich den Transaktionspartnern gegenüber kompetitiv oder kooperativ verhalten sollen. Ist eine Unternehmung dagegen nur auf einer Produktionsstufe tätig und tritt nicht in Konkurrenzbeziehung zu ihren Lieferanten und Abnehmern, so werden die Unternehmensangehörigen sich den Transaktionspartnern gegenüber eher kooperativ verhalten, da es nicht zu Rollenkonflikten kommt. Dies werden die Transaktionspartner antizipieren. Die Identität bestimmt also die Bewertung von Gütern und Leistungen durch die Tauschpartner der Unternehmung.

Wie schon erwähnt, kann die Bewertung eines Gutes bzw. einer Leistung auch dann von der Unternehmensidentität abhängen, wenn die Transaktionspartner dem Tausch bzw. dem Verbrauch selbst eine Bedeutung beimessen, die von der Unternehmensidentität abhängt. Individuen streben nach konsistenten Wahrnehmungen, Erinnerungen, Gefühlen und Aktionen. Tausch und Verbrauch von Gütern und Leistungen sind Teil der Selbstwahrnehmung. Dies gilt insbesondere bei langlebigen Gütern. Individuen streben nach positiver Selbstbewertung. Daher werden sie tendenziell eher Unternehmungen als Transaktionspartner wählen, die sie positiv bewerten, und eher Güter bzw. Leistungen verbrauchen, zu denen sie eine positive emotionale Einstellung haben. Dagegen führt eine Beziehung zu negativ bewerteten Unternehmungen oder der Verbrauch von negativ bewerteten Gütern und Leistungen zu kognitiven Dissonanzen. Bei der Bewertung spielen Bezugsgruppeneffekte eine wesentliche Rolle.

Es ist naheliegend, daß für die Bewertung der Unternehmung, mit der eine unmittelbare Transaktionsbeziehung besteht, deren Unternehmensidentität maßgeblich ist. Aber auch für die Einstellung gegenüber den zum Tausch angebotenen Gütern und Leistungen kann die Identität der unmittelbar anbietenden Unternehmung und - falls beobachtbar - anderer am Güter- und Leistungserstellungsprozeß beteiligter Unternehmungen wesentlich sein.

Die Entstehungsgeschichte wird von Individuen deshalb als wichtig angesehen, weil ein kausaler Zusammenhang zwischen der Art der Entstehung und den Eigenschaften eines Gutes bzw. einer Leistung besteht. Daher werden die Eigenschaften der an der Wertschöpfung beteiligten Unternehmungen in einen Zusammenhang mit den Eigenschaften eines Produktes bzw. einer Leistung gestellt. Der Gesamteindruck, den ein Individuum von einem Gut bzw. von einer Leistung hat, bestimmt sich nach dem Gesetz der guten Gestalt. Er beeinflußt seine Meinung vom Gut bzw. von der Leistung. Am Beispiel der Gruppen wurde bereits verdeutlicht, daß die Aktivitäten - insbesondere die Aussagen - von Gruppenmitgliedern, die als solche wahrgenommen werden, vor dem Hintergrund ihrer Gruppenzugehörigkeit interpretiert werden. Dementsprechend werden auch die Aktivitäten von Teilen einer Unternehmung, d.h. beispielsweise von konzerneigenen Unternehmungen, Sparten, Abteilungen und Unternehmensangehörigen, vor dem Hintergrund ihrer Unternehmenszugehörigkeit interpretiert. Insbesondere erfolgt die Bewertung von Gütern und Leistungen unter Berücksichtigung der Tatsache, daß sie von einer bestimmten Unternehmung erstellt wurden. Das bedeutet, daß die Bereitschaft von Transaktionspartnern, Güter und Leistungen einer Unternehmung einzutauschen, durch die Unternehmensidentität mitbestimmt wird.

### 4.3.4 Die Anreize zur Aufrechterhaltung der Unternehmensidentität

Änderungen im Verhalten, in der Kommunikation und im Erscheinungsbild eines Unternehmens wirken sich auf das Image aus. Vor allem die Kommunikation trägt dazu bei, daß sich die wahrgenommene Identität den Änderungen von Eigenheiten eines Unternehmens anpaßt. Allerdings geschieht dies nur allmählich, mit einer gewissen Zeitverschiebung. Das bedeutet, die Unternehmensangehörigen und die Außenstehenden nehmen Handlungen, die die Identität beeinflußen, erst mit einer Verzögerung wahr und treffen daher ihre für die Unternehmung wesentlichen Entscheidungen aufgrund der "alten" Identität.

Die Unternehmung hat dann aber einen Anreiz, eine positive Identität, d.h. eine Identität, die dazu führt, daß sich die Angehörigen und die Transaktionspartner in einer für die Erreichung der Unternehmensziele vorteilhaften Weise verhalten, auszunutzen. Sie kann dies tun, indem sie zu einem bestimmten Zeitpunkt Entscheidungen trifft, die die zukünftige Identität negativ beeinflussen, andererseits jedoch helfen, Kosten für die Aufrechterhaltung einer positiven Identität zu sparen. Da dies jedoch dazu führen kann, daß die unter Umständen erheblichen zukünftigen Vorteile einer positiven Identität verloren gehen, hat die Unternehmung auch einen Anreiz, von solchen Handlungen Abstand zu nehmen. Dies entspricht dem aus der spieltheoretischen Literatur bekannten Reputationseffekt.[179] Dieser Effekt trägt zur Stabilisierung einer Identität bei.

---

[179] Vgl. Abschnitt 2.7.

## 4.4 Identität und Integration von Unternehmungen

### 4.4.1 Zur Thematik

Im vorhergehenden Abschnitt wurde argumentiert, daß die Zuordnung von Individuen zu Autoritätsverhältnissen und zur Gruppe der Unternehmensangehörigen kooperatives Verhalten in Gefangenendilemmasituationen begünstigen kann. Dies würde dafür sprechen, daß eine unternehmensinterne Koordination von Humankapital Vorteile gegenüber einer Koordination über Märkte besitzt. Das heißt, es ist mit Hilfe sozialpsychologischer Theorien möglich zu erklären, weshalb Unternehmungen auch in Bereichen existieren, in denen fast ausschließlich Humankapital zur Güter- und Leistungserstellung verwendet wird. Die Unternehmung kann demnach als eine Institution gesehen werden, die unter bestimmten Bedingungen eine effizientere Koordination von Humankapital ermöglicht als der Markt.

Es stellt sich aber die sehr wesentliche Frage, warum eine große Unternehmung nicht immer mehr erreichen kann als viele kleine Unternehmungen? In Hinblick auf diese Frage wurde schon in allgemeiner Weise dargelegt, wie eine zunehmende Unternehmensgröße kooperatives Verhalten innerhalb der Unternehmung negativ beeinflussen kann. Nunmehr soll genauer untersucht werden, welche negativen Effekte die Integration zweier Unternehmungen auf die Identität der Gesamtunternehmung und damit auf das Verhalten der in Beziehung zur Unternehmung stehenden Individuen haben kann. Zur Vereinfachung der Analyse wird davon ausgegangen, daß die Unternehmungen schon eine Größe haben, bei der eine Integration keine wesentlichen positiven Effekte auf die Koordination von Humankapital mehr hat. Es wird angenommen, daß es grundsätzlich - hier als exogen gesehene - Gründe für eine Integration gibt. Man kann dabei z.B. an die Realisierung technologisch bedingter Synergieeffekte denken, die aufgrund von Transaktionskosten nur innerhalb einer Unternehmung realisiert werden können.[180]

Das Verhalten, die Kommunikation und das Erscheinungsbild eines Unternehmens prägen die wahrgenommene Identität. Olins schreibt dazu: "All dies gibt einen Eindruck von Unternehmen. Aber genaugenommen kommuniziert das gesamte Unternehmen in jedem Moment und mit allem, was es tut. Allein schon, daß es existiert, ist eine Form der Kommunikation."[181]

Hier soll nur ein wesentlicher Aspekt der Existenz von Unternehmen betrachtet werden: die Unternehmensstruktur. Die Unternehmensstruktur wird maßgeblich durch die Produktionstiefe und -breite gekennzeichnet. So, wie die Tätigkeiten, die ein Individuum ausführt, die Wahrnehmung seiner Identität durch andere entscheidend beeinflußt, bestimmt die Unternehmensstruktur, wie die Unternehmens-

---

[180] Zu den zahlreichen Gründen, die für eine Integration sprechen vgl. Abschnitt 2.
[181] Olins 1990 S. 28.

identität wahrgenommen wird. Eine Änderung der Unternehmensstruktur, z.B. durch eine vertikale oder horizontale Integration, führt in der Regel zu einer Änderung der Identität. Sie kann damit auch Verhaltensänderungen der Individuen auslösen, die der Unternehmung angehören oder in einer Transaktionsbeziehung zu dieser stehen. Dies ist aber nicht zwangsläufig der Fall. Voraussetzung ist in jedem Fall zunächst einmal, daß die Änderung der Struktur von den in einer Beziehung zur Unternehmung stehenden Individuen überhaupt wahrgenommen werden kann. Grundsätzlich gilt jedoch, daß Änderungen der Unternehmensstruktur mit einer gewissen Wahrscheinlichkeit ins Bewußtsein der Angehörigen und der Transaktionspartner gelangen. Es kann also dann mit einer bestimmten Wahrscheinlichkeit zu Identitätsänderungen kommen. In der Realität unterscheiden sich die Wahrscheinlichkeiten, mit denen die Angehörigen und die Transaktionspartner der Unternehmung Strukturänderungen beobachten können. Da die Berücksichtigung der Tatsache, daß Strukturänderungen nur mit einer gewissen Wahrscheinlichkeit sichtbar werden, für die inhaltliche Argumentation unerheblich ist, wird zur Vereinfachung der Analyse angenommen, daß die relevanten Bezugsgruppen Strukturänderungen beobachten.

Die Integration zweier Unternehmungen kann dann identitätsbedingte Kosten nach sich ziehen, wenn sich die Unternehmensidentität derart ändert, daß die Legitimität von Unternehmungszielen unterminiert wird, sich die Identifikation mit der Unternehmung vermindert oder es zu einer verringerten Bewertung der von der Unternehmung zum Tausch angebotenen Güter und Leistungen kommt. Vor der Integration bestehen unterschiedliche Identitäten. Welche Identität sich nach der Integration bildet, hängt von der Prägnanztendenz in der Wahrnehmung ab. Integrieren beispielsweise zwei Unternehmen, kann es dazu kommen, daß sich sowohl ein positiver Effekt bezüglich der Identität der einen Unternehmung als auch ein negativer Effekt bezüglich der Identität der anderen ergeben. Die Richtung des Effekts sei dabei an der Vorteilhaftigkeit der Änderung des Verhaltens bei den Bezugsgruppen gemessen. Bezüglich der Richtung des Gesamteffekts der Identitätsänderung lassen sich keine allgemeingültigen Schlußfolgerungen treffen. Häufig ergibt sich jedoch insgesamt ein negativer Effekt, d.h. es entstehen identitätsbedingte Kosten. So beeinflussen als negativ beurteilte Eigenheiten die Eindrucksbildung stark. Dies belegen die Auswirkungen von Skandalen, etwa bei Umweltverschmutzungen. Identitätsbedingten Kosten stehen die sich aus einer Integration ergebenden, eventuellen Erträge gegenüber, die z.B. durch technologisch bedingte Synergieeffekte entstehen. Ob Unternehmungen integrieren oder nicht, hängt von der Höhe dieser Größen ab.

Im folgenden soll die Plausibilität dieser Argumentation anhand von Beispielen für (potentielle) vertikale und horizontale Integrationen aufgezeigt werden. Bezüglich der Beispiele ist zu beachten, daß nicht nur erfolgte Integrationen auf ihre identitätsbezogenen Wirkungen untersucht werden, sondern auch hypothetisch gefragt wird, was passieren würde, wenn eine Integration bestimmter Unternehmungen stattfände. Der Grund hierfür ist, daß bei sehr hohen identitätsbedingten Kosten keine Integration zu erwarten ist.

Zuvor soll aber erst auf die Unterschiede zwischen den Bedeutungen eingegangen werden, die der Unternehmensidentität im Rahmen des betriebswirtschaftlichen Corporate Identity-Konzepts zukommt und die sie bei der hier durchgeführten positiven ökonomischen Analyse hat. Das Corporate Identity-Konzept wurde hauptsächlich im Verlauf der achtziger Jahre entwickelt. Vor dieser Zeit betrieben die Unternehmen ihre Selbstdarstellung vorwiegend mit Hilfe kommunikativer Mittel, insbesondere durch Werbung für Produkte und Public Relations-Maßnahmen. Die Ergebnisse waren oft ernüchternd, wie das Beispiel der Unternehmen der chemischen Industrie zeigt, die viele Jahre lang versuchten, durch eine äußerst kostenintensive Public Relations-Kampagne ihr schlechtes Image zu beseitigen. Eine Selbstdarstellung mit kommunikativen Mitteln wird vor dem Hintergrund der über die Aktivitäten der Unternehmung bekannten Tatsachen ebenso relativiert wie die Aussagen von Mitgliedern politischer Gruppierungen in dem im Zusammenhang mit der Eindrucksbildung bei Personen und Gruppen geschilderten Experiment.[182] Bei der Interpretation von Werbung und Public Relations-Maßnahmen durch die Empfänger wird insbesondere berücksichtigt, daß Unternehmungen Gewinnziele verfolgen und deshalb an einer positiven Selbstdarstellung interessiert sind. Aus diesem Grund läßt sich eine negative Identität auch nicht einfach durch das gezielte Herausstellen irgendwelcher positiven Leistungen in der Werbung aufbessern.

Das Erkennen des geschilderten Zusammenhangs führte zur Erstellung des sogenannten Corporate Identity-Konzepts.[183] Gemäß diesem Konzept soll es einer Unternehmung durch Verfolgung einer entsprechenden Strategie möglich sein, gezielt eine vorteilhafte Identität aufzubauen. Mit deren Hilfe - häufig wird in diesem Zusammenhang von dem "Corporate Image" gesprochen - soll unternehmensintern, d.h. bei den Unternehmensangehörigen, ein "Wir-Bewußtsein" geschaffen werden und unternehmensextern, d.h. bei den Transaktionspartnern der Unternehmung, eine erleichterte Identifikation mit den Produkten der Unternehmung erreicht werden.

Die Strategie besteht aus einer in sich schlüssigen und damit widerspruchsfreien Ausrichtung aller Verhaltensweisen der Unternehmensmitglieder ("Corporate

---

[182] Vgl. zu den unternehmerischen Mitteln der Kommunikationspolitik Nieschlag/Dichtl/Hörschgen 1988. Das genannte Experiment wurde im Abschnitt 4.2.3 beschrieben.

[183] Vgl. Margulies 1977, Weber 1985, Wiedmann/Jugel 1987, Wiedmann 1988, Nieschlag/Dichtl/Hörschgen 1988, Bachinger 1990, Denison 1990, Kubon-Gilke 1990 S. 134f, Turner 1990 und Schneider 1991.

Behavior"), einem systematischen Einsatz aller Kommunikationsinstrumente ("Corporate Communications") und einer symbolischen Identitätsvermittlung durch die systematische Abstimmung aller visuellen Elemente der Unternehmenserscheinung ("Corporate Design").

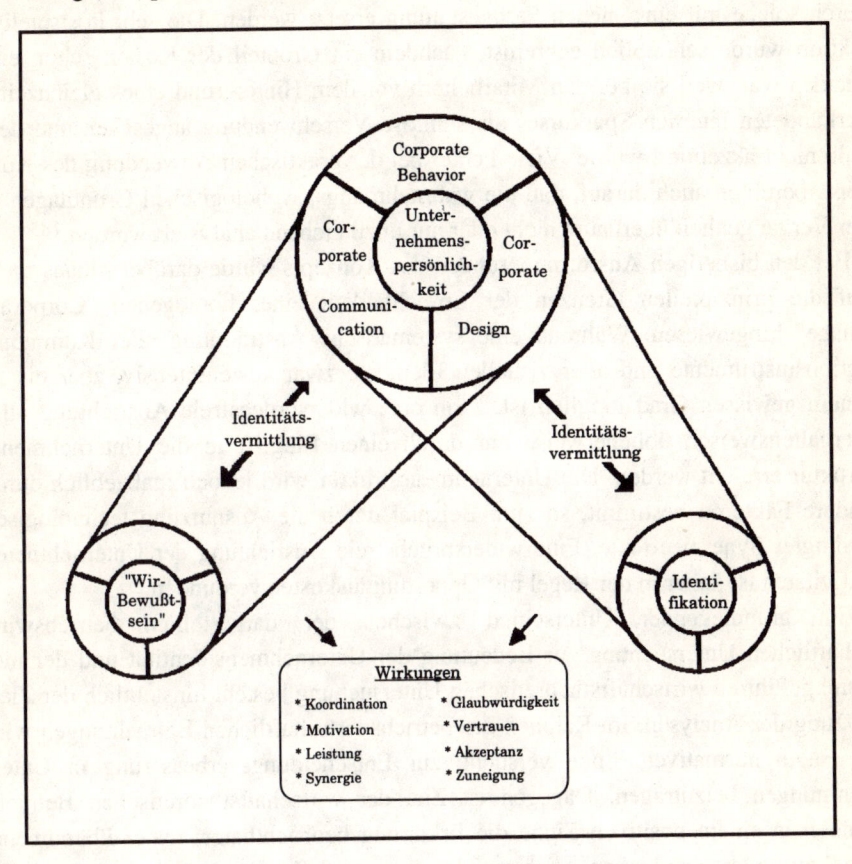

Abb. 4.4.1.1[184]

Das Corporate Identity-Konzept berücksichtigt die Tatsache, daß das Unternehmen als eine Einheit wahrgenommen wird, und damit zumindest ansatzweise die Eigenheiten kognitiver Wahrnehmungsprozesse. Die Umsetzung des Konzepts ist in der Praxis jedoch häufig mit Schwierigkeiten verbunden. Oft wird das Konzept mißverstanden und lediglich versucht, eine Abstimmung der Kommunikationsinstrumente und der visuellen Elemente ohne Änderung des Unternehmensverhaltens zu erreichen. Dementsprechend häufig waren in der Praxis auch die Miß-

---

184 Wiedmann 1988 S. 238.

erfolge bei der Umsetzung des Konzepts. Als Beispiel kann der Fall der deutschen Lufthansa AG dienen, die ihr leicht angegrautes "Blau-Gelb"-Image durch ein verbessertes Corporate Design modernisieren wollte. Im Zuge dieser Umgestaltung sollten vor allem die Flugzeugausstattungen und die Uniformen der Mitarbeiter durch solche mit einer neuen Farbgestaltung ersetzt werden. Die sehr kostspielige Aktion wurde schließlich gebremst, nachdem ein Großteil der Kosten schon entstanden war, weil sie bei den Mitarbeitern vor dem Hintergrund eines gleichzeitig verkündeten internen Sparkurses als sinnlose Verschwendung angesehen und deshalb nicht akzeptiert wurde. Viele Fehler bei der praktischen Anwendung des Konzepts beruhten auch darauf, daß die wahrnehmungspsychologischen Grundlagen in der Vergangenheit überhaupt nicht oder nur unzureichend analysiert wurden.[185]

Bei den bisherigen Ausformulierungen des Konzepts wurde darüber hinaus nicht auf die prinzipiellen Grenzen der Erreichbarkeit eines homogenen "Corporate Image" hingewiesen. Während eine systematische Abstimmung aller Kommunikationsinstrumente und aller visuellen Elemente zwar kostenintensiv, aber bis zu einem gewissen Grad möglich ist, kann eine widerspruchsfreie Ausrichtung aller Verhaltensweisen üblicherweise nur durch einen Eingriff in die Unternehmensstruktur erreicht werden. Die Unternehmensstruktur wird jedoch maßgeblich durch andere Faktoren bestimmt, so zum Beispiel durch die Ausnutzung technologisch bedingter Synergieeffekte. Eine widerspruchsfreie Ausrichtung der Unternehmensaktivitäten ist daher in der Regel mit Opportunitätskosten verbunden.

Ein grundlegender Unterschied zwischen der dargestellten betriebswirtschaftlichen Untersuchung zur Bedeutung der Unternehmensidentität und der hier durchgeführten wirtschaftstheoretischen Untersuchung besteht hinsichtlich der Zielsetzung der Analysen. Im Rahmen der betriebswirtschaftlichen Betrachtungen wird in einem normativen Sinne versucht, zur Entscheidungsverbesserung in Unternehmungen beizutragen. Dagegen ist Ziel der wirtschaftstheoretischen Betrachtungen in einem positiven Sinne die Erklärung beobachtbarer, realer Phänomene. Aus den unterschiedlichen Analysezielen folgt, daß für die wirtschaftstheoretische Betrachtung ein anderes Abstraktionsniveau adäquat ist als für die betriebswirtschaftliche Betrachtung. In der Wirtschaftstheorie wird deshalb üblicherweise angenommen, daß sich die Aktoren in einem abstrakten Sinne rational verhalten:[186] Konsumenten maximieren unter Beachtung von Budgetbeschränkungen ihren Nutzen und Unternehmungen unter Beachtung von Nebenbedingungen ihren Gewinn.

---

[185] Eine Ausnahme stellt Kubon-Gilke 1990, S. 132ff., dar. Dort wird diese Thematik aber nur am Rande behandelt.

[186] Vgl. z.B. Eaton/Eaton 1991, Schumann 1984, Varian 1985 und Varian 1989.

Die Annahmen bezüglich des Verhaltens von Individuen werden hier modifiziert, indem die verhaltensrelevanten Eigenheiten von kognitiven Wahrnehmungsprozessen berücksichtigt werden. Dies betrifft vor allem die motivationalen Folgen der Wahrnehmung der Unternehmung als einer Einheit mit eigenständiger Identität. Die Annahmen bezüglich des Verhaltens von Unternehmungen werden im Rahmen dieser Arbeit jedoch grundsätzlich beibehalten. Nimmt man diese als gegeben, folgt unmittelbar, daß Unternehmungen zwangsläufig eine optimale Corporate Identity-Strategie verfolgen. Diese Aussage muß jedoch relativiert werden. Es wird hier nicht die Ansicht vertreten, daß sich Unternehmungen in der Realität tatsächlich immer optimal verhalten. Die Gewinnmaximierungsannahme soll hier als eine "als ob"-Annahme verstanden werden.[187] Eine Unternehmung, die weder ihre Kosten- noch ihre Absatzfunktion genau kennt und daher nur durch eine "trial and error"-Strategie versuchen kann, tendenziell ihren Gewinn zu maximieren, läßt sich beispielsweise theoretisch sinnvoll so beschreiben, "als ob" sie ihren Gewinn bei Kenntnis ihrer Kosten- und Absatzfunktion maximiert.[188] Im Rahmen der Neuen Institutionenökonomik wird die "als ob"-Annahme üblicherweise durch die Annahme gerechtfertigt, daß sich im Wettbewerb die Institutionen durchsetzen, die sich verhalten "als ob" sie ihren Gewinn maximieren und daher Effizienzvorteile haben. Natürlich ist man sich der Tatsache bewußt, daß der Wettbewerb in der Realität keinesfalls vollständig ist. Man geht jedoch davon aus, daß mittel- bis langfristig eine Tendenz hin zu den theoretisch effizienten Institutionen besteht. Diese Annahme soll auch hier aufrecht erhalten werden.

In Bezug auf das betriebswirtschaftliche Corporate Identity-Konzept läßt sich daher feststellen, daß es für die wirtschaftstheoretische Betrachtung unerheblich ist, ob eine Corporate Identity-Strategie bewußt verfolgt wird oder nicht. Es wird angenommen, daß im Wettbewerb letztlich nur die Unternehmen überleben werden, die sich so verhalten, "als ob" sie bewußt eine optimale Corporate Identity-Strategie verfolgen. Dies kann im Einzelfall auch durch Ausprobieren unterschiedlicher Strategien oder das Nachahmen erfolgreicher Wettbewerber geschehen.

### 4.4.2 Horizontale Integration

Zuerst sollen hier die Übernahmeaktivitäten, die die Firma Daimler Benz Mitte der achtziger Jahre durchführte, dargestellt und diskutiert werden.[189] Daimler Benz hat im Verlauf seiner Aquisationsaktivitäten die Mehrheit an den Firmen MTU, Dornier, AEG und MBB übernommen. Während mit dem Aufkauf der AEG eine Erweiterung in die Erzeugung von elektronischen Haushaltsgeräten erfolgte,

---

[187] Vgl. Schlicht 1990b.
[188] Vgl. Schlicht 1990b S. 706 und Schlicht 1977.
[189] Vgl. Olins 1990 S. 135ff. und Kleinert 1990 S. 161ff.

bedeutete der Aufkauf von MTU, Dornier und MBB eine Expansion in den Bereich der Luft- und Raumfahrttechnik. Begründet wurde dieser Schritt mit der Notwendigkeit, zur Zukunftssicherung die bisherige Monostruktur aufzugeben, und mit der Möglichkeit zur Realisierung von Synergieeffekten. Aufgrund des Umfangs der Umwälzungen durch diese Verschmelzung unterschiedlichster Unternehmen änderte sich das zuvor vorhandene prägnante Bild vom Automobilkonzern fundamental. Der Bereich Automobile ist seitdem nur noch einer von vielen Geschäftsbereichen. Die Unternehmung erscheint als ein riesiger Mischkonzern. Problematisch war jedoch nach Aussage von Fachleuten vor allem, daß die Firma Daimler Benz durch die Übernahme von MTU und MBB, die Rüstungsgüter herstellen, das Image eines Militärkonzerns erwarb. Zumbusch berichtet in seinem Beitrag über Imageveränderungen: "Daimlers Neupositionierung war und ist mit erheblichen Schwierigkeiten verbunden. Ein Großteil der Öffentlichkeit konnte die Eingliederung des Rüstungsgeschäfts nicht nachvollziehen. Imagestudien beweisen das mit aller Deutlichkeit: 'Es ist brutal, wie Daimler in der Sympathie abgefallen ist', so weiß Wolfgang A. Titze, geschäftsführender Gesellschafter der Unternehmensberatung Gruber, Titze & Partner. 'Das schlägt auch auf den Verkauf durch. Man kauft sich schließlich nicht für 100000DM ein neues Auto ohne eine positive Bindung an das Unternehmen.'"[190]

Das Problem scheint demnach darin zu bestehen, daß die Integration des Rüstungsbereiches, obwohl er gemessen am Gesamtkonzern eher klein ist, die wahrgenommene Unternehmensidentität "negativ" belastet. Ursache hierfür ist die Tendenz zu prägnanter Interpretation in der Wahrnehmung. Die Änderung der Identität kann dazu führen, daß die Mitarbeiter die Unternehmensziele nicht mehr als legitim betrachten, sich nicht mehr so stark mit dem Unternehmen identifizieren und die Kunden die vom Unternehmen angebotenen Güter wegen des negativen Images geringer bewerten. Wenn das Management bei den Übernahmen rational - dies soll hier gewinnmaximierend bedeuten - gehandelt hat, müssen die Vorteile, die z.B. durch den Größenzuwachs entstehen, diese Nachteile übersteigen.

Das vorstehende Beispiel handelt von der Integration sehr unterschiedlicher Geschäftsbereiche. Die Identität spielt aber auch eine entscheidende Rolle für die horizontale Abgrenzung eines Sortiments gleichartiger Produkte. So dürfte der Gesichtspunkt der Unternehmensidentität eine entscheidende Rolle dafür spielen, daß beispielsweise BMW und Mercedes Benz bisher nur Automobile der Ober- und gehobenen Mittelklasse anbieten, während VW und Opel ausschließlich in der Mittel- und Kleinwagenklasse vertreten sind. Mit der Abstufung der Wagengrößen geht eine moderate Qualitätsabstufung einher, wobei hier unter Qualität nicht nur die technische Zuverlässigkeit, sondern auch Design, technische Fortschrittlichkeit,

---

[190] Vgl. Zumbusch 1992 S. 59f.

Komfort, Ausstattungsmöglichkeiten etc. verstanden werden sollte. Auch wenn BMW und Mercedes Benz in der Zukunft aufgrund der gewandelten Nachfrage kompaktere Automobile anbieten werden als bisher, dürfte die Beschränkung auf die Klasse der Hochqualitätsautomobile bestehen bleiben. Der Vorstandsvorsitzende der Daimler Benz AG Werner ließ über den angekündigten Kompaktwagen Vision A'93 verlauten: "Wir werden keinen Volkswagen, sondern einen Mercedes machen."[191] Technische Skaleneffekte würden eindeutig für eine integrierte Unternehmung, die alle Klassen anbietet, sprechen. Kleinert schreibt über die Bedeutung von Identität und Produktionsprogramm: "Die grundsätzliche Ausrichtung auf eine technisch hochwertige Qualitätsproduktion hat sich weitgehend unverändert bis auf die heutige Mercedes Benz AG übertragen und feiert etwa in den Rennerfolgen des Sauber-Mercedes oder mit dem neuen Roadster Wiedergeburten. Und nicht allein in der Produktpositionierung ist das Motto von Gottlieb Daimler »Das Beste oder nichts« zum Leitbild geworden. Alles, was das Unternehmen seinen Kunden anbietet, wird von dieser Auffassung der Arbeit getragen. In den Mitarbeitern, nicht in papiernen Leitsätzen oder Image-Anzeigen lebt der Gründergeist fort."[192]

Aus dieser Aussage läßt sich folgern, daß die Beschränkung auf das Segment luxuriöser und hochwertiger Automobile die Identifizierung der Mitarbeiter mit dem Unternehmen erleichtert und zu einer positiven Einstellung der Kunden zu den Produkten führt. Olins betont darüber hinaus, daß die Produktionsqualität in den Produktionsstätten eines Unternehmens auch weltweit gleich sein muß. Ein schlechter Standort "wirkt sich auf das Image des Ganzen aus."[193]

Auch andere Unternehmungen verfolgen diese Strategie, so etwa die Robert Krups Stiftung & Co KG. Thiemann schreibt: "Krups hat sich von Anfang an für die ausschließliche Präsenz im Qualitätsmarkt entschieden. (...) Während der preisorientierte Kauf eher als Versorgungskauf zu kennzeichnen ist, erwartet der Käufer im oberen Marktsegment ein «Mehr» an Leistung. Qualität und Funktionalität werden als Selbstverständlichkeit vorausgesetzt. Der Zusatznutzen der Marke gewinnt an Bedeutung. Zuverlässigkeit und Vertrauen, das Design und die mit dem Produkt verbundene Innovation rücken in den Vordergrund. Diese Aspekte sind unter anderem Determinanten der dem Produkt zugeschriebenen Zuständigkeit für Problemlösungen oder anders ausgedrückt: der Kompetenz des Produktes bzw. der Marke. Die Rationalität verliert zugunsten der Emotionalität."[194]

Auch wenn sich die vorstehenden Ausführungen mehr auf die positive Bewertung der Krupsprodukte durch die Kunden beziehen, die eine Beschränkung auf das

---

[191] Vgl. Der Spiegel 1993b S. 81.
[192] Vgl. Kleinert 1990 S. 162.
[193] Vgl. Olins 1990 S. 198.
[194] Vgl. Thiemann 1990 S. 225f.

Qualitätssegment bewirkt, dürften sich auch positive Effekte auf die Identifikation der Mitarbeiter mit dem Unternehmen ergeben. Die Aufnahme eines Produktes niedriger Qualität in die Produktpalette würde sich aufgrund der Prägnanztendenz der Wahrnehmung zu einer signifikanten Verschlechterung der Identität der ganzen Unternehmung auswirken.[195]

Daß sich ein gleichzeitiges Auftreten im Hoch- und Niedrigqualitätssegment negativ auswirken kann, scheinen auch die Folgen der Integration der Computeranbieter Zeos International und Occidental zu belegen. Während Zeos International im Hochqualitätssegment verkaufte, betätigte sich Occidental als Direktverkäufer billiger PCs. Nachdem über diese Verbindung im Wall Street Journal berichtet wurde, fielen die Aktienpreise von Zeos dramatisch von $25.50 auf $2.88, d.h. auf etwa ein Zehntel des ursprünglichen Wertes. Ein Anwalt von Zeos International, der die Firma in der Folge vertrat, als einige Anteilseigner die Firma aufgrund dieser Vorkommnisse verklagten, sagte dazu "Zeos did not want to cannibalize its own customers by using the same name."[196] Dies bedeutet, ein sichtbares gleichzeitiges Verkaufen von Hoch- und Niedrigqualität schadet der Identität.

Während sich die zuvor beschriebene Beschränkung auf ein Hochqualitätssegment unter bestimmten Voraussetzungen durch die Existenz asymmetrischer Informationen als Ergebnis nutzenmaximierenden Handelns bei gegebenen Präferenzen begründen läßt, scheint dies in anderen Fällen kaum möglich zu sein.[197] So ist die Warnung von Marketingexperten, keine Produkte unter derselben Dachmarke herauszubringen, die nicht in Verbindung zu dieser stehen - zum Beispiel "Suppenwürfel von Persil oder Chlorbleiche von Nivea" -, wohl nur dadurch zu erklären, daß solche Kombinationen einem Teil der Verbraucher nicht als gute Gestalt erscheinen würden und daher Dissonanzen auslösen könnten, die das Kaufverhalten negativ beeinflussen.[198] Denn wenn solche Kombinationen z.B. durch Werbung für den Verbraucher sichtbar werden, kann dieser eine Verbindung sehen zwischen Lebens- bzw. Körperpflegemitteln, die möglichst natürlich und verträglich sein sollen, und künstlichen chemischen Substanzen, die als "scharf" und "ätzend" empfunden werden.[199] Als ein weiteres hypothetisches Beispiel für eine solch

---

[195] Vgl. Simon 1985 S. 38.

[196] Vgl. Feldman 1993 S. 50. Ich danke E. Schlicht dafür, daß er mich auf dieses Beispiel aufmerksam gemacht hat.

[197] Zu einem Modell, das die Beschränkung auf ein Hochqualitätssegment erklärt vgl. Abschnitt 3.2.

[198] Zu den genannten Beispielen vgl. Albrecht 1992 S. 77.

[199] Es muß nicht unbedingt zu solchen negativen Assoziationen kommen. So ist "Baking Soda" in den Vereinigten Staaten sowohl als Reinigungs- wie auch als Lebensmittel akzeptiert. Ich verdanke diesen Hinweis E. Schlicht.

ungünstige Kombination kann der Fall eines Lebensmittelproduzenten gelten, der sich mit einem Pestizidhersteller vereinigt.[200]

Die Identität spielt jedoch nicht nur bei der Integration von Unternehmungen eine Rolle, sondern auch im Zusammenhang mit nichtprofitorientierten Organisationen, wie z.B. religiösen Gemeinschaften oder Gewerkschaften. Solche Organisationen erhalten in vielen Staaten eine bevorzugte Behandlung. So haben in der BRD die großen Kirchen und Gewerkschaften steuerrechtliche Vorteile und unterliegen - z.B. als Betreiber von Tendenzbetrieben im Sinne von §118I BetrVG - Teilen der arbeitsrechtlichen Regelungen nicht. Da nichtprofitorientierte Organisationen demnach Wettbewerbsvorteile haben, wäre zu erwarten, daß sie auch in Bereichen aktiv werden, in denen gewinnorientierte Unternehmen arbeiten. Kirchen betätigen sich jedoch nur in sehr eingeschränktem Umfang in weltlichen Bereichen. So gibt es beispielsweise eine Bank des Vatikans. Wieso aber betreiben Kirchen nicht in größerem Umfange Bankgeschäfte? Schlicht beantwortet die Frage, warum dies der Fall ist, wie folgt: "It may be that churches loose consistency if they go too much into mundane businesses; all their endeavors should be linked to their mission. Else the identity, and therefore the trustworthiness of the product would suffer."[201]

Die deutschen Gewerkschaften haben sich dagegen sehr stark beim Aufbau gemeinwirtschaftlicher Unternehmungen engagiert. Über die Beteiligungsgesellschaft für Gemeinwirtschaft (BGAG) wurden Anfang der 80er Jahre unter anderem die Bank für Gemeinwirtschaft (BfG) und die Volksfürsorge sowie die Beteiligungen an der Coop AG, am Beamten Heimstättenwerk (BHW) und an der Neuen Heimat Städtebau (NH) gesteuert.[202] Zur Aufrechterhaltung der Funktionsfähigkeit der Gewerkschaften ist es notwendig, daß eine möglichst hohe Zahl von Arbeitnehmern Mitglied ist und Beiträge entrichtet. Dazu werden die Arbeitnehmer nur bereit sein, wenn sie darauf vertrauen, daß die Gewerkschaften ihre Interessen erfolgreich vertreten. Dabei spielt die wahrgenommene Identität der Gewerkschaften, die auch durch ihr Auftreten als Betreiber gemeinwirtschaftlicher Unternehmen geprägt wird, eine entscheidende Rolle. Das gleichzeitige Auftreten als Arbeitnehmervertreter und Unternehmer führt auf jeden Fall zu Dissonanzen bei der Wahrnehmung der Identität und damit zu Problemen. Um diese Probleme abzumildern, wurden in den Gewerkschaftsunternehmen häufig personalwirtschaftliche Entscheidungen getroffen, die aus rein betriebswirtschaftlichen Gesichtspunkten kaum zu rechtfertigen waren. Dies gilt vornehmlich für spektakuläre Einzelentscheidungen. So wurde bei der BHW 1989 als erstem Unternehmen der Bausparbranche die 35-Stunden-Woche eingeführt, damit das Gewerkschafts-

---

[200] Vgl. Nieschlag/Dichtl/Hörschgen 1988 S. 497.
[201] Schlicht 1991 S. 30.
[202] Der Spiegel 1982 S. 100ff.

unternehmen eine Vorreiterrolle bei der Arbeitszeitverkürzung spielen konnte.[203] Die wirtschaftlichen Probleme, die sich im Verlaufe der achtziger und der neunziger Jahre bei fast allen Gewerkschaftsunternehmen ergaben, dürften sich zumindest teilweise aus diesen oder ähnlichen Gründen ergeben haben. Die Sanierung der Gewerkschaftsunternehmungen erforderte schließlich unpopuläre, der Gewerkschaftsidentität schadende Maßnahmen. Dieser Umstand hat - angefacht durch den Skandal um die Neue Heimat, der den Ruf der Gewerkschaften als Beschützer der "kleinen", häufig in Wohnungen der Neuen Heimat wohnenden Leute erst recht schädigte - zum schrittweisen Rückzug der Gewerkschaften von ihrer unternehmerischen Betätigung geführt: die Neue Heimat wurde liquidiert und die Anteile an der BfG und der Coop AG größtenteils verkauft.[204] Letztlich scheint deutlich zu sein, daß Identitätsprobleme bei der Beschränkung des Betätigungsfelds der Gewerkschaften eine große Rolle spielen.

Zusammenfassend kann man feststellen: Die dargestellten Beispiele belegen, daß horizontale Integrationen von Unternehmungen Identitätsänderungen hervorrufen können, die sich nachteilig auf das Verhalten der Angehörigen und der Transaktionspartner einer Unternehmung auswirken und deshalb negativ für die Erreichung der Unternehmensziele sind. Es kann also zu identitätsbedingten Kosten einer horizontalen Integration kommen, die unter Umständen die möglichen Erträge übersteigen.

### 4.4.3 Vertikale Integration

Die Wella AG, Darmstadt, ist ein großer Produzent von Haarpflegeprodukten.[205] Wella produziert jedoch nicht nur diese Artikel, sondern versorgt Friseursalons mit Beratungsleistungen und spezieller Ausstattung, wie z.B. Computern mit angepaßter Software. Wella baute sich eine Identität als "Freund der Friseure" auf. Aufgrund der langjährigen umfassenden Erfahrung mit dem Friseurgeschäft verfügt Wella über ein ausgeprägtes Know-How. Daher verwundert es, daß Wella nicht selbst Friseurgeschäfte betreibt. Es scheint jedoch nicht möglich zu sein, gleichzeitig Lieferant und Wettbewerber der Friseure zu sein, da dies wie bei einem Individuum, das gleichzeitig Freund und Feind ist, zu Identitätsproblemen führt. Eine solche Struktur wird als dissonant wahrgenommen und beeinträchtigt den Unternehmenserfolg, da sie das Vertrauen der Friseure in ein kooperatives Verhalten schwächt. Eine alternative Erklärung auf der Basis des traditionellen ökonomischen Verhaltensmodells wäre, daß Wella bei Vorliegen asymmetrischer Informationen

---

[203] Der Spiegel 1992 S.126ff.

[204] Der Spiegel 1986a S. 47, 1986b S. 132, 1986c S. 106ff., 1987a S. 94ff., 1987b S.91, 1987c S. 143, 1988 S. 66 und 1989 S. 121.

[205] Vgl. Kubon-Gilke 1991b zu Informationen über dieses Beispiel.

einen Anreiz hätte, die Friseure mit schlechten Produkten zu versorgen und dadurch die Mitbewerber vom Markt zu verdrängen.[206] Dieses Argument scheint jedoch in diesem Fall nicht sehr plausibel zu sein, da Produktmängel relativ schnell entdeckt würden.

Achterholt beschreibt, daß zwischen IBM und seinen Lieferanten ein Verhältnis besteht, das dem Verhältnis zwischen Wella und seinen Kunden ähnlich ist. IBM legt Wert auf eine vertrauensvolle Zusammenarbeit und tritt deshalb "auch wenn die technischen Voraussetzungen es erlauben, nicht in Konkurrenz mit Lieferanten."[207] Dies ist einer der Verhaltensgrundsätze von IBM. Ursache hierfür ist wohl, daß ein gleichzeitiges Auftreten als großer mächtiger Kunde und als Konkurrent zu einer nachteiligen Identität führen würde. Die Lieferanten würden in diesem Fall antizipieren, daß sich IBM weniger kooperativ verhält. Eine traditionelle ökonomische Begründung dafür, daß IBM nicht rückwärts integriert, könnte darin liegen, daß die Nachfrage nach IBM-Produkten zufälligen Schwankungen unterliegt und eine Rückwärtsintegration von IBM die Anreize der Lieferanten, spezifische Investitionen zu tätigen, abschwächt, wenn IBM sich nicht binden kann, seine Zulieferabteilung nicht zu bevorzugen.[208]

Daß ein gleichzeitiges Auftreten als Lieferant und Konkurrent bzw. als Abnehmer und Konkurrent Probleme zwischen Transaktionspartnern nach sich ziehen kann, zeigt auch das Beispiel der deutschen Textil- und Bekleidungsindustrie. Jahrzehntelang funktionierte hier "eine bewährte Arbeitsteilung. Die Produzenten entwarfen und fertigten immer neue Artikel für den Markt, Groß- und Einzelhändler verkauften die Ware an die Konsumenten."[209] Seit aber einige große Handelsketten dazu übergegangen sind, auf eigene Rechnung zu produzieren, und viele Hersteller auch Waren ab Fabrik verkaufen, ist das kooperative Klima umgeschlagen. Dieser Vorgang, der in anderen Branchen ähnlich ablief, gipfelte darin, daß der Hauptverband des Deutschen Einzelhandels zu einem Boykott von Herstellern aufrief, die in größerem Stil ab Werk verkaufen. Diese Vorgänge aufgrund von Anreizproblemen durch asymmetrische Informationen zu erklären, scheint kaum möglich. Vielmehr dürften die geschilderten Probleme aufgrund der Identitätsveränderungen durch ein gleichzeitiges Auftreten als Transaktionspartner und Konkurrent entstanden sein. Diese Identitäsveränderungen führen dazu, daß sich die Unternehmensangehörigen weniger kooperativ gegenüber den Transaktionspartnern der Unternehmung verhalten, was diese wiederum antizipieren.

---

[206] Zu einem Modell bei dem sich eine solche Situation als mögliches Gleichgewicht ergibt vgl. Abschnitt 3.1.
[207] Achterholt 1988 S. 142.
[208] Dieser Fall wäre symmetrisch zu dem von Bolton und Whinston (1990) dargestellten Fall mit Versorgungsengpässen. Vgl. zu einem ähnlichen Argument Holström/Tirole 1991.
[209] Der Spiegel 1993a S. 136.

Letztlich kann aus den in diesem Abschnitt dargestellten Beispielen gefolgert werden, daß sich auch bei vertikalen Integrationen Identitätsänderungen ergeben können, die den Unternehmenserfolg beeinträchtigen. Es kann demnach zu identitätsbedingten Kosten einer vertikalen Integration kommen, die unter Umständen höher sein können als die möglichen Erträge. In diesem Fall erfolgt keine vertikale Integration.

### 4.4.4 Integration und Aufbau von Marken

Im Verlauf der bisherigen Argumentation wurde davon ausgegangen, daß die Unternehmung immer undifferenziert als einheitliches Gebilde gesehen wird. Dies ist ein Extremfall. Zwar beeinflussen grundsätzlich alle wahrgenommenen Unternehmensteile den Gesamteindruck, die Unternehmung hat jedoch nicht nur die Möglichkeit, durch Desintegration eine prägnante Identität zu bilden, sondern kann durch den Aufbau von Marken die Wahrnehmung der Identität in einem gewissen Rahmen steuern.[210] Olins unterscheidet hierbei drei Stufen: den Aufbau einer monolithischen Identität, einer gestützten Identität und einer Markenidentität.[211] Bei monolithischer Identität wird die Unternehmung als eine Einheit dargestellt, während bei gestützter Identität zwar eigenständige Produktmarken existieren, diese jedoch unmittelbar als der Unternehmung zugehörig erkennbar sind. Bei einer Markenidentität existieren weitgehend eigenständige Produktmarken. Mit dem Aufbau von Marken kann eine organisatorische Eigenständigkeit von Produktbereichen, z.B. als Profit Center, verbunden werden. Es entsteht dann die sogenannte M-Form einer Unternehmung.[212]

Den Außenstehenden und oft auch den Unternehmensangehörigen ist unter Umständen die Zugehörigkeit einer Marke zu einer bestimmten Unternehmung nicht bekannt. Dies ist insbesondere bei einer organisatorischen Abgrenzung - etwa durch Profit Center - möglich. Trotzdem besteht auch dann eine gewisse Wahrscheinlichkeit - z.B. durch negative Schlagzeilen wie es etwa in der Energieversorgungsindustrie bei Nuklearunfällen vorkommt -, daß die Verbindung zum Unternehmen für alle sichtbar wird und die Gesamtidentität prägt. Die Höhe der Wahrscheinlichkeit kann von der Unternehmung z.B. durch Geheimhaltung von Beteiligungen beeinflußt, aber keinesfalls beseitigt werden.

Eine gestützte Identität oder eine Markenidentität hat für die Unternehmung einerseits den Vorteil, daß sie die Gefahren der wechselseitigen Beeinflussung des Images verschiedener Bereiche verringert. Andererseits gehen die Vorteile der

---

[210] Die gegenteilige Ansicht nach Domizlaff lautet: "Eine Firma hat eine Marke. Zwei Firmen sind zwei Marken." Vgl. Birkigt/Stadler 1992 S. 34.

[211] Vgl. Olins 1990.

[212] Vgl. Williamson 1990a S. 244ff.

Identifizierung mit dem Gesamtunternehmen verloren. Auch können durch eine eventuell notwendige organisatorische Trennung Opportunitätskosten entstehen, z.B. weil technologisch bedingte Synergieeffekte dann nicht oder nur teilweise realisiert werden können. Eine gewinnmaximierende Unternehmung wird ihre Struktur so wählen, daß die mit dieser Wahl verbundenen Vor- und Nachteile optimal ausbalanciert sind.

## 4.5 Schlußfolgerungen

In Abschnitt 4 wurde erläutert, auf welche Weise die Wahrnehmung der Institution Unternehmung erfolgt, welche Auswirkungen dies auf das Verhalten der in einer Beziehung zur Unternehmung stehenden Individuen hat und welche Schlußfolgerungen bezüglich der Existenz von Grenzen der Unternehmung möglich sind.

Die ausführliche Darstellung von wahrnehmungs- und verhaltenspsychologischen Gesetzmäßigkeiten erfolgte zunächst, um analysieren zu können, inwieweit sich individuelles Verhalten innerhalb von Unternehmungen vom Verhalten in Märkten unterscheidet. Es konnte dargelegt werden, daß die Koordination von Humankapital innerhalb von Unternehmungen unter bestimmten Bedingungen der Koordination über Märkte überlegen ist.

Darüber hinaus wurde untersucht, welche Bedeutung die Existenz einer Unternehmensidentität für das Verhalten der Angehörigen und der in einer Transaktionsbeziehung zur Unternehmung stehenden Individuen hat. Es war möglich, anhand verschiedener Mechanismen darzustellen, weshalb eine Unternehmensidentität verhaltensrelevant ist. Aus der Existenz eines Zusammenhangs von Identität und individuellem Verhalten konnte dann gefolgert werden, daß eine Integration von Unternehmungen zu identitätsbedingten Kosten führen kann. Wenn eine Integration eine Änderung der Identität hervorruft, kann dies zu Verhaltensänderungen führen. Daraus können sich wiederum Rückwirkungen auf die Anreize zur Integration ergeben. Anhand mehrerer Beispiele wurde dargelegt, daß eine Identitätsänderung Kosten einer Integration verursachen kann, die die möglichen Erträge übersteigen können.

# 5. Abschließende Überlegungen

Im Rahmen dieser Arbeit stand die Frage, wodurch die Grenzen der Unternehmung bestimmt sind, im Mittelpunkt der Betrachtung. Diese Problematik wird derzeit überwiegend aus vertragstheoretischer Sicht behandelt. Deshalb wurden die Ansätze der ökonomischen Vertragstheorie im Abschnitt 2 eingehend dargestellt und kritisch beleuchtet. Dabei zeigte sich, daß insbesondere die Theorie der unvollständigen Verträge in der Lage ist, schlüssig zu begründen, weshalb von Märkten abgegrenzte Unternehmungen existieren. Es wurde jedoch auch deutlich, daß die sich in multilateralen Lieferbeziehungen bei asymmetrischer Informationslage ergebenden Einflüsse auf die Grenzen von Unternehmungen bisher zu wenig analysiert wurden. Daher schlossen sich dem Literaturüberblick zunächst zwei Beiträge an, die sich des vertragstheoretischen Instrumentariums bedienen, um multilaterale Beziehungen zu analysieren.

Von diesen vertragstheoretischen Beiträgen beschäftigte sich der erste, im Abschnitt 3.1 dargestellte Beitrag mit asymmetrischen Informationen, Wettbewerb und den Anreizen zur vertikalen Integration. Dabei wurde eine Situation analysiert, in der es aufgrund von Skalen- bzw. Bandbreiteneffekten vorteilhaft ist, wenn ein Faktorproduzent mehrere Konsumgüterproduzenten beliefert. Es wurde gezeigt, daß es dann, wenn die Konsumgüterproduzenten miteinander konkurrieren und ihre Erlöse von nicht beobachtbaren Investitionen des Faktorlieferanten abhängen, zu privaten Kosten einer vertikalen Integration kommen kann, die in bilateralen Beziehungen nicht auftreten. Dies kann man leicht verstehen, wenn man an eine Situation denkt, bei der die faktorproduzierende Einheit einer vertikal integrierten Unternehmung einen konkurrierenden Konsumgüterproduzenten beliefert. Bei eingeschränkter Möglichkeit zur vertraglichen Absicherung wird der belieferte Produzent befürchten, daß er im Hinblick auf die Faktorqualität betrogen wird und deshalb rückwärts integrieren wollen. Die resultierende Situation kann derart sein, daß alle Parteien schlechter gestellt sind als bei Nichtintegration. Interessanterweise zeigte die Analyse auch, daß durch Marktbeschränkungseffekte bedingte soziale Effizienzverluste nicht nur bei vertikaler Integration, sondern auch bei Nichtintegration entstehen können. Aus dieser Erkenntnis kann gefolgert werden, daß sich die Wettbewerbstheorie außer mit den marktbeschränkenden Wirkungen von horizontaler Preisbeschränkung, horizontaler Integration und vertikaler Integration auch mit den Auswirkungen expliziter oder impliziter vertraglicher Vereinbarungen in vertikalen Lieferbeziehungen beschäftigen sollte.

Der zweite vertragstheoretische Beitrag, der im Abschnitt 3.2 dargestellt wurde, befaßte sich mit den Anreizen zur horizontalen Integration. Angesichts der Tatsache, daß die Beiträge, die sich bisher mit den Grenzen der Unternehmung beschäftigten, hauptsächlich die vertikale Integration untersuchten, schien es wichtig, sich auch mit der Frage nach den Bestimmungsgründen horizontaler Integration auseinanderzusetzen. Dabei wurde eine Situation untersucht, bei der die Anbieter Güter unterschiedlicher Qualität produzieren und verkaufen können. Die Abnehmer können die Qualität der Güter jedoch nicht beobachten. Es wurde gezeigt, daß es für die anbietende Unternehmung vorteilhaft ist, ihr Angebotsspektrum zu begrenzen, wenn die Abnehmer aus dem Spektrum der angebotenen Qualitäten auf die der Unternehmung zur Verfügung stehenden Technologien zurückschließen können. Es konnte also nachgewiesen werden, daß aufgrund von asymmetrischen Informationen unter bestimmten Bedingungen auch Kosten einer horizontalen Integration entstehen können. Dies ist im analysierten Modell mit zwei Qualitätsniveaus und zwei Technologien, die sich hinsichtlich ihrer relativen Vorteilhaftigkeit bei der Produktion eines bestimmten Qualitätsniveaus unterscheiden, sowohl bei endlichem als auch bei unendlichem Zeithorizont der Fall.

Im anschließenden Abschnitt 4 wurden zunächst die konzeptionellen Schranken der vertragstheoretischen Sicht der Unternehmung diskutiert. Dabei wurde deutlich, daß es aufgrund des in neoklassischer Tradition stehenden, streng individualistischen Ansatzes unter anderem schwer ist zu erklären, warum Unternehmungen auch dort existieren, wo Sachkapital bei der Gütererstellung keine oder nur eine untergeordnete Rolle spielt. Es schien daher interessant zu sein, der Frage nachzugehen, inwieweit sich dieses Phänomen verstehen läßt, wenn Verhalten nicht vereinfacht als durch individuelle Nutzenmaximierung unter gegebenen Beschränkungen bedingt gesehen wird, sondern realitätsnäher als durch ein Streben nach konsistenten Wahrnehmungen, Erinnerungen, Gefühlen und Aktionen verursacht verstanden wird. Mit Hilfe dieses Verhaltensmodells konnte dargestellt werden, daß sich die Unternehmung als eine Institution auffassen läßt, die eine effizientere Koordination von Humankapital ermöglicht als der Markt. Es konnte aber auch aufgezeigt werden, daß sich eine Integration von Unternehmungen unter bestimmten Bedingungen auf das individuelle Verhalten der Angehörigen und der Transaktionspartner dieser Unternehmungen in einer Weise auswirken kann, die nachteilig für die integrierte Unternehmung ist. Es kann demnach zu motivationsbedingten Kosten einer Integration kommen.

Abgesehen davon, daß die im Abschnitt 4 durchgeführte Analyse wesentliche konkrete Ergebnisse liefert, dürfte sie auch in methodischer Hinsicht für die Theorie der Unternehmung von Interesse sein. In der Regel wird stillschweigend davon ausgegangen, daß es im Hinblick auf die Analyse des realen Phänomens Unternehmung möglich ist, erst alle relevanten "rein ökonomischen" Fragestellungen zu behandeln und in einem zweiten Schritt die Erkenntnisse der Soziologie und der Psychologie in die Analyse zu integrieren. Diese Vorstellung vertreten beispielsweise Holmström und Tirole, wenn sie zu den zukünftigen Aufgaben der Theorie der Unternehmung ausführen:[213]

"There are at least three outstanding problems that need attention. A first (theoretical) step is to develop and apply techniques that deal with non-standard problems such as incomplete contracts, bounded rationality and multilateral contracting. The second step ought to integrate observations from neighboring fields such as sociology and psychology - in a consistent (not ad hoc) way into the theoretical apparatus. The third step will be to increase the evidence/theory ratio, which is currently very low in this field."

Diese Art des Vorgehens im Bereich der Theorie der Unternehmung ist für Ökonomen naheliegend, da sich ihr analytisches Instrumentarium bei der Erklärung vielfältigster Probleme bewährt hat und daher nun auch im Rahmen der Institutionenökonomik eingesetzt werden soll. Es erinnert jedoch ein wenig an die bekannte Parabel vom Betrunkenen:

"Ein Polizist stößt mitten in der Nacht auf einen Betrunkenen. Dieser rutscht auf allen Vieren unter einer Laterne herum und sucht offensichtlich etwas. Er erklärt dem Wachtmeister, er habe seinen Schlüssel verloren, 'irgendwo da drüben'; dabei zeigt er auf eine Stelle, die außerhalb des Lichtkreises der Laterne liegt. Natürlich fragt ihn der Polizist, warum er die Schlüssel unter der Laterne suche und nicht da, wo er sie verloren habe, und bekommt zur Antwort: 'Weil man unter der Laterne besser sieht.'"[214]

Im Hinblick auf diese Problematik wurde im Rahmen des Abschnitts 4 versucht aufzuzeigen, daß Phänomene, die sich unter Verwendung der Vorstellung vom "homo oeconomicus" nur sehr schwer erklären lassen, mit Hilfe psychologischer Erkenntnisse leichter zu verstehen sind. Es soll daher abschließend dafür plädiert werden, sich im Rahmen der ökonomischen Theorie der Unternehmung aufgeschlossener gegenüber Erkenntnissen der Soziologie und der Psychologie zu zeigen als bisher.

---

[213] Holmström und Tirole 1989, S. 126.
[214] Vgl. Weizenbaum 1977 S. 174.

# Symbolverzeichnis

Da die in dieser Arbeit vorgestellten und entwickelten Ansätze ihrer Art nach sehr unterschiedlich sind, ist keine einheitliche Verwendung der Symbole möglich. Daher gelten die Definitionen der Symbole nur abschnittsweise.

| Abschnitt 2.4.5: | a | Integrationsvariable |
|---|---|---|
| | c | Stückkosten |
| | f | Dichtefunktion der Wertrealisation |
| | F | Verteilungsfunktion der Wertrealisation |
| | g | Dichtefunktion der Kostenrealisation |
| | G | Verteilungsfunktion der Kostenrealisation |
| | q | Menge eines Gutes |
| | v | Wert eines Gutes |
| | y | Investitionskosten |
| | | |
| Abschnitt 2.5.2: | A | Integrationskonstante |
| | b | Integrationsvariable |
| | c | Stückkosten |
| | f | Dichtefunktion der Kostenrealisation |
| | F | Verteilungsfunktion der Kostenrealisation |
| | q | Menge eines Gutes |
| | s | Signal |
| | t | Transferzahlung |
| | v | Wert eines Gutes |
| | y | Investitionskosten |
| | $\lambda$ | Bedingte Wahrscheinlichkeit für Signalrealisation |
| | $\pi$ | Profit |
| | | |
| Abschnitt 2.5.3: | C | Kosten |
| | e | Anstrengung |
| | S | Gesamtnutzen |
| | t | Transferzahlung |
| | T | Vertrag |
| | u | Nutzen des Agenten |
| | V | Wohlfahrt |

|                | | |
|---|---|---|
| | β | Kostenparameter |
| | Φ | Informationsrente |
| | λ | Störfaktor |
| | ν | Wahrscheinlichkeit |
| | ψ | Anstrengungskosten |
| Abschnitt 2.5.4: | a | Aktion |
| | C | Kosten |
| | f | Dichtefunktion des Produktionsergebnisses |
| | F | Verteilungsfunktion des Produktionsergebnisses |
| | H | Hoch |
| | L | Niedrig |
| | s | Entlohnungsschema |
| | u | Nutzen des Agenten |
| | v | Nutzen des Prinzipals |
| | x | Produktionsergebnis |
| | y | Signal |
| | θ | Zufallsvariable |
| | σ | Standardabweichung |
| Abschnitt 2.5.5: | C | Kosten |
| | t | Anstrengung |
| | α | Anreizparameter |
| | β | Konstante |
| | ε | Zufallsvariable |
| | μ | Signal |
| | π | Profit |
| | σ | Standardabweichung |
| Abschnitt 2.6.2: | a | Investition |
| | B | Nutzen |
| | q | Aktion |
| | φ | Technologischer Zusammenhang |
| | ζ | Payoff |

| Abschnitt 2.6.3: | a | Sachkapitalgut |
|---|---|---|
| | A | Menge von Sachkapitalgütern |
| | B | Shapley-Wert |
| | c | Investitionskosten |
| | C | Kosten |
| | I | Gesamtzahl der Individuen |
| | N | Gesamtmenge der Sachkapitalgüter |
| | p | Wahrscheinlichkeit für Koalitionszugehörigkeit |
| | s | Anzahl der Individuen |
| | S | Menge der Individuen |
| | v | Nutzen eines Individuums |
| | V | Gesamtnutzen |
| | W | Wohlfahrt |
| | x | Investition |
| | $\alpha$ | Eigentumsstruktur |
| Abschnitt 2.6.4: | c | Faktorkosten |
| | C | Wettbewerbsfall |
| | D | Konsumgutproduzent |
| | E | Effizienzverlust bei Integration |
| | g | Investitionskosten |
| | M | Monopolfall |
| | U | Faktorproduzent |
| | v | Wert eines Gutes |
| | V | Gesamtnutzen |
| | W | Wohlfahrt |
| | x | Investition |
| | $\alpha$ | Wahrscheinlichkeit für Wertrealisation |
| | $\lambda$ | Wahrscheinlichkeit für Kostenrealisation |
| | $\pi$ | Profit |
| Abschnitt 2.7.2: | c | Marginale Kosten |
| | F | Fixkosten |
| | m | Menge |
| | p | Preis |
| | q | Monetärer Nutzen |
| | r | Zinssatz |

| | | |
|---|---|---|
| Abschnitt 2.7.3: | f | Produktionsfunktion |
| | m, n | Anzahl von Agenten |
| | t | Periode |
| | u | Nutzen eines Agenten |
| | x | Anstrengung des einzelnen Agenten |
| | y | Anstrengung im Gleichgewicht |
| | r | Zinssatz |
| | $\theta$ | Alter eines Agenten |
| | | |
| Abschnitt 2.7.4: | c | Kooperation |
| | C | Kosten |
| | d | Diskontrate |
| | e | Investition |
| | nc | Nichtkooperation |
| | q | Art der Leistung |
| | r | Zinsrate |
| | u | Nutzen eines Arbeitnehmers |
| | v | Nutzen der Anteilseigner |
| | $\varphi$ | Eintrittswahrscheinlichkeit für Umweltzustand |
| | $\theta$ | Umweltzustand |
| | | |
| Abschnitt 3.1: | C | Kosten |
| | D | Konsumgutproduzent |
| | F | Volle Integration |
| | n | Anzahl Produzierte Faktoren |
| | N | Nichtintegration (1.Fall) |
| | NN | Nichtintegration (2.Fall) |
| | p | Eintrittswahrscheinlichkeit guter Umweltzustand |
| | P | Partielle Integration (1.Fall) |
| | PP | Partielle Integration (2.Fall) |
| | q | Faktorqualität, Anstrengung |
| | t | Bruttotransferzahlung |
| | T | Nettotransferzahlung |
| | $\alpha$ | Konstanter Verkaufserlös |
| | $\beta$ | Anreizparameter |
| | $\delta$ | Wettbewerbsparameter |
| | $\sigma$ | Investitionskosten |

Abschnitt 3.2:
| | | |
|---|---|---|
| | c | Stückkosten |
| | D | Duopolfall |
| | H | Hoch |
| | L | Niedrig |
| | M | Monopolfall |
| | n | Anzahl der Unternehmungen |
| | p | Preis |
| | q | Qualität |
| | r | Zinsrate |
| | T | Technologie |
| | u | Nutzen |
| | U | Unternehmung |
| | π | Profit |
| | θ | Präferenzrate |
| | σ | Investitionskosten |

# Literaturverzeichnis

Achterholt, G. (1988): Corporate Identity: in 10 Arbeitsschritten die eigene Identität finden und umsetzen, Wiesbaden.

Aghion, P./Dewatripont, M./Rey, P. (1990): "On Renegotiation Design", European Economic Review, 34, 322-329.

Akerlof, G. A. (1984): An Economic Theorist's Book of Tales, Cambridge et al.

Akerlof, G. A. (1991): Procrastination and Obedience, in: The American Economic Review, Vol. 81, Papers and Proceedings, 1-19.

Albers, W./Albers, G. (1983): "On the Prominence Structure of the Decimal System", in: R. W. Scholz (ed.), Decision Making under Uncertainty, Amsterdam 1983, 271-287.

Albrecht, O. (1992): "Spiel mir das Lied vom Tod", in: !Forbes, 9/92, S. 75-78.

Alchian, A. A./Demsetz, H. (1972): Production, Information Costs, and Economic Organization, in: The American Economic Review, Vol. 62, 777-795.

Alchian, A. A. (1984): Specificity, Specialization and Coalitions, in: Journal of Institutional and Theoretical Economics, Vol. 140, 34-49.

Alchian, A. A./Woodward, S. (1988): The Firm Is Dead; Long Live the Firm: A Review of Oliver E. Williamson's 'The Economic Institutions of Capitalism', in: Journal of Economic Literature, Vol. XXVI, 65-79.

Allen, F. (1984): "Reputation and Product Quality", Rand Journal of Economics, 15, 311-327.

Anderlini, L./Felli, L. (1992): "Incomplete Written Contracts", Working Paper, London School of Economics.

Anderson, E./Schmittlein, D. (1984): "Integration of the Sales Force: An Empirical Examination", Rand Journal of Economics, 15, 385-399.

Anderson, J. R. (1988): Kognitive Psychologie: eine Einführung, Heidelberg.

Arkes, H. R./Garske, J. P. (1982): Psychological Theories of Motivation, Monterey.

Arrow, K. (1975): "Vertical integration and communication", Bell Journal of Economics, Vol. 6, 173-183.

Asch, S. E. (1987): Social Psychology, Taschenbuchausgabe der 1. Aufl. von 1952, Oxford et al.

Bachinger, R. (Hrsg.) (1990): Unternehmenskultur: ein Weg zum Markterfolg, Frankfurt.

Baron, D. P./Myerson, R. B. (1982): "Regulating a Monopolist with Unknown Cost", Econometrica, 50, 911-930.

Becker, G. S. (1962): Irrational Behavior and Economic Theory, in: Journal of Political Economy, Vol. LXX, 1-13.

Bergemann, D. (1993): Multiple Tasks in the Principal-Agent Model: A Generalized Portfolio Problem, CARESS Working Paper 92-33, University of Pennsylvania, Philadelphia.

Bernheim, B. D./Whinston M. D. (1985): "Common marketing agency as a device for facilitating collusion", Rand Journal of Economics, Vol. 16, No. 2, 269-281.

Bernheim, B. D./Whinston M. D. (1986): "Common Agency", Econometrica, Vol. 54, No. 4, 923-942.

Bierhoff, H. W. (1983): "Experimente zum Hilfeverhalten", in Frey, D./Greif, S.: Sozialpsychologie, München et al.

Blickle-Liebersbach, M. (1990): Agency-Theorie: Rahmenbedingungen und Entlohnung, Dissertation, Ulm.

Birkigt, K./Stadler, M. (1992): Corporate Identity: Grundlagen, Funktionen, Fallbeispiele, Landsberg am Lech, 4. Aufl..

Bolton, P./Dewatripont, M. (1992): "The Firm as a Communication Network", Arbeitspapier, Université Libre de Bruxelles.

Bolton, P./Whinston, M. D. (1990): "Incomplete Contracts, Vertical Integration and Supply Assurance", working paper no. 332, Laboratoire D´Econometrie Paris.

Bolton, P./Whinston, M. D.(1991): "The "Foreclosure" Effects of Vertical Mergers", Journal of Institutional and Theoretical Economics, 147, 207-226.

Bolton, P./Whinston, M. D. (1993): "Incomplete Contracts, Vertical Integration, and Supply Assurance", Review of Economic Studies, 60, 121-148.

Bonin, J. P./Putterman, L. (1987): Economics of Cooperation and the Labor-Managed Economy, London et al.

Bössmann, E. (1981): "Weshalb gibt es Unternehmungen", Journal of Institutional and Theoretical Economics, 137, 667-674.

Bruner, J. S. (1957): On perceptual readiness, Psychological Review, 64, 123-151.

Bull, C. (1987): "The Existence of Self-Enforcing Implicit Contracts", Quarterly Journal of Economics, 149-159.

Bundesarbeitsgericht (1974): Urteil vom 14.2.1974 - 5 AZR 298/73, in: Der Betrieb, 1487-1488.

Bundesgerichtshof (1984): Urteil vom 26.3.1984 - II ZR 171/83, in: Der Betrieb, 1188-1192.

Calvo, G./Wellisz, S. (1978): Supervision, loss of control, and the optimal size of the firm, in: Journal of Political Economy, 86: 943-952.

Camacho, A. (1991): Adaptation costs, coordination costs and optimal firm size, in: Journal of Economic Behavior and Organization, Vol 15, 137-149.

Campbell, D. T. (1958): "Common fate, similarity and other indices of the status of aggregates of persons as social entities", Behavioural Science, 3, 14-25.

Champsaur, P./Rochet, J.-Ch. (1989): "Multiproduct Duopolists", Econometrica 57, 533-557.

Chandler, A. D. Jr. (1977): The Visible Hand: The Managerial Revolution in American Business, Zweiter Abdruck, Cambridge (USA) und London (England).

Chiang, A. C. (1984): Fundamental Methods of Mathematical Economics, 3. ed., Singapore.

Choi, J. (1992): "An information concealment theory of vertical integration", Discussion paper series No. 610, Columbia University, N. Y.

Coase, R. H. (1937): The Nature of the Firm, Economica, Vol. 4, 386-405.

Coase, R. H. (1987): The Nature of the Firm, Three lectures given at a conference celebrating the 50th anniversary of "The Nature of the Firm", Yale School of Organization and Management, May 14-16, abgedruckt in: Journal of Law, Economics and Organization, 43, 1988.

Coleman, J. S. (1988): "Social Capital in the Creation of Human Capital", American Journal of Sociology, 94, Supplement, 95-120.

Coleman, J. S. (1990): Foundations of Social Theory, Cambridge und London.

Corey, R. (1978): Should companies centralize procurement, Harvard Business Review 56: 102-110.

Cremer, J. (1986): Cooperation in Ongoing Organizations, in: The Quarterly Journal of Economics, 33-49.

Denison, D. R. (1990): Corporate Culture and Organizational Effectiveness, New York et al.

Diamond, D. W. (1989): "Reputation Acquisition in Debt Markets", Journal of Political Economy, 97, 828-862.

Earl, P. E. (1990): Economics and Psychology: A Survey, in: The Economic Journal, Vol. 100, 718-755.

Eaton, B. C./Eaton, D. F. (1991): Microeconomics.

Ehrenfels, C. v. (1890): "Ueber Gestaltqualitäten", in: Vierteljahresschrift für wissenschaftliche Philosophie, 14, 249-292.

Emmerich V./Sonnenschein J. (1977): Konzernrecht, 2.Aufl., München.

Emons, W. (1993): "Good Times, Bad Times, and Vertical Upstream Integration", Diskussionsbeitrag Nr. 93-8, Abteilung für Angewandte Mikroökonomie, Universität Bern.

Fama, E. (1980): Agency problems and the theory of the firm, in: Journal of Political Economy, Vol. 88, 288-307.

Feldman, S. D. (1993): "Zeos Stockholders Cry Foul", in: PC Sources, 2, 50.

Gabszewicz, J. J./Shaked, A./ Sutton, J./Thisse, J.-F. (1986): "Segmenting the Market: The Monopolist's Optimal Product Mix", Journal of Economic Theory, 39, 273-289.

Gal-Or, E. (1992): Vertical integration in ologopoly, Journal of law, economics and organization 2, 377-393.

Green, E./Porter, R. (1984): "Non-Cooperative Collusion Under Imperfect Price Information", Econometrica 52, 87-100.

Grossman, S. (1981): "Nash Equilibrium and the Industrial Organization of Markets with Large Fixed Costs", Econometrica, 49, 1149-1172.

Grossman, S. J./Hart, O. (1983): "An Analysis of the Principal-Agent Problem", Econometrica, 51, 7-46.

Grossman, S./Hart, O. (1986): The Costs and Benefits of Ownership: A Theory of Vertical and Lateral Integration, Journal of Political Economy, 691-719.

Gutenberg, E. (1973): Grundlagen der Betriebswirtschaftslehre, 20. Aufl., Berlin et al.

Hanau, P./Adomeit, K. (1986): Arbeitsrecht, 8. Aufl., Frankfurt am Main.

Hermalin, B. E./Katz, M. L. (1992): "Contracting Between Sophisticated Parties: A More Complete View of Incomplete Contracts and their Breach", Working Paper, Berkeley Business School.

Halonen, M./Williams I. (1993): "Incomplete Contracts, Vertical Integration and Product Market Competition", Arbeitspapier, London School of Economics.

Hammes, M. (1994): Die Gestalung der Leistungstiefe im Spannungsfeld von Unternehmensstrategie und staatlicher Wettbewerbspolitik, Dissertation, TH Darmstadt.

Hart, O./Moore, J. (1988): Incomplete Contracts and Renegotiation, in: Econometrica, Vol. 56, 755-785.

Hart, O./Moore, J. (1990): Property Rights and the Nature of the Firm, Journal of Political Economy, Vol 98 (6), 1119-1158.

Hart, O./Tirole, J. (1990): "Vertical Integration and Market Foreclosure", Brooking Papers, 205-285.

Hogarth, R. M./Reder, M. W., (eds.), (1987): Rational Choice: The Contrast between Economics and Psychology, Chicago and London.

Hogg, M. (1987): "Social Identity and Group Coehesiveness", in Turner, J. C. (ed.): Rediscovering the Social Group: A Self-Categorization Theory, Oxford, 99-116.

Holmström, B. (1979): "Moral Hazard and Observability", Bell Journal of Economics, Vol. 10, 74-91.

Holmström, B. (1982): "Moral Hazard in Teams", Bell Journal of Economics, Vol. 13, 325-340.

Holmström, B. R./Hart, O. (1987): The theory of contracts, in: Advances in Economic Theory, 71-155.

Holmström, B. R./Milgrom, P. (1987): "Aggregation and Linearity in the Provision of Intertemporal Incentives", Econometrica, 55(2), 302-328.

Holmström, B. R./Milgrom, P. (1990): "Regulating Trade among Agents", Journal of Institutional and Theoretical Economics, 146, 85-105.

Holmström, B. R./Milgrom, P. (1991): "Multi-Task Principal Agent Analyses", erschienen in: Journal of Law, Economics, and Organization, Vol. 7, 24-52.

Holmström, B. R./Tirole, J. (1989): The Theory of the Firm, in: Schmalensee, R./Willig, R.D.: Handbook of Industrial Organization, Vol. 1, Amsterdam/New York/Oxford/Tokyo, 61-133.

Holmström, B./ Tirole, J. (1991): Transfer Pricing and Organizational Form, in: Journal of Law, Economics and Organization, Vol. 7(2), 201-228.

Holmström, B. R. (1991): "Contracts and Competition: Modern Theories of Organization", Vorlesung, Summer School, Wallerfangen (Saarland).

Hotelling, H. (1929): "Stability in Competition", Economic Journal, 39, 41-57.

Institut der Deutschen Wirtschaft (1992): Zahlen zur wirtschaftlichen Entwicklung der Bundesrepublik Deutschland, Köln.

Jensen, M./Meckling, W. (1986): "Theory of the Firm: Managerial Behavior, Agency Costs, and Ownership Structure", Wiederabdruck aus: The Journal of Financial Economics, 3(1976): 305-360, in: Louis Putterman (ed.): The Economic Nature of the Firm: A Reader, Cambridge.

Jewitt, I. (1988): "Justifying the First-Order Approach to Principal-Agent Problems", Econometrica, 56, 1177-1190.

Kammerer, J. (1988): Beitrag der Produktpolitik zur Corporate Identity, München.

Kandel, E./Lazear, E. P. (1990): Peer Pressure and Partnerships, Working Paper, Universities of Rochester and Chicago.

Klemperer, P. D./Meyer, M. A. (1989): "Supply Function Equilibria in Oligopoly under Uncertainty", Econometrica, Vol. 57, 6, 1243-1277.

Klein, B./ Crawford, R. G./ Alchian A. A. (1978): Vertical Integration, Appropriable Rents, and the Competitive Contracting Process, in: The Journal of Law and Economics, 1978, 297-326.

Klein, B./Leffler, K. B. (1981): "The Role of Market Forces in Assuring Contractual Performance", Journal of Political Economy, Vol. 89, 615-641.

Kleinert, M. (1990): "Daimler Benz AG: Probleme und Widersprüche einer Gesellschaft machen nicht vor den Fabriktoren halt", in: Bachinger, R. (Hrsg.): Unternehmenskultur: ein Weg zum Markterfolg, Frankfurt, 161-167.

Knight, F. H. (1921): Risk, Uncertainty and Profit, Boston et al.

Kotowitz, Y. (1987): "Moral Hazard", in: Eatwell, J. et al. (Hrsg.): The New Palgrave: A Dictionary of Economics, Vol. 3, New York, 549-551.

Kraft, A./Kreutz, P. (1985): Gesellschaftsrecht, 6. Aufl., Frankfurt am Main.

Kreps, D. M./Milgrom, P./Roberts, J./Wilson, R. (1982): "Rational Cooperation in the Finitely Repeated Prisoners' Dilemma", Journal of Economic Theory, 27, 245-252.

Kreps, D. M./Wilson, R. (1982): "Reputation and Imperfect Information", Journal of Economic Theory, 27, 253-279.

Kreps, D. M. (1990a): Game Theory and Economic Modelling, Oxford.

Kreps, D. M. (1990b): Corporate culture and economic theory, in: Alt, J. E./Shepsle, K. A. (eds.): Perspectives on Positive Political Economics, Cambridge, 90-143.

Kubon-Gilke, G. (1990): Motivation und Beschäftigung, Frankfurt und New York.

Kubon-Gilke, G. (1991a): Die Bedeutung ökonomischer Organisationsstrukturen für eine effiziente Faktorallokation, in: Sesselmeier, W. (Hrsg.): Probleme der Einheit, Bd. 1: Der Arbeitsmarkt, Marburg, S. 47-66.

Kubon-Gilke, G. (1991b): Moralische Kosten und die Endogenisierung von Präferenzen in der Neuen Institutionenökonomik, Arbeitspapier, Technische Hochschule Darmstadt, erscheint in: Priddat, B./Seifert, E. K.(1994): Neuorientierung in der ökonomischen Theorie, Marburg.

Kubon-Gilke, G./Schlicht, E. (1993): "Gefordertheit und institutionelle Analyse am Beispiel des Eigentums", Gestalt Theory, Vol. 15, 257-273.

Kuhn, A. (1982): Unternehmensführung, München.

Labov, W. (1973): "The Boundaries of Words and Their Meanings", in: Bailey, C.-J. N./Shuy, R. W. (Hrsg.): New Ways of Analyzing Variations in English, Washington (DC).

Laffont, J.-J./Tirole, J. (1986): "Using Cost Observations to Regulate Firms", Journal of Political Economy, 94, 614-641.

Lazear, E. P. (1991): Labor Economics and the Psycholgy of Organizations, in: Journal of Economic Perspectives, Vol. 5, 89-110.

Leibenstein, H. (1960): Economic Theory and Organizational Analysis, New York et al.

Lewis, T. R./Sappington D. E. M. (1991): "Technological Change and the Boundaries of the Firm", American Economic Review, Vol. 81, 887-900.

Margulies, W. P. (1977): "Make the most of your corporate identity", Harvard Business Review, Vol 55(4), 66-72.

Marr, R. (1984): "Betrieb und Umwelt", in: Vahlens Kompendium der Betriebswirtschaftslehre, München.

Marshak, J./Radner, R. (1972): Economic Theory of Teams, New Haven.

Marx, K. (1989): Das Kapital: Kritik der politischen Ökonomie, 1.Bd.: 33. Aufl., 2.Bd.: 29. Aufl., 3.Bd: 30. Aufl., Berlin

Maturana, H. R./Varella, F. J. (1980): Autopoiesis and Cognition: The Realization of the Living, Dordrecht et al.

Metzger, W. (1953): Gesetze des Sehens, Frankfurt.

Metzger, W. (1963): Psychologie, 3. Aufl., Darmstadt.

Milgram, St. (1974): Obedience to Authority, New York.

Milgrom, P./Roberts, J. (1992): Economics of Organization and Management, Englewood Cliffs (N.J.) et al.

Mirrlees, J. A. (1974): Notes on Welfare Economics, Information and Uncertainty, in: Balch et al. (Hrsg.): "Essays on Economic Behaviour Under Uncertainty, Amsterdam.

Müller, G. F./Müller-Andritzky, M. (1983): "Norm, Rolle, Status", in: Frey, D./Greif, S. (Hrsg.): Sozialpsychologie, München et al., 250-252.

Mueller, E. F./Thomas A. (1976): Einführung in die Sozialpsychologie, 2. Aufl., Göttingen et al.

Nelson, R. D./Winter, S. G. (1982): "An Evolutionary Theory of Economic Change", Cambridge, Mass.

Nieschlag, R./Dichtl, E./Hörschgen, H. (1988): Marketing, 15. Aufl., Berlin.

Oakes, P. (1987): "The Salience of Social Categories", in Turner, J. C. (Hrsg.): Rediscovering the Social Group: A Self Categorization Theory, Oxford (UK), 117-141.

Olins, W. (1990): Corporate Identity: Strategie und Gestaltung, Frankfurt et al.

Ouchi, W. G. (1980): Markets, Bureaucracies and Clans, in: Administrative Science Quarterly, Vol 25, 129-141.

Overgaard, P. B. (1992): "Adverse Producer Incentives and Product Quality when Consumers are Short-term Players", Journal of Economics, 55, 169-191.

Paba, S. (1991): "Brand Reputation, efficiency and the concentration process: a case study", Cambridge Journal of Economics, 15, 21-43.

Picot, A./Franck, E. (1993): "Vertikale Integration", in: Hauschildt, J./Grün, O. (Hrsg.): Ergebnisse empirischer betriebswirtschaftlicher Forschung, Stuttgart.

Poser, G. (1988): Wirtschaftspolitik, 3. Aufl., Stuttgart.

Putterman, L. (1986a): Asset Specificity, Governance, and the Employment Relation, in: Dlugos G./Weiermair, K. (eds.): Management under Differing Labour Markets and Employment Systems, Berlin.

Putterman, L., (ed.), (1986b): The Economic nature of the firm: a reader, Cambridge et al.

Rasmusen, E. (1989): Games and Information: An Introduction to Game Theory, Oxford.

Richter, R. (1990): Sichtweise und Fragestellungen der Neuen Institutionenökonomik, in: Zeitschrift für Wirtschafts- und Sozialwissenschaften, Vol. 110, 571-591.

Riordan, M. H. (1984a): "Uncertainty, Asymmetric Information and Bilateral Contracts", Review of Economic Studies 51, 83-92.

Riordan, M. H. (1984b): "On Delegating Price Authority to a Regulated Firm", Rand Journal of Economics, 108-115.

Riordan, M. H./Williamson, O. E. (1985): Asset Specificity and Economic Organization, in: International Journal of Industrial Organization, 365-378.

Riordan, M. H. (1990): Asset Specificity and Backward Integration, in: Journal of Institutional and Theoretical Economics, Vol. 146, 133-146.

Riordan, M. H. (1992): "Economics of Contracts", Vorlesung, Summer School, Wallerfangen (Saarland).

Rogerson, W. P. (1985): "The First-Order Approach to Principal-Agent Problems", Econometrica, 53, 69-76.

Rogerson, W. P. (1990): "Contractual Solutions to the Hold-Up Problem", Northwestern Working Paper, erscheint in: Review of Economic Studies.

Rosch, E. (1973): "On the Internal Structure of Perceptual and Semantic Categories", in: Moore, T. E. (ed.), Cognitive Development and the Acquisition of Language, New York.

Rosch, E. (1978): "Principles of categorization", in: Rosch, E./Lloyd, B. B. (Hrsg.): Cognition and Categorization, Hillsdale (NJ).

RTL (1993): "Die Gaffer", in: Fernsehmagazin Explosiv vom 20.8.1993.

Schelling, T. C. (1960): The Strategy of Conflict, Cambridge.

Schlicht, E. (1977): Grundlagen der ökonomischen Analyse, Reinbek bei Hamburg.

Schlicht, E. (1979): The Transition to Labour Management as a Gestalt Switch, in: Gestalt Theory, Vol. 1, 54-67.

Schlicht, E. (1984): Cognitive Dissonance in Economics, in: Todt, H. (Hrsg.): Verhandlungen des Sozialwissenschaftlichen Ausschusses der Gesellschaft für Wirtschafts- und Sozialwissenschaften, Berlin.

Schlicht, E. (1989): Rules and Actions, Unveröffentlichtes Manuskript, TH Darmstadt.

Schlicht, E. (1990a): Social Psychology: A Review Article, JITE 146, 355-362.

Schlicht, E. (1990b): Rationality, Bounded or Not, and Institutional Analysis, in: JITE, Vol. 146, No. 1, 703-719.

Schlicht, E. (1990c): Asset Specificity and Backward Integration: Comment, in: JITE, Vol. 146, 149-152.

Schlicht, E. (1991): "Economic Analysis and Organized Religion", Working Paper, TH Darmstadt, erscheint in Reynolds, V./ Jones, E. (eds.): Religion and Survival: Biological Evolution and Cultural Change.

Schmalensee, R. (1982): "Product Differentiation Advantages of Pioneering Brands", American Economic Review, 72, 349-365.

Schmidt, K. M. (1993): Reputation and Equilibrium Characterization in Repeated Games with Conflicting Interests, in: Econometrica, Vol. 61(2), 325-351.

Schneider, F. (1991): Corporate Identity-orientierte Unternehmensführung, Berlin et al.

Schumann, J. (1984): Grundzüge der mikroökonomischen Theorie, 4. Aufl., Berlin et al.

Selten, R. (1978): "The Chain Store Paradox", Theory and Decision, 9, 127-159.

Sen, A. K. (1977): Rational Fools: A Critique of the Behavioral Foundations of Economic Theory, in: Philosophy & Public Affairs 6, 312-344.

Shaked, A./Sutton, J. (1982): "Relaxing Price Competition Through Product Differentiation", Review of Economic Studies, XLIX, 3-13.

Shaked, A./Sutton, J. (1983): "Natural Oligopolies", Econometrica, 51, 1469-1483.

Shaked, A./Sutton, J. (1984): "Natural Oligopolies and International Trade", in: Kierzkowski, H. (Hrsg.): Monopolistic Competition and International Trade, Oxford.

Shaked, A./Sutton, J. (1987): "Product Differentiation and Industrial Structure", Journal of Industrial Economics, XXXVI, 131-146.

Shapiro, C. (1983): "Premiums for High Quality Products as Returns to Reputations", Quarterly Journal of Economics, 659-679.

Sherif, M. (1967): Group conflict and co-operation: their social psychology, London.

Silberberg, E. (1990): The Structure of Economics: A Mathematical Analysis, 2. Ed., New York et al.

Simon, H. A. (1951): A Formal Theory of the Employment Relationship", Econometrica 19, 293-305.

Simon, H. A. (1991): "Organizations and Markets", in: Journal of Economic Perspectives, 5(2), 25-44.

Simon, H. (1985): Goodwill und Marketingstrategie, Wiesbaden.

Skinner, B. F. (1938): The Behavior of Organisms: An Experimental Analysis, New York.

Smith, Adam (1986): The Wealth of Nations, Paperback Reprint of the first edition 1776, London et al.

Spiegel, Der (1982): "Nie Wieder", 44, 100-102.

Spiegel, Der (1986a): "Sehr geschockt", 4, 46-47.

Spiegel, Der (1986b): "Böse Buben", 46, 130-135.

Spiegel, Der (1986c): "Noch ein bißchen spielen", 50, 106.
Spiegel, Der (1987a): "Drückende Wohltaten", 6, 94-95.
Spiegel, Der (1987b): "Matthöfers Notverkäufe", 28, 91.
Spiegel, Der (1987c): "BGAG verhandelt heimlich", 37, 143.
Spiegel, Der (1988): "Weiß nichts", 29, 66.
Spiegel, Der (1989): "Frisches Geld aus der Gewerkschaftskasse?", 10, 121.
Spiegel, Der (1992): "Wenig zimperlich", 7, 127-128.
Spiegel, Der (1993a): "Mist gebaut", 38, 136.
Spiegel, Der (1993b): Günstige Gelegenheit", 51, 80-81.
Stevens, A./Coupe, P. (1978): "Distortions in Judged Spatial Relations", Cognitive Psychology, 10, 422-437.
Streim, H. (1988): Grundzüge der handels- und steuerrechtlichen Bilanzierung, Stuttgart et al.
Sutherland, St. (1991): The Macmillan Dictionary of Psychology, London und Basingstoke.
Sutton, J. (1986): "Vertical Product Differentiation: Some Basic Themes", American Economic Review, P&P, 393-398.
Sutton, J. (1992): Sunk Costs and Market Structure, 2. Wiederabdruck, Cambridge (MA) und London (England).

Tajfel, H. (1969): Cognitive Aspects of Prejudice, Journal of Social Issues, 25, 79-97.
Tirole, J. (1988): The Theory of Industrial Organization, Cambridge and London.
Thiemann, K. (1990): "Robert Krups Stiftung&Co KG: Unternehmenskultur auf Vertrauensbasis", in: Bachinger, R. (Hrsg.): Unternehmenskultur: ein Weg zum Markterfolg, Frankfurt, 225-232.
Turner, B. A. (1990): Organizational Symbolism, Berlin und New York.
Turner, J. C./Brown, R. J./Tajfel, H. (1979): "Social Comparison and Group Interest in Ingroup Favouritism", European Journal of Social Psychology, 9, 187-204.
Turner, J. C./Sachdev, I./Hogg, M. A. (1983): "Social Categorization, Interpersonal Attraction and Group Formation", British Journal of Social Psychology, 22, 227-239.
Turner, J. C. et al. (1987): Rediscovering the Social Group: A Self-Categorization Theory, Oxford.

Varian, H. V. (1985): Mikroökonomik, 2. Aufl., München und Wien.
Varian, H. V. (1989): Grundzüge der Mikroökonomik, München und Wien.
Viner, J. (1932): Cost Curves and Supply Curves, in: Zeitschrift für Nationalökonomie, Bd.3; abgedruckt in: Stigler, G.; Boulding, K. (eds.) (1952): Readings in Price Theory, Homewood.

Weber, J. (1985): Unternehmensidentität und unternehmenspolitische Rahmenplanung, München.

Weber, M. (1980): Wirtschaft und Gesellschaft, 5. rev. Aufl., Tübingen.

Weizenbaum, J. (1977): Die Macht der Computer oder Die Ohnmacht der Vernunft, 3. Aufl., Frankfurt.

Weizsäcker, C. C. v. (1980): Barriers to Entry: A Theoretical Treatment, Berlin et al.

Werner, H.-S. (1977): "Die Grundbegriffe der Unternehmensverbindungen des Konzerngesellschaftsrechts", Juristische Schulung, 17(3), 141-149.

Wertheimer, M. (1935): "Some Problems in the Theory of Ethics", Social Research, 7, 353-368.

West, E. G. (1990): Adam Smith and Modern Economics: from Market Behaviour to Public Choice, Aldershot, Hants (England) und Brookfield, Vermont (USA).

Wiedmann, K. P./Jugel, S. (1987): "Corporate Identity-Strategie: Anforderungen an die Entwicklung und Implementierung", in: Die Unternehmung, 41, 186-204.

Wiedmann, K. P. (1988): Corporate Identity als Unternehmensstrategie, in: Wirtschaftswissenschaftliches Studium, 17(5).

Williamson, O. E. (1967): Hierarchical Control and Optimum Firm Size, in: Journal of Political Economy, Vol. 75, 123-138.

Williamson, O. E. (1975): Markets and Hierarchies: Analysis and Antitrust Implications, New York.

Williamson, O. E. (1985): The Economic Institutions of Capitalism, New York.

Williamson, O. E. (1989): "Transaction Cost Economics", in: Schmalensee R./Willig R.: Handbook of Industrial Organization, Amsterdam et al., 135-184.

Williamson, O. E. (1990a): Die ökonomischen Institutionen des Kapitalismus, deutsche Ausgabe von: The Economic Institutions of Capitalism, Tübingen.

Williamson, O. E. (1990b): The Firm as a Nexus of Treaties: an Introduction, in: Aoki, M./Gustafson, B./Williamson, O. E. (eds.), The Firm as a Nexus of Treaties, London et al., 1-25.

Williamson, O. E. (1990c): "Comment on Vertical Integration and Market Foreclosure", Brooking Papers, 280-283.

Wilson, W./Chun, N./Kayatani M. (1965): "Projection, Attraction and Strategy Choices in Intergroup Competition", Journal of Personality and Social Psychology, 2(3), 432-435.

Wilson, W./Kayatani M. (1968): "Intergroup Attitudes and Strategies in Games Between Opponents of the same or a Different Race", Journal of Personality and Social Psychology, 9(1), 24-30.

Wilson, W. (1971): "Reciprocation and other Techniques for Inducing Cooperation in the Prisoner's Dilemma game", Journal of Conflict Resolution, 15(2), 167-195.

Wöhe, G. (1984): Einführung in die allgemeine Betriebswirtschaftslehre, München et al.

Woll, A. (1992): Wirtschaftspolitik, 2. Aufl., München.

Zumbusch, J. (1992): "Schrill-buntes Konzept", in Wirtschaftswoche Nr. 8 vom 14.2.1992, 58-60.

## Über den Verfasser

Ralph Dirk Wagner: geb. 30.4.1965 in Darmstadt (Hessen). Ab 1985 Studium des Wirtschaftsingenieurwesens der Fachrichtung Maschinenbau an der TH Darmstadt. Studienschwerpunkte: Fahrzeugtechnik, Finanzierung, Controlling und Wirtschaftstheorie. 1990 Diplom. In der Folge Promotionsstudium an der TH Darmstadt. 1990/91 Gasthörer an der Universität Mannheim. 1991 Assistententätigkeit an der TH Darmstadt sowie Lehrtätigkeit an der Verwaltungsfachhochschule Darmstadt. 1992 Stipendiat des Landes Hessen. 1992/93 Forschungsaufenthalt an der London School of Economics als Stipendiat des Deutschen Akademischen Austauschdienstes. Seit 1993 Assistententätigkeit an der Ludwig-Maximilians-Universität München.

# Wirtschaftswissenschaftliche Beiträge

Band 55: P.-U. Paulsen, Sichtweisen der Wechselkursbestimmung, VI/264 Seiten, 1991

Band 56: B. Sporn, Universitätskultur, IX/213 Seiten, 1992

Band 57: A. Vilks, Neoklassik, Gleichgewicht und Realität, IX/112 Seiten, 1991

Band 58: M. Erlei, Unvollkommene Märkte in der keynesianischen Theorie, XII/267 Seiten, 1991

Band 59: D. Ostrusska, Systemdynamik nichtlinearer Marktreaktionsmodelle, VII/178 Seiten, 1992

Band 60: G. Bol, G. Nakhaeizadeh, K.-H. Vollmer (Hrsg.), Ökonometrie und Monetärer Sektor, VII/238 Seiten, 1992

Band 61: S. Feuerstein, Studien zur Wechselkursunion, VIII/132 Seiten, 1992

Band 62: H. Fratzl, Ein- und mehrstufige Lagerhaltung, VIII/190 Seiten, 1992

Band 63: P. Heimerl-Wagner, Strategische Organisations-Entwicklung, VIII/231 Seiten, 1992

Band 64: G. Untiedt, Das Erwerbsverhalten verheirateter Frauen in der Bundesrepublik Deutschland, XVIII/197 Seiten, 1992

Band 65: R. Herden, Technologieorientierte Außenbeziehungen im betrieblichen Innovationsmanagement, XVIII/265 Seiten, 1992

Band 66: P. B. Spahn, H. P. Galler, H. Kaiser, T. Kassella, J. Merz, Mikrosimulation in der Steuerpolitik, XVI/279 Seiten, 1992

Band 67: M. Kessler, Internationaler Technologiewettbewerb, X/232 Seiten, 1992

Band 68: J. Hertel, Design mehrstufiger Warenwirtschaftssysteme, XIII/319 Seiten, 1992

Band 69: H. Grupp/U. Schmoch, Wissenschaftsbindung der Technik, XIII/152 Seiten, 1992

Band 70: H. Legler/H. Grupp/B. Gehrke/U. Schasse, Innovationspotential und Hochtechnologie, XV/164 Seiten, 1992

Band 71: R. Schmidt, Modelle der Informationsvermittlung, 320 Seiten, 1992

Band 72: M. Kaiser, Konsumorientierte Reform der Unternehmensbesteuerung, XI/412 Seiten, 1992

Band 73: K. Meier, Modellbildung bei Mehrfachzielen, XVI/251 Seiten, 1992

Band 74: J. Thiele, Kombination von Prognosen, X/135 Seiten, 1993

Band 75: W. Sesselmeier, Gewerkschaften und Lohnfindung, XII/222 Seiten, 1993

Band 76: R. Frensch, Produktdifferenzierung und Arbeitsteilung, VIII/176 Seiten, 1993

Band 77: K. Kraft, Arbeitsmarktflexibilität, X/186 Seiten, 1993

Band 78: R. P. Hellbrück, Synergetik und Marktprozesse, XIV/190 Seiten, 1993

Band 79: L. Linnemann, Multinationale Unternehmungen und internationale Wirtschaftspolitik, X/207 Seiten, 1993

Band 80: K. Cuhls, Qualitätszirkel in japanischen und deutschen Unternehmen, XIV/215 Seiten, 1993

Band 81: B. Erke, Arbeitslosigkeit und Konjunktur auf segmentierten Arbeitsmärkten, X/228 Seiten, 1993

Band 82: M. Hillmer, Kausalanalyse makroökonomischer Zusammenhänge mit latenten Variablen, XI/408 Seiten, 1993

Band 83: M. Heinisch, W. Lanthaler, Im Brennpunkt Universität, XII/193 Seiten, 1993

Band 84: M. Göcke, Starke Hysteresis im Außenhandel, XII/216 Seiten, 1993

Band 85: T. Siegenführ, Optimale Gesundheitsinvestitionen in das Humankapital, XX/192 Seiten, 1993

Band 86: Matthias Wrede, Ökonomische Theorie des Steuerentzuges, XII/302 Seiten, 1993

Band 87: M. Raab, Steuerarbitrage, Kapitalmarktgleichgewicht und Unternehmensfinanzierung, X/185 Seiten, 1993

Band 88: K.-J. Duschek, Ein sequentielles empirisches allgemeines Gleichgewichtsmodell zur Beurteilung von Steuerreformprogrammen, XII/271 Seiten, 1993

Band 89: R. Schwager, Geld überlappende Nachfragestruktur und bilaterale Transaktionen, VIII/262 Seiten, 1994

Band 90: M. Sander, Die Bestimmung und Steuerung des Wertes von Marken, XVI/319 Seiten, 1994

Band 91: T. Ursprung, Propaganda, Interessengruppen und direkte Demokratie, X/187 Seiten, 1994

Band 92: G. Speckbacher, Alterssicherung und internationale Gerechtigkeit, VIII/151 Seiten, 1994

Band 93: G. Bol, G. Nakhaeizadeh, K.-H. Vollmer (Hrsg.), Finanzmarktanwendungen neuronaler Netze und ökonometrischer Verfahren, X/271 Seiten, 1994

Band 94: F. Kugler, Preisbildung auf spekulativen Märkten, IX/239 Seiten, 1994

Band 95: J. Schmoranz, Die Energienachfrage privater Haushalte, VII/215 Seiten, 1994

Band 96: M. Carlberg, Makroökonomische Szenarien für das vereinigte Deutschland, X/216 Seiten, 1994

Band 97: U. Schiller, Vertikale Unternehmensbeziehungen, XII/216 Seiten, 1994

Band 98: S. Huschens, Zur Modellierung der Erwartungsbildung in makroökonomischen Modellen, VIII/213 Seiten, 1994

Band 99: T. Gerhards, Theorie und Empirie flexibler Wechselkurse, XIV/358 Seiten, 1994

Band 100: K. Morasch, Strategische Allianzen, XIV/197 Seiten, 1994

Band 101: N. Lamar, Makroökonomische Konvergenz und Währungssystem, XVI/196 Seiten, 1994

Band 102: G.M. Winkler, Entscheidungen und Präferenzen, IX/189 Seiten, 1994

Band 103: L.E. Merkle, Frauenerwerbstätigkeit und Kinderbetreuung, VIII/308 Seiten, 1994

Band 104: C. Fantapié Altobelli, Kompensationsgeschäfte im internationalen Marketing, XXII/368 Seiten, 1994